Die Frau in der Literatur

Nigel Nicolson 1952

Nigel Nicolson

Portrait einer Ehe

Harold Nicolson und Vita Sackville-West

Mit einem Nachwort von
Ingrid von Rosenberg

Mit 22 Photos

Ullstein Taschenbuch

Die Frau in der Literatur

Ullstein Buch Nr. 30240
im Verlag Ullstein GmbH,
Frankfurt/M – Berlin

Ungekürzte Ausgabe

Englischer Originaltitel: ›Portrait of a Marriage‹
Übersetzung: Peter de Mendelssohn

Umschlagentwurf: Theodor Bayer-Eynck
unter Verwendung der Photographie
›Harold and Vita in Sissinghurst, 1932‹
Archives George Weidenfeld & Nicolson Ltd., London
Frontispiz: Ullstein Bilderdienst
Alle Abbildungen:
Archives George Weidenfeld & Nicolson Ltd., London

Printed in Germany 1990
Gesamtherstellung: Ebner Ulm
ISBN 3 548 30240 8

Oktober 1990

CIP-Titelaufnahme der Deutschen Bibliothek

Nicolson, Nigel:
Portrait einer Ehe: Harold Nicolson und Vita Sackville-West /
Nigel Nicolson. Mit e. Nachw. von Ingrid von Rosenberg.
[Übers.: Peter de Mendelssohn]. – Ungekürzte Ausg. –
Frankfurt/M; Berlin: Ullstein, 1990
(Ullstein-Buch; 30240: Die Frau in der Literatur)
Einheitssacht.: Portrait of a marriage <dt.>
Aus d. Engl. übers.
ISBN 3-548-30240-8
NE: GT

Inhalt

Vorwort

Nach dem Tod meiner Mutter Victoria Sackville-West im Jahr 1962 fiel mir als ihrem Testamentsvollstrecker die Pflicht zu, ihre privaten Papiere zu sichten. Sie war in solchen Dingen sehr ordentlich gewesen und hatte alles, was von Bedeutung war, säuberlich in Mappen abgelegt, darunter ihren gesamten Briefwechsel mit Harold Nicolson aus den fünfzig Jahren ihrer Verlobungszeit und Ehe sowie alle ihre eigenen Tagebücher und die Tagebücher ihrer Mutter, Lady Sackville. In den vierzig Kiefernholz-Schubladen eines großen italienischen Schranks fand ich Hunderte von Briefen von den Freunden, die ihr seit ihrer Kindheit am meisten bedeutet hatten. Ich las damals kaum etwas davon und prägte mir nur ein, daß hier zwar das gesamte Material für eine umfassende Geschichte ihres Lebens vorhanden sei, daß man die Unterlagen aber noch eine Weile ruhen lassen sollte. Ich tat einen letzten Rundblick auf ihr Wohnzimmer im Turm von Sissinghurst – einen Raum, den ich in den vorausgegangenen dreißig Jahren nur ein halbes Dutzend Male betreten hatte – und stieß auf eine verschlossene Reisetasche, die in der Ecke des anstoßenden kleinen Turmzimmers lag. Die Tasche enthielt etwas – vielleicht ein Diadem in seinem Etui oder sonst etwas –, ich hatte keine Ahnung. Da ich keinen Schlüssel dazu besaß, schnitt ich das Leder rings um das Schloß heraus, um so die Reisetasche zu öffnen. Ich fand ein großes Notizbuch in biegsamem Einband, das Seite um Seite von ihrer sauberen und klaren Bleistift-Handschrift gefüllt war. Ich trug das Notizbuch zu ihrem Schreibtisch und begann zu lesen. Die ersten paar Seiten enthielten verfehlte Entwürfe zu zwei Kurzgeschichten. Die sechste Seite trug die Überschrift *23. Juli 1920*, und auf sie folgte über die nächsten achtzig Seiten eine fortlaufende Erzählung in der Ich-Form. Ich las sie bis zum Ende durch, ohne mich von ihrem Schreibtisch wegzurühren. Es war eine Autobiographie, die sie im Alter von achtundzwanzig Jahren geschrieben hatte, ein Bekenntnis, ein Versuch, aus ihrem Geist und ihrem Herzen eine Liebe zu tilgen, von der sie besessen gewesen war, eine Liebe zu einer anderen Frau namens Violet Trefusis.

Die Einfachheit der Schilderung, ihr Freimut, die erstaunliche Folge von Begebenheiten, die sie enthüllte, ihre unausgesprochene Bitte um Vergebung und mitfühlendes Verständnis, um Stärke und Widerstandskraft gegen weitere Versuchung, bewegten mich zutiefst. Die schattenhaften Umrisse der Geschichte waren mir seit langem bekannt gewesen, allerdings nicht durch sie selbst, und hier stand sie nun in allen Einzelheiten, niedergeschrieben fast ohne eine Ausradierung oder Verbesserung, zu einem Zeitpunkt, als die Wunde noch frisch und schmerzhaft gewesen sein mußte. Ihre Schilderung begann ein wenig unsicher mit einem weitläufigen Bericht über ihre Kindheit, aber sobald sie zum Kern der Sache kam, gewann sie zusehends an Kraft und Intensität, es zeigte sich der sichere Instinkt des Romanciers für Abwechslung von Stimmung und Tempo – als schildere sie nicht ihr eigenes Erlebnis, sondern das eines anderen Menschen.

Ich habe diese Niederschrift meinem Vater nie gezeigt, obwohl sie gleich im ersten Absatz schrieb, er sei der einzige Mensch, bei dem sie damals darauf vertrauen konnte, daß er sie mit Verständnis lesen werde. Der Tod meiner Mutter hatte ihn so sehr erschüttert, daß diese Erinnerung an die Krise ihrer Ehe ihn möglicherweise bis zur Unerträglichkeit unglücklich gemacht hätte, und ich fürchtete, er würde die Niederschrift womöglich vernichten oder sie würde ihn zugrunde richten. Als ich in der Einleitung zu seinen veröffentlichten Tagebüchern einige harmlose Abschnitte aus ihrer Autobiographie zitierte, in denen sie ihre Kindheit in Knole und ihre ersten Ehejahre schildert, verlangte er nicht, auch das übrige zu sehen. Heute glaube ich, daß ich ihm die Niederschrift hätte zeigen sollen, als sein Schmerz über ihren Verlust sich in fühllose Hinnahme gewandelt hatte. Er hätte vermutlich durchaus meine Meinung geteilt, daß es sich hier um ein einzigartiges Dokument in der unübersehbaren Liebesliteratur handelte und überdies um eine der herzbewegendsten Sachen, die sie je geschrieben hat; daß es, weit davon entfernt, die Erinnerung an sie zu trüben und zu beflecken, ihr vielmehr hohen Glanz verlieh; daß man es vielleicht eines Tages veröffentlichen sollte.

Der Leser möge nicht in wenigen Minuten einen Entschluß verurteilen, über den ich zehn Jahre lang nachgedacht habe. Zu Lebzeiten Harold Nicolsons und Violets konnte von einer Veröffentlichung keine Rede sein. Er starb 1968, Violet 1972. Ich habe mich mit mehreren Menschen beraten, vor allem mit meinem Bruder Benedict und Violets nahem Freund und literarischem Nachlaßverwalter John N. Phillips, dem ich für seine verständnisvolle Einstellung und für Abschriften gewisser Briefe zu Dank verpflichtet bin. Beide waren mit der Veröffentlichung in der von mir vorgeschlagenen Form einverstanden. Einige wenige unter den Freunden meiner Eltern hatten Bedenken, aber die meisten bestärkten mich in meiner wachsenden Überzeugung, daß ein Erlebnis dieser Art in den siebziger Jahren nicht mehr als schändlich oder nicht mitteilbar angesehen zu werden brauchte, denn die Autobiographie war mit tiefer Gefühlsbewegung geschrieben und besitzt eine Integrität und Gültigkeit von allgemeiner und umfassender Bedeutung.

Es ist die Geschichte zweier Menschen, die aus Liebe heirateten und deren Liebe sich mit jedem Jahr, das verging, vertiefte, obwohl beide unablässig und im wechselseitigen Einverständnis einander untreu waren. Beide liebten Menschen ihres eigenen Geschlechts, aber nicht ausschließlich. Ihre Ehe überlebte nicht nur Untreue, sexuelle Unvereinbarkeit und langes Getrenntsein, sondern gewann dadurch sogar an Kraft und Beständigkeit. Ein jeder gewährte schließlich dem anderen volle Freiheit, ohne daß Fragen gestellt oder Vorwürfe erhoben wurden. Ehre wurzelte in Unehre. Ihre Ehe glückte, weil beide dauerndes und unverfälschtes Glück nur in der Gemeinschaft mit dem anderen fanden. Versteht man ihre Ehe als einen Heimathafen, so waren ihre Liebesaffären lediglich Anlaufhäfen. Zum Heimathafen kehrten beide immer wieder zurück; hier gingen beide vor Anker. Dieses Buch ist mithin eine Lobpreisung der Ehe, obwohl es eine Ehe schildert, die, oberflächlich gesehen, ein Fehlschlag war, weil sie unvollkommen war. Sie gelangten zu ihrer idealen Gemeinschaft erst nach einem langen Kampf, der noch immer nicht zu Ende war, als Vita Sackville-West die letzten Worte ihres Geständnisses niederschrieb; aber nachdem diese Gemeinschaft einmal erkämpft war, blieb sie unveränderlich und hielt ein Leben lang, und sie machten aus ihr – wie ich in der Einleitung zu den Tagebüchern meines Vaters schrieb, ohne das Ausmaß ihrer Schwierigkeiten zu enthüllen – eine der seltsamsten und gelungensten Verbindungen, deren zwei begabte Menschen sich je erfreut haben.

Obwohl Vita Sackville-West keine Weisungen bezüglich ihrer Autobiographie hinterließ und, soweit ich weiß, sie nie jemandem gezeigt hat, glaube ich doch, daß sie bei der Niederschrift an eine Veröffentlichung zu einem späteren Zeitpunkt dachte. Die Autobiographie geht offensichtlich von der Vorstellung eines Publikums aus. Sie wußte, daß ich das Manuskript nach ihrem Tod finden würde, aber sie vernichtete es nicht. Sie schrieb die Autobiographie bewußt als Kunstwerk nieder, so daß sie auch einem Außenstehenden verständlich sein würde, und die Tatsache, daß sie Decknamen verwendete, ist in sich bereits ein Fingerzeig dafür, daß sie erwartete, ja sogar hoffte, andere Augen würden sie eines Tages lesen. Mit diesem Kunstgriff schirmte sie den guten Ruf ihrer Freunde ab, während sie ihren eigenen preisgab. Es gibt Stellen in dem Manuskript, die vermuten lassen, daß die Niederschrift für sie wesentlich mehr war als ein Akt seelischer Läuterung. Sie spricht von »möglichen Lesern« der Autobiographie. Sie meint, daß »die Psychologie von Menschen wie mir von Interesse sein wird«, wenn einmal die Scheinheiligkeit »einem Geist des Freimuts gewichen ist, der sich, wie man hoffen darf, mit dem Fortschritt der Welt ausbreiten wird«. Heute, mehr als fünfzig Jahre nach der Niederschrift dieser prophetischen Worte, ist diese Zeit gekommen, und ich glaube nicht, daß sie die Enthüllung ihres Geheimnisses mißbilligen würde, im Wissen, daß es jenen, die sich heute in ähnlicher Lage befinden, vielleicht zu helfen und sie zu ermutigen vermag.

Es hieße jedoch, meinen Eltern keine Gerechtigkeit widerfahren lassen, wenn ich die Autobiographie ohne Erläuterung und ohne ihre Fortsetzung vorlegte, denn sie wurde im achten Jahr einer Ehe niedergeschrieben, die neunundvierzig Jahre währte. Ich gelangte zu zwei Schlußfolgerungen: daß sie als der erste, wenngleich der Hauptteil der vollständigen Geschichte zu veröffentlichen sei und daß sie als eine so außergewöhnliche Geschichte der Bestätigung und Erweiterung bedurfte, ein Unterfangen, für welches das gesamte Unterlagenmaterial in dem italienischen Schrank und den Mappen vorhanden war. Die Ereignisse, die Vita Sackville-West schildert, ließen sich so nacherzählen, wie sie den anderen Hauptakteuren des Dramas erschienen – Harold Nicolson, Violet Trefusis, Lady Sackville – sowie den Darstellern der Nebenrollen wie Rosamund Grosvenor, Denys Trefusis und Orazio Pucci, und rückblickend schließlich mir selbst, ihrem Sohn, der erst drei Jahre alt war, als das Drama im Februar 1920 in einem Hotel in Amiens seinen Höhepunkt erreichte. Die Briefe und Tagebücher jener Zeit werfen neues Licht auf gewisse Episoden und enthüllen andere, von denen sie nichts wußte, aber sie erhärten bis ins letzte die Wahrheit dessen, was sie schrieb. Ihre Erinnerung an diese umwälzenden Ereignisse war genau und zuverlässig. Die Geschichte wird mithin in fünf Teilen erzählt, von denen zwei von ihr, drei von mir stammen. Die Teile I und III sind eine wortgetreue Wiedergabe ihrer Autobiographie, die lediglich um der Ausgewogenheit und der Verständlichkeit willen in zwei Teile gegliedert und nur insofern geändert ist, als die wirklichen Namen an die Stelle der Decknamen treten, die nur bei ihrer ersten Erwähnung angegeben sind. Die Teile II und IV sind meine Kommentare hierzu, denen ich wesentliche neue Tatsachen und Zitate aus Briefen und Tagebüchern eingefügt habe. Teil V stellt die Rechtfertigung des ganzen Buches und seines Titels dar, denn er gibt eine zusammenfassende Schilderung der restlichen Jahre ihrer Ehe und zeigt, besonders im Zusammenhang der kurzen Liebesverhältnisse meiner Mutter mit Geoffrey Scott und Virginia Woolf, wie die Liebe meiner Eltern zueinander alle weiteren Bedrohungen überlebte und aus einer Nicht-Ehe eine Ehe machte, die über alle ihre Erwartungen und Träume hinaus gelingen sollte. Wenn das Buch dies nicht zeigte, wäre es ein Treubruch.

Sissinghurst Castle, Kent
April 1973 — Nigel Nicolson

Erster Teil

Vita Sackville-West

23. Juli [1920]

Selbstverständlich habe ich keinerlei Rechte, die Wahrheit über mein Leben niederzuschreiben, da sie natürlich das Leben so vieler anderer Menschen in Mitleidenschaft zieht, aber ich tue es, weil mich die Notwendigkeit drängt, die Wahrheit zu erzählen, weil es keine lebende Seele gibt, die die vollständige Wahrheit kennt; hier mag es einen geben, der einen Ausschnitt, dort einen anderen, der einen anderen kennt; aber in das ganze Bild ist niemand eingeweiht. Nachdem ich es niedergeschrieben habe, werde ich es niemand zum Lesen anvertrauen können. Es gibt nur einen Menschen, zu dem ich so restloses Vertrauen habe, daß ich ihm jede Zeile dieses Bekenntnisses in die Hände geben würde, denn ich wüßte: Wenn er sich durch diesen Morast gearbeitet hat – denn es ist ein Morast, mein Leben, ein Moor, ein Sumpf, ein trügerisches Gelände, mit nur einem hellen Flecken in der Mitte, dem Flecken, der unabänderlich ihm gehört – ich weiß, wenn er durch alles das durchgewatet ist, würde seine Auffassung von mir unerschüttert bleiben. Das wäre die Probe meines Vertrauens, vor der ich nicht zurückschrecken würde. Ich würde es *ihr* nicht geben – gefährlicher Prüfstein –, die mich schon in diesen ersten zwanzig Zeilen darüber belehren würde, wo die Wahrheit liegt. Ich weiß, wo sie liegt, aber ich habe nicht die Kraft, sie zu packen; und damit bin ich schon mitten in meinen Schwächen.

Ich beginne zu schreiben, ohne mir diese Aufgabe vorher

überlegt zu haben. Werde ich sie je vollenden? Und unter welchen Umständen, nachdem ich sie jetzt auf dem Randstreifen zwischen einem Gehölz und einem reifen Kornfeld begonnen habe, während die schwachen Schatten der Gräser und der Kornähren über mein Blatt Papier fallen? Zarte junge Nüsse, die noch keine Kerne haben, hängen hinter mir am Waldessaum; ich liege auf grünem Farnkraut, zwischen kleinen gelben und magentaroten wilden Blumen, deren Namen ich nicht weiß. Ich liege so dicht am Erdboden, daß ich nur das hohe Korn sehe; es ist so spröde, daß es im Luftzug ein Geräusch macht wie das Rascheln von Seide. Den ganzen Tag lang war ich in einer schwarzen Stimmung, aber sie hat sich besänftigt und ist weg. Hier draußen ist kein Platz für Laune oder Persönlichkeit. Hier ist nur eine Persönlichkeit gegenwärtig: Demeter.

Gestern war ich in einem Segelboot auf dem Meer; die See ging ziemlich hoch, und augenblicksweise hatte ich große Angst, aber ich wünschte, ich hätte keine Angst, denn theoretisch machte es mir Spaß zu sehen, wie das Schiff die Nase hinunter in die Wellen steckte, wie die Gischt über das Deck brach und wie dann mein Gesicht ganz naß war und ich das Salzwasser auf den Lippen schmeckte. Die Welt des Meeres ist eine ganz andere Welt. Sie hat eine ganze Folge völlig anderer Geräusche – das Klatschen der Wellen, den Wind in der Takelage, das Aufschlagen und Klappern der Blocks, die Rufe der Mannschaft –, und man hat selber eine ganze Gruppe völlig anderer Wünsche und Besorgnisse – den Wunsch, daß das Boot stillhalten möge, wenn auch nur für fünf Minuten, damit man sich von dem unablässigen Balancieren ausruhen kann, die Sorge, ob der Wind auffrischen oder abflauen wird, was immer es gerade ist; die unermeßliche, überwältigende Bedeutung des Wetters, sowohl im Hinblick auf das eigene Wohlbefinden wie auf das Vorwärtskommen.

Es ist mir klar, daß dieses Bekenntnis, diese Autobiographie, wie immer ich es nennen mag, notwendigerweise einen unübersehbaren Fehler haben wird: einen völligen Mangel an Proportionen. Ich muß mich auf ein sehr unsicheres Gedächtnis verlassen; während die Gegenwart riesengroß vor mir steht, ist die Vergangenheit in Dunst gehüllt. Ich kann mich nicht an vieles aus meiner Kindheit erinnern, außer daß ich sehr lange Beine und sehr glattes Haar hatte und daß meine Mutter mich zu kränken pflegte, indem sie sagte, sie könne meinen Anblick nicht ertragen, denn ich sei so häßlich. Ich weiß, daß ich damals körperlich kein Feigling war, denn ich erinnere mich, daß ich auf einem Fahrrad gefährliche Dinge anstellte und auf hohe Bäume kletterte – und doch, halt, ich glaube, ich muß schon damals ein Feigling gewesen sein, denn ich erinnere mich, sehr viel darüber nachgedacht zu haben, ob ich am nächsten Tag beim Reiten mutig sein werde, und es fesselte mich sehr, anderen Menschen zuzusehen, wie sie Dinge taten, von denen ich wußte, daß ich selbst den Mut dafür nicht aufbringen würde. Das war mir bis zu diesem Augenblick nicht klar. Immerhin, ein richtiger Feigling war ich nicht, ich behielt meine Nerven in der Gewalt und machte es mir zum Ideal, robust und abgehärtet und so jungenhaft zu sein wie nur möglich. Ich weiß, daß ich zu anderen Kindern grausam war – ich entsinne mich, daß ich ihnen Glaserkitt in die Nasenlöcher stopfte und einen kleinen Jungen mit Brennesseln schlug. Auf diese Art büßte ich nahezu alle meine Freunde ein, bis schließlich keines der Kinder im Ort mehr zu mir zum Tee kommen wollte, außer denen, die meine Verbündeten und Trabanten waren.

An sehr viel mehr, wie ich als Kind war, erinnere ich mich nicht. Äußere Dinge sind mir stärker im Gedächtnis geblieben. Ich kann mich weder an meinen Vater noch an meine Mutter in dieser Zeit sehr lebhaft erinnern, außer daß Dada mich auf schrecklich lange Spaziergänge mitnahm und mit mir über die Naturwissenschaften, vor allem über Darwin redete und ich ihn sehr viel lieber mochte als Mutter, deren hitziges Temperament mir angst machte. Ich erinnere mich nicht einmal, daß sie mir hübsch vorkam, was sie gewesen sein muß – wunderschön sogar. Sehr lebhaft erinnere ich mich an schreckliche Szenen zwischen ihr und Dada – das heißt, sie machte Szenen, und er sagte für gewöhnlich überhaupt nichts oder nur ganz sanft: »Ach, komm schon, meine Liebe, stimmt das wirklich genau?« Ihre Aussagen stimmten wirklich nur selten; das wurde mir nur ganz, ganz langsam bewußt, ich war in dieser Hinsicht schrecklich begriffsstutzig; wirklich begriffen habe ich es erst vor verhältnismäßig kurzer Zeit. (Es wird allmählich Abend, und ich werde bald aufhören müssen zu schreiben; Gott sei Dank bin ich heute abend allein.)

Wenn sie und Dada wegfuhren, blieb ich mit Großpapa allein zurück. Er war sehr alt und sonderbar und schweigsam. Er konnte Leute nicht leiden und sprach nie mit den Menschen, die ins Haus (nach Knole) kamen; wenn er es irgend einrichten konnte, fuhr er über den Tag nach London, wenn er wußte, daß Leute kommen würden, und ich blieb allein zurück, um sie zu bewirten und zu unterhalten. Späterhin, wenn man mich zuweilen herunterrief, um nicht zu dreizehnt bei Tische zu sitzen, amüsierte es mich, ihn völlig stumm zwischen zwei armseligen Frauen zu sehen, die versuchten, mit ihm Konversation zu machen; oder aber er zerschmetterte sie so, daß sie den Mund hielten: »Sie haben wunderschöne Gärten hier, Lord Northwood (Sackville).« – »Was verstehen Sie denn von Gärten?« fuhr er sie bissig an. Zugleich jedoch war er stets klug und scharfsinnig in seiner Einschätzung von Menschen; er mochte die nicht, die nicht liebenswert waren, und er konnte jene, die es waren, nicht leiden. Mutter pflegte wütend zu werden, wenn er mit knappen sechs Worten ihre Freunde in Grund und Boden vernichtete, aber Dada lachte, und dann ging sie gegen ihn los. Aber ich glaube, in Wirklichkeit hing sie auf ihre Weise sehr an Großpapa. Neben allem anderen besitzt sie ein echtes Pflichtbewußtsein, und obwohl sie der unbegreiflichste Mensch auf Erden ist, ist sie gewiß auch der bezauberndste, und ich liebe sie innig.

Großpapa hatte Kinder gern und glaubte an Feen. Jeden Abend nach dem Abendessen richtete er einen Teller mit Obst her und stellte ihn für mich bereit, damit ich ihn mir früh am nächsten Morgen holen konnte; er tat ihn in eine Schublade in seinem Wohnzimmer, auf die er selber in kunstvoll verschnörkelten Buchstaben mit bunter Kreide *Dianas (Vitas) Schublade* geschrieben hatte. Er amüsierte sich immer auf solch schüchterne und geheime Art und Weise; so verbrachte er Stunden damit, kleine Holzstücke zu absonderlichen Formen zurechtzuschnitzen, die er dann mit Sandpapier polierte, bis die Oberfläche wie Sammet war; und er hatte eine Reihe feststehender kleiner Bemerkungen, die er unfehlbar anbrachte, wenn die Gelegenheit sich ergab: »Angenehmer frischer Geschmack«, pflegte er bei den ersten Spargeln zu sagen, oder »Armer alter Cox«, wann immer mit irgend jemand etwas schiefgegangen war; den Ursprung dieser Redensart habe ich nie herausbekommen. Um auf das Obst zurückzukommen, so war es ein regelrechtes Ritual; nichts hätte ihn veranlassen können, darauf zu verzichten, und ich kann mich nicht erinnern, daß er es auch nur ein einziges Mal vergaß, nicht einmal, der arme alte Mann, zu Beginn seiner letzten Krankheit, als er noch unten wohnte; selbst wenn zwanzig Leute zum Abendessen da waren, häufte er noch den Obstteller für mich auf und trug ihn zu der Schublade, und wenn ich einmal vergaß, ihn in der Frühe zu holen, grollte er und machte eine Beschwerde daraus, die so lange anhielt, bis sie zu einem Scherz und milde statt bitter wurde.

In derselben Weise war er sehr ungehalten, wenn ich nach dem Tee nicht in sein Zimmer hinunterging und Dame mit ihm spielte. Es brachte seine Gewohnheiten durcheinander, und außerdem glaube ich, daß er mich wohl gern gehabt haben muß; er mochte es gern, wenn Kinder im Haus waren, und später hatte er Charles (Edward Sackville-West) gern, der mein Vetter und zehn Jahre jünger war als ich; er war ein Genie und konnte mit vier Jahren Wagner spielen. (Er war sehr zart und machte eine gefährliche Krankheit nach der anderen durch, so daß man ihn stets in einen riesigen weißen Shawl aus Shetland-Wolle gewickelt herunterbrachte, in dem er am Flügel saß, mit herabbaumelnden schwächlichen Beinchen, die ebensowenig die Pedale erreichen konnten, wie seine winzigen Händchen eine Oktave zu greifen vermochten.) Großpapa hatte Kinder und Blumen gern, aber er machte sich nicht das geringste aus dem Schloß, und wenn die Leute ihm Fragen über das Haus stellten oder über die Gemälde oder das Silber oder die Möbel, pflegte er sie an Mutter zu verweisen.

Mutter schlug soviel Kapital aus dem Schloß, wie sie nur konnte; wenn man sie darüber reden hörte, hätte man glauben mögen, sie habe es erbaut; aber sie besaß kein wirkliches Gefühl für Würde wie Dada, der das Haus über alles liebte und verehrte, aber lieber gestorben wäre, als es offen herauszusagen. Ich glaube, es muß damals für ihn recht hart gewesen sein, als Großpapas Erbe im Haus zu leben, aber nur als der Neffe, nicht als der Sohn: Er hatte weder im Schloß noch in den Gärten oder in der Bewirtschaftung des Besitzes etwas mitzureden und mußte anhören, wie Mutter alle möglichen, völlig ungerechtfertigten und unnötigen Legenden über den Besitz erfand – die er bei Gott nicht nötig hatte! – und wie sie stets für alles Lob und Anerkennung einheimste, weil sie nun einmal ein Mensch war, der jedem eine Menge Schmeicheleien sagte. Das kam daher, daß sie rücksichtslos, ohne Skrupel und völlig unanalytisch war und einen Charme besaß, der Schmeichelei abforderte, er hingegen war sensitiv und bescheiden. Meine Mutter hatte ganz gewiß etwas Erbarmungsloses und Bedenkenloses, und eines der Dinge, die den stärksten und grausamsten Eindruck in mir hinterließen, war ein scheußliches kleines Zwiegespräch, das ich einmal in London mit anhörte, als ich im Nebenzimmer im Bett lag. Sie war allein mit Großpapa und hatte sich offenbar über irgend etwas sehr geärgert, denn ich hörte, wie sie ihm sagte, daß er immerfort überall im Weg sei, mit ihrem gewissen kurzen, schnellen »Schnalzer« in der Stimme, der mich bis zum heutigen Tag schaudern macht; und sie brachte ihn dahin, daß er protestierte – er, der sonst nie ein Wort sagte! –, und ich hörte, wie seine alte Stimme herzzerreißend kläglich sagte: »Aber was tue ich denn? Ich rühre ja nicht einmal eine Klingel an.« Ich wollte, ich könnte diesen kleinen Dialog vergessen, aber ich kann es nicht; er brannte sich ein. Mutter wurde nicht weicher oder sanfter, ebensowenig wie sie mir gegenüber sanft wurde, wenn ich weinte; und doch kann sie wunderbar weich werden, wenn man nur die richige Saite in ihr berührt – ich habe das oft bei anderen Menschen bemerkt. Es ist in Wahrheit eine Art Sentimentalität, die gefühlsmäßig, entweder durch etwas Wirkliches oder eher etwas Unwirkliches, in Bewegung gesetzt wird.

Das war Großpapa, mit seinen seltsamen kleinen Angewohnheiten, wie er zum Beispiel stets mit größter Heftigkeit seine Mütze an genau dieselbe Stelle warf, oder wie er endlos und bis zum Verrücktwerden von einem Fuß auf den anderen balancierte; mit seiner Abneigung gegen Menschen, seiner Schüchternheit gegenüber Dienstboten (er sprach die Wahrheit, als er sagte, er rühre nie eine Klingel an!), mit seinen komischen ruckartigen Bewegungen und Redensarten, die ihn zuweilen einem Kobold ähnlich machten – das jedenfalls war Großpapa nach außen, aber wie er darunter war, weiß nur der Himmel. Von allen Menschen war er gewiß der unergründlichste. Ich habe sechzehn Jahre mit ihm zusammengewohnt, und hätte ich noch weitere sechzehn Jahre mit ihm im selben Haus gelebt, so zweifle ich nicht, daß er mir genau das gleiche Rätsel geblieben wäre. Man hätte ihn zu guter Letzt vielleicht als wirklich und wahrhaft fühllos bezeichnen können, aber dieser Theorie widerspricht eine höchst erstaunliche Tatsache in seinem Leben, die ich mir für den Schluß aufgehoben habe: In seinen mittleren Jahren lebte er ungesetzlicherweise mit einer sehr schönen spanischen Tänzerin zusammen, von der er sieben Kinder in, glaube ich, ebenso vielen Jahren hatte.

Diese alte Geschichte, diese »romantische Liebesgeschichte aus dem Hochadel«, wie es in der *Daily Mail* heißt, ist so sattsam bekannt, daß mir, wenn ich von ihr spreche, zumute ist, als spräche ich von etwas, das irgendeiner anderen Familie, nicht meiner eigenen zugestoßen ist. Also: Wer ist wer – wer sind die Personen: Asunción Ramón (Pepita), eine schöne spanische Zigeunerin, die mit Lord Sackville, damals Lionel Strangeways (Sackville-West), als seine Frau zusammenlebt und sich Gräfin West nennt (armes Wesen, ist dieser Titel nicht armselig?), ihrer beider Tochter Gloria (Victoria), meine Mutter, die jetzt mit dem gegenwärtigen Lord Sackville verheiratet ist, Baptiste (Henry), ihr Sohn, der jetzt den Titel Sackville und den Besitz Knole beansprucht, und dann der Leitartikel über Knole, der in triumphierendem Zeitungsstil schloß: »Zu heimelig, um ein Schloß, zu schloßartig, um ein Heim genannt zu werden.« (Ach, mein schönes Knole, wie recht er doch hatte, dieser namenlose Journalist, mit seinem gräßlichen Jargon! Ich stehe an der Ecke der Mauer und blicke auf dich herab in deiner Mulde, auf deine grauen Mauern und rotbraunen Dächer, und höre mich den abgedroschenen Satz sagen: »Von hier hat man einen recht guten Blick auf das Haus ...«)

In meiner Erinnerung hat Großpapa seine Zurückhaltung ein einziges Mal durchbrochen. Das war eines Morgens, als ich Mutter am Ende ihres langen, langen Haarzopfes in sein Wohnzimmer folgte. Ich erinnere mich, wie er aufsprang und sagte: »Ich wünsche nicht, das Kind dies noch einmal tun zu sehen, Victoria.« Wenn man es so hinschreibt, klingt es unwahrscheinlich melodramatisch, aber genau das sagte er. Es scheint, daß Mutter als kleines Kind die Angewohnheit hatte, so umherzugehen, indem sie sich am Haar ihrer Mutter festhielt. Ich besitze zwei Fotografien meiner Großmutter, die deutlich zeigen, wie schön sie gewesen sein muß; wahrhaft schöne Züge, ein wahrhaft schönes Gesicht, nicht lediglich hübsch, obwohl es häßliche, verblichene Fotografien sind, die um das Jahr 1870 in Arcachon aufgenommen wurden. Sie war die uneheliche Tochter einer Zigeunerin und eines spanischen Herzogs; die Zigeunerin, ihre Mutter, war eine Zirkusakrobatin gewesen und stammte zweifellos von Generationen von Zirkusleuten ab, und der Herzog stammte von Lukrezia Borgia ab. Ich glaube, etwas so Pittoreskes wie meine mütterlichen Vorfahren wird man nicht leicht wieder finden. Es erklärt vieles an meiner Mutter, die zuzeiten wie eine richtige Bäuerin ist. Aber Großpapa! Qu'allait-il faire dans cette galère? Wie kam er, der Mann des Schweigens, dazu, mit der Tänzerin durchzubrennen, die zu jener Zeit höchst achtbar mit jemand anderem verheiratet war? Ich würde wer weiß was darum geben, wenn ich einen kurzen Blick zurück auf eine der Szenen zwischen ihnen erhaschen könnte. Man stelle sich ihren Haushalt vor – singend, sorglos, unbekümmert, inmitten eines Durcheinanders von winzigen Kindern, er ein englischer Diplomat, Sproß der allerkorrektesten alten englischen Familie, Erbe von Knole, und dazu sein schwer faßbarer Charakter! Natürlich wußte ich von alldem nichts, als ich klein war. Meine erste Ahnung, daß irgend etwas mit der Herkunft meiner Mutter nicht stimmte, war eine snobistische Anwandlung, die ich mich schäme aufzuschreiben: Einige Leute pflegten ihre Briefe an die »Honourable Mrs. Sackville-West« zu adressieren, und andere taten es nicht; ich, aus irgendeinem dunklen Instinkt, der es übelnahm, wenn man meine Mutter verunglimpfte, tat es stets.

Pepita starb, als meine Mutter neun Jahre alt war, und ließ Großpapa mit fünf kleinen Kindern zurück (die beiden anderen waren Gott sei Dank gestorben), drei Mädchen und zwei Knaben. Er steckte die Mädchen in ein Kloster (in Paris); was aus den Jungen wurde, weiß ich nicht; ich nehme an, sie kamen in eine Internatsschule. Meine Mutter war untröstlich und kann bis heute kaum über den Tod ihrer Mutter sprechen, ohne daß ihr die Tränen kommen; hinzu kam, daß sie der verwöhnte Liebling gewesen war und jetzt ein hartes Klosterleben führen mußte, ihren Vater nur zwei- oder dreimal im Jahr sah und sogar ihre Ferien im Kloster verbrachte. Hier blieb sie, bis sie siebzehn war; dann schickte man sie in ein anderes Kloster in England, damit sie Englisch lernte. Als sie achtzehn war, gab es eine große Familiendebatte darüber, ob man sie und ihre Schwestern zu ihrem Vater schicken solle, der jetzt britischer Gesandter in Washington war. (Washington ist inzwischen zur Botschaft erhoben worden, Mutter spricht von ihm stets als britischem Botschafter, da sie meint, das klinge eindrucksvoller.) Schließlich wurde beschlossen, daß sie hinüberfahren sollten; also wurde Mutter – achtzehn Jahre alt, ein einziger Liebreiz, herrschsüchtig, launenhaft und nur eines gebrochenen Englisch mit starkem französischem Akzent mächtig – zusammen mit ihren beiden jüngeren Schwestern nach Amerika geschickt.

Ich füge dies alles aus gleichlautenden Augenzeugenberichten zusammen. Sobald sie von den Regeln des Klosters befreit war, scheint sie sofort wie ein niedergebundener Schößling hochgeschnellt zu sein; sie nahm Washington offenbar im Sturm und ließ ihre Schwestern irgendwo im Hinterland zurück. Ich glaube, das hat bei ihnen einen tiefen Groll hinterlassen, der später dann in dem Prozeß um das Erbe aufkeimte.

Ich werde müde, und dies alles betrifft auch mein eigenes klägliches Durcheinander eigentlich gar nicht. Aber es war im Hintergrund immer da, auch für mich, und ich war mir als Kind undeutlich bewußt, daß eine essigsaure unverheiratete Tante (Amalia) einige Jahre lang bei uns in Knole wohnte und Mutter ärgerte, weil sie mir eingemachte Kirschen gab, als Mutter sie gebeten hatte, es nicht zu tun; auch daß es da einen Mann namens Henry gab, der ab und zu an der Haustür erschien und Großpapa zu sprechen verlangte, aber abgewiesen wurde. Ich nehme an, daß mir auch Dienstbotenklatsch zu Ohren kam. Es ist ein wenig schwierig auseinanderzuhalten, was ich damals bereits wußte und was ich erst seither erfahren habe. Aber ganz gewiß war da immer etwas, irgendein Geheimnis im Hintergrund.

Der Abend ist schon fast herabgesunken; das Licht des Sonnenuntergangs auf der Anhöhe gegenüber hat die gelben Kornfelder rosarot getönt. Ich habe draußen auf der Terrasse zu Abend gegessen und während der ganzen Zeit dies auf den Knien geschrieben. Ich liebe den Sommer und fürchte stets den Johannistag, den Scheitelpunkt des Jahres. Der Tag der Sommersonnwende war einer von Großpapas Scherzen; wenn er vorüber war, pflegte er regelmäßig zu sagen: »Jetzt werden die Tage kürzer«, und jetzt hat er für mich noch eine andere Bedeutung. Heute abend habe ich von Robin (Harold Nicolson) gehört, daß er erst fünf Tage später aus Paris zurückkehren wird; ich hatte ihn morgen erwartet. Ob ich wohl bis dahin diese Schilderung bis zur kläglichen Gegenwart fortgeführt haben werde? Ich bin schrecklich müde. Alles ist so still, und ich fühle mich einsam und zurückgezogen und heiter – gar nicht melancholisch heute abend. Dafür ist die Landschaft zu schön. Welches Glück für mich, daß ich in dieser fruchtbaren und zärtlichen Gegend lebe: Sie durchtränkt einen mit ihrer Heiterkeit. Moore und zerklüftete Berggipfel würden mich, glaube ich, umbringen. Der *Weald* ist ein Gegengift – Alkali auf Säure oder was immer es ist. Ich muß zu Bett gehen.

Später

Ich habe ein Bad genommen, liege im Bett und fühle mich weniger müde. Der Kopf dreht sich mir von all diesem Geschreibe. (Ich bin ein unglaublicher Egoist, das ist das Ganze.) Ich denke immerfort an alle möglichen Geschichten und Personen und Orte: an meine alte geliebte Nanni, die Mutter nach fünfzehn Jahren im Haus entließ, weil sie es sich in den Kopf gesetzt hatte, daß sie die Wachteln gegessen hätte; an Lilian (Rosamund Grosvenor), vier Jahre älter als ich, die für drei Tage nach Knole geholt wurde, um mich zu trösten, als Dada in den Burenkrieg ging, und die schon damals (ich war sechs, und sie war zehn) stets sauber und adrett war, während ich immer schmuddelig und in Fetzen herumging; an meine Hunde, die ich hingebungsvoll liebte; an meine Kaninchen, die heimlich mit meinen Hunden »Hetzjagd« machten und deren Sprößlinge ich über die Gartenmauer warf, wenn sie allzu zahlreich wurden; an die Schützengräben, die ich während des Krieges im Garten grub; die »Armee«, die ich aus den terrorisierten Kindern der Nachbarschaft rekrutierte und befehligte; meinen Khaki-Anzug und die Tränen der Wut, die ich vergoß, weil man mir nicht erlaubte, ihn mit Hosen machen zu lassen – nein, nicht einmal mit einem richtigen *kilt*; an mein erstes Theaterstück, dessen Proben erbarmungslos von Mutter zertrümmert wurden, nachdem ich mein ganzes Taschengeld für Musselin ausgegeben hatte – das alles machte meine Kindheit wohl sehr ähnlich der anderer Kinder, aber mir steht es jetzt so deutlich und lebhaft vor Augen, daß ich mich im Garten sehe, den vertrauten Einschnitt meines Taschenmessers im Holztisch des Sommerhäuschens fühle, wo ich meine Schulaufgaben machte; das Wägelchen vor mir sehe, vor das ich drei gar nicht zusammenpassende Hunde spannte; mich selbst, unansehnlich, mager, dunkelhaarig, ungesellig, reizlos – schrecklich reizlos! –, rauhbeinig und geheimnistuerisch. Geheimnisse waren meine Leidenschaft; das war bestimmt der Grund, warum meine Spielgenossen mich nicht leiden konnten. Jedenfalls ist es ein Zug, den ich von meiner Familie geerbt habe. Also werde ich ihn mir nicht übermäßig zum Vorwurf machen. Ich vergaß zu sagen, daß ich zwei- oder dreimal versuchte, von zu Hause wegzulaufen, aber stets zurückgeholt wurde, und einmal zwang Mutter mich niederzuknien, während sie meinetwegen betete.

25. Juli [1920]

Gestern nacht war ich glücklich. Ich lag wach und dachte über diese Schreiberei nach, während ich die Muster beobachtete, die das Mondlicht, das durch Zweige und Gitterwerk fiel, auf meinem Bett machte. Als ich heute morgen aufwachte, fragte ich mich, ob es die Mühe wert sei, mit einem nackten, unverblümten, eigensüchtigen Geständnis fortzufahren; es hält mich von meinem Buch ›Soap (Seife), der Drache in den Untiefen‹, ab, das ich fertig schreiben sollte. Heute morgen bekam ich einen eher traurigen Brief von Harold. In der Regel erlaubt er mir nicht zu sehen, daß er deprimiert ist. Seine Traurigkeit rührt mich immer bis ins Innerste. Er ist der einzige Mensch, an den ich mit beständiger Zärtlichkeit denke. Ich kann wahrheitsgetreu sagen, daß ich nie, nie einen einzigen harten Gedanken über ihn gehegt habe; äußerstenfalls hat er mich ärgerlich oder nervös gemacht, aber das hat er stets gewußt. Ich würde mir nicht gestatten, von ihm irritiert zu sein, während es ihm nicht bewußt ist oder wenn er nicht da ist. Das kann ich mit absolut gutem Gewissen sagen. Er besitzt vollkommene Macht über mein Herz, wenn auch nicht über meinen Geist. Was ich für ihn empfinde, ist echte Zärtlichkeit, ist ein ständiges Bewußtsein des »Tritt sanft auf, denn du trittst auf meine Träume«. Ich denke zuweilen mit Zärtlichkeit an Dan (Benedict), an Basil (Nigel) selten, an Chloe (Violet Trefusis) nie. Ich bin so hart und schroff zu ihr, daß ich ihr nahezu jedes Leid zufügen könnte, ohne die geringste Anwandlung von Mitleid zu empfinden – das könnte ich, und das habe ich getan. Das alles macht das Ganze so quälend und so rätselhaft.

Ich war bis zu der Stelle gekommen, wo Mutter nach Washington ging und dort jedermann für sich einnahm, darunter den Häuptling eines Indianerstammes und den Präsidenten der Vereinigten Staaten. Sie war mehr oder weniger die Königin von Washington, und das muß eine erfreuliche

Alternative für ein Mädchen gewesen sein, das dazu bestimmt gewesen war, Gouvernante oder Erzieherin zu werden. (Sie hatte im Kloster ihr Diplom als ausgebildete Erzieherin bekommen, aber ich kann mir nicht vorstellen, daß sie lange Gouvernante geblieben wäre!) Ich habe das Diplom gesehen. Darauf wird sie als José Sackville-West bezeichnet; so hatte man sie bis dahin genannt, aber jetzt, da sie als Tochter des Gesandten auftrat, wurde das auf ihren ersten Vornamen Gloria (Victoria) geändert – ein Name, der wunderbar gut zu ihr paßte. Glorreiche Gloria (siegreiche Victoria) – so nannte sie jemand. Sie heiratete nicht in Amerika. Als Großpapa Knole erbte und gleichzeitig wegen Indiskretion aus dem diplomatischen Dienst entlassen wurde, kehrten sie und ihre beiden Schwestern mit ihm zurück und lebten in Knole. Die zweite Schwester blieb nicht lange dort; sie heiratete einen Franzosen, ließ sich später scheiden und ging als Tänzerin zum Varieté. Sie waren sehr arm in Knole. Mutter hat zwar Anfälle wilder Verschwendungssucht (und zwar ziemlich anhaltende Anfälle, wie ich sagen muß), aber sie versteht es gut, das tägliche Leben einzurichten. Ich weiß nicht, wie lange sie unverheiratet in Knole lebte, aber früher oder später lernte sie Großpapas Neffen, den Erben, kennen und heiratete ihn, und ich wurde zwei Jahre später (1892) geboren. Sie erklärt, sie hätte sich lieber ertränkt, als noch ein Kind auf die Welt zu bringen; deshalb glaube ich, daß ihre selbstgenießerische Zügellosigkeit schon damals überhandnahm.

Sie liebte mich als Baby, aber als ich ein kleines Kind war, machte sie sich, glaube ich, nicht viel aus mir, und das kann ich ihr nicht verübeln. Meine Haupterinnerung an sie ist, daß man mich an Tagen, an denen wir Gesellschaft hatten, in ihr Zimmer brachte, um von ihr »genehmigt« zu werden, ehe ich zum Mittagessen hinunterging; bei diesen Gelegenheiten wurde mir das Haar gekräuselt, und es war immer alles falsch an mir, und ich war mißmutig, deshalb verdüsterten diese Parties mir den Sommer. Unser gemeinsamer Haß auf diese Gesellschaften war ein wichtiges Bindeglied zwischen mir und Großpapa, und wir machten unsere geheimen Scherze über die Leute während des Mittagessens. Ich will damit nicht sagen, daß Mutter mich vernachlässigte oder nicht gut zu mir war, sondern ganz einfach nur, daß sie für mich eher ein Hemmschuh als irgend etwas anderes in meinem Leben war.

Ich glaube, sie und Dada waren anfänglich sehr glücklich miteinander, besonders nachdem die unverheiratete Tante schließlich in einer Wolke von Feindseligkeit davongegangen war. Aber ich weiß über ihr Verhältnis nichts außer dem, was sie mir selbst erzählt hat, und das ist nicht im geringsten zuverlässig. Sie sagt, er habe mit anderen Frauen zu flirten begonnen, und sie selbst brachte einen neuen Dauergast nach Knole, als ich sechs oder sieben Jahre alt war; dies war ein Mann, den wir Seery nannten, ein Spitzname, den ich schon ganz zu Anfang für ihn erfand. Seery (Sir John Murray Scott) war einen Meter zweiundneunzig groß und wog hundertneunundfünfzig Kilo. Ich nahm ihm einmal rundherum Maß, wo eigentlich die Hüften hätten sein sollen: sein Leibesumfang betrug einen Meter fünfzig. Er hatte ein rundes, rosarotes Gesicht wie ein Baby, weiße Bartkoteletten und weiches, flaumiges grau-weißes Haar, das Mutter zu zerwühlen pflegte. Er war der bestgelaunte, liebenswerteste, freundlichste und großherzigste Mann, den man sich vorstellen kann; alle liebten ihn, sogar Großpapa, der hinter seinem Rücken sagte: »Guter Kerl, dieser Johnny«, obwohl sie einander nie anders als höchst förmlich mit »Sir John« und »Lord Sackville« anredeten. Seery lachte stets, wenn er nicht gerade schlief – lachte und rief »Sch! Sch!«, wenn im Sommer die Fliegenschwärme unablässig um sein dickes Gesicht herumsummten und er sie mit einem riesigen seidenen Taschentuch zu verscheuchen suchte. Er tat sich etwas darauf zugute, daß er sehr methodisch und ein guter Organisator sei, aber in Wahrheit brachte er unweigerlich jedes Arrangement durcheinander und verlegte alle seine Besitztümer trotz der unzähligen Schubladen und Lederschatullen, in denen er seine Sachen zu verwahren pflegte. Wenn ich an Seery denke, sehe ich ihn vor einem riesigen Schreibtisch sitzen, die Brille auf die Stirn geschoben, wie er mit einem Schlüsselbund rasselt und nacheinander sämtliche Schlüssel in sämtlichen Schlüssellöchern probiert und nur innehält, um den Fliegen »Sch! Sch!« zuzurufen. Dann, wenn er schließlich seine Schublade geöffnet hatte, pflegte Mutter zu kommen und sich auf seine Briefmarken zu stürzen, und er rief: »Geh weg, du spanische Bettlerin« oder »Du kleine spanische Bettlerin«, aber natürlich betete er sie an und gab ihr alles, was sie haben wollte (zuzeiten verlangte sie ziemlich viel). So sehe ich ihn vor mir, oder auch wie er nach dem Mittagessen in seinem Stuhl einschlummerte, bis das brennende Ende seiner Zigarre das Tischtuch berührte und Mutter ihn aufweckte und rief »Voyons, voyons, Seery!«; dann setzte er sich stets mit einem Ruck auf und sagte: »Ich war nicht eingeschlafen – ich habe nachgedacht.« Er schlief auch auf seinem Jagdstuhl draußen in den Rübenfeldern ein, während die Vögel in Schwärmen über seinem Kopf dahinflogen, denn er war bei all seiner Leibesfülle oder gar wegen ihr ausgesprochen hochgemut, tapfer und ritterlich und ging stets mit Dada und den jüngeren Männern hinaus zum Jagen und Fischen und ritt zuweilen ein Pony, als ob es ein Zugpferd sei, bis es zu guter Letzt eine permanente Einbuchtung des Rükkens hatte. Mutter wurde das Licht und die Luft seines Lebens. Sie tyrannisierte und bezauberte ihn, sie stritt mit ihm, sie behexte ihm, bis er schließlich ohne sie nicht mehr existieren konnte. Ich glaube wirklich, wenn er sie verloren hätte, wäre er vor Gram verschmachtet und gestorben – oder zumindest abgemagert, was noch schwerer zu glauben ist. Ich weiß nicht, ob man das »verliebt« nennen sollte. Irgendwie scheint die Vorstellung, daß ein so dicker Mensch im gewöhnlichen Sinn des Wortes verliebt sein könne, zu grotesk. Sie bedeutete ihm ganz einfach das Leben, das war es. Sie pflegte mir zu erzählen, er sei in sie verliebt und komme, wann immer möglich, nachts an ihre Schlafzimmertür, um sie zu belästigen, und sie vereinbarte mit mir, falls er draußen vor ihrem Schlafzimmer einen Anfall bekommen sollte, was unter Umständen kompromittierend gewesen wäre, würde sie mich wecken, und wir würden ihn gemeinsam die Treppe hinunter zu seinem Schlafzimmer zerren, sie würde ihn bei den Schultern packen und ich an den Füßen, und sie meinte, wenn wir ihn Stufe um Stufe hinunterschleiften, würden wir diese Riesenmasse schon von der Stelle bewegen, ohne jemanden aufzuwecken. Ich war an Mutter so gewöhnt, daß ich nie auf den Gedanken kam, an dieser Vereinbarung könne irgend etwas Absonderliches sein – im Gegenteil, ich fand es sehr klug von ihr, daß sie so vorsichtig war. Wie gesagt, sie erzählte mir das, aber ich bezweifle, daß viel Wahres daran war, denn während all der Jahre, die ich mit ihnen verbrachte (und während der späteren Jahre war ich zwar nicht besonders gewitzt, aber auch nicht besonders unaufmerksam), sah ich nie irgend etwas, das es bestätigt hätte.

Der arme Seery! Sie machte ihm das Leben wirklich zur Hölle. Aber es war wenigstens nicht die tödliche Stagnation des Lebens, das er bis dahin geführt hatte, zwischen zwei alten Schwestern und einer Bande von blutsaugerischen Brüdern, von denen einer spießiger war als der andere. Seery stammte aus dem Mittelstand, aber er war seinem Wesen nach nicht mittelständisch. Ich habe nie jemand gekannt, der so großzügig und so freigebig gewesen wäre. Er war sehr reich. Er war der Sekretär und Adoptivsohn eines berühmten Kunstsammlers (Sir Richard Wallace) gewesen, der ihm bei seinem Tod sein ganzes Vermögen, einen großen Teil seiner Sammlung und eine Menge Häuser hinterlassen hatte. Zwei dieser Häuser waren in Paris. Wir besuchten ihn dort von meinem achten Lebensjahr an alljährlich. Der größte Teil des Hauses in der rue Lafitte war vermietet, und wir wohnten in einem Appartement im ersten Stock; es war bezaubernd, auf seine Art ebenso schön wie Knole, so daß ich nie erfuhr, was es heißt, in häßlichen Räumen zu leben. Man konnte sich am einen Ende der Wohnung aufstellen und hatte einen langen

Durchblick auf eine Folge von Zimmern, die ineinander übergingen, mit einer ununterbrochenen Fläche von Parkett-Fußböden, und alle Räume waren mit cremefarbener und vergoldeter Louis-XV.-Boiserie getäfelt oder mit verblichener alter grüner Seide bespannt. Alle Möbel waren französisch, mit schweren, reichornamentierten Ormulu-Ständern, Kronleuchtern in jedem Raum und Kerzenleuchtern an den Wänden und im großen Saal Boucher-Tapisserien von unschätzbarem Wert. Die große Halle befand sich, als wir zum ersten Mal hinkamen, in hoffnungslosem Durcheinander, aber Mutter brachte sie bald in Ordnung. Alle Dienstboten waren sehr alt und höchst prächtig; der Butler hatte einen langen weißen Backenbart, und außer ihm waren noch etwa sechs andere alte Lakaien da, die alle weiße Handschuhe trugen. Es gab eine endlose Menge von dicken Pferden und Kutschen, die alle gleicherweise vorsintflutlich waren, aber es waren keine Frauen im Haus außer der Köchin, die des Butlers alte Ehefrau und eine regelrechte *cordon bleu* war, und die *lingère*, die nichts anderes tat, als sich um die Haus- und Tischwäsche zu kümmern, und sie muß sehr nötig gewesen sein, denn jedes Bettlaken war wie das feinste Batist-Taschentuch. Seery unterhielt in Paris einen gewaltigen *train de maison*, es gab immer nur Blumen, Obst und Gemüse, für die gerade *nicht* die Jahreszeit war, und sie waren größer, als sie irgendwo zur richtigen Jahreszeit gewesen wären. Aber das Ganze war nicht im geringsten protzig; es schien alles durchaus natürlich und passend. Ich war sehr gern dort; das heißt, ich liebte das Appartement, in dem ich mich in einem Rollstuhl, den ich in einer Ecke des Saals entdeckt hatte, von Zimmer zu Zimmer rollen konnte, aber ich machte mir nicht viel aus den Geschäften, wo ich stundenlang auf einem hohen Hocker sitzen mußte, während Mutter läppisches Zeug kaufte, das mir ganz unwichtig schien.

Abends gingen sie zuweilen ins Theater, und ich blieb allein zurück, außer wenn Großpapa da war; dann saßen wir zusammen am Fenster und wetteiferten, wer den komischsten Anblick unten auf dem Boulevard sah. Wenn Großpapa nicht da war, zündete ich alle Kerzen in sämtlichen Räumen an und strich allein herum; das machte mir Spaß. Manchmal ging ich in den großen Saal und weinte bittere Tränen über einem ausgestopften Spaniel in einem Glaskasten, von dem ich mir einbildete, er sehe einem Spaniel ähnlich, den ich gehabt hatte und der gestorben war. Über diesen Spaniel führte ich ganze Orgien von Kummer auf. Als Mutter den Saal neu anordnete, beseitigte sie den Spaniel, und ich versteckte ihn in einem Schrank, wo ich seiner habhaft werden konnte, wann immer ich einen Vorwand für Tränen brauchte, und ich erinnere mich, daß ich meine Gebete aufschrieb und sie unter den Spaniel legte. Ich muß wohl sehr sentimental gewesen sein, aber da ich es nie jemand wissen ließ, machte es nichts.

Seery hatte noch ein zweites Haus in der Nähe von Paris (Bagatelle) im Bois. Das war ein Schmuckkästchen von einem Haus; es war für Marie Antoinette erbaut worden und stand in einem großen Garten von der Art, die man *jardin anglais* nannte. Das Haus stand leer, und wir fuhren zum Picknick hinaus. Im Garten war die Statue einer Nymphe in einer Grotte, die den Fuß im Wasser badete, und ich pflegte sie mit Blättern zu schmücken. Seery verkaufte diese Statue später, und eines Tages, als ich mit Mutter bei einem großen Kunsthändler in London war, sah ich sie dort, und unerwachsen, wie ich war, brach ich in eine Flut von Tränen aus, denn man hatte mir nicht gesagt, daß sie verkauft worden war. Diese Episode und die Geschichte mit dem Spaniel klingen, als hätte ich damals immerfort geweint, aber so war es nicht. Ich war in Wirklichkeit eher trotzig und herausfordernd; ich hatte nur die Nymphe so sehr geliebt. Ich wünschte, Seery hätte sie mir vermacht anstelle der Diamanten-Halskette.

Außer nach Paris fuhren wir mit Seery auch jedes Jahr nach Schottland. Er war immer bei uns oder wir bei ihm, was seinen Angehörigen gar nicht behagte. Wir hatten ein Haus in Aberdeenshire, und ich besitze ein Tagebuch, das ich dort in französischer Sprache führen mußte als Strafe dafür, daß ich mit dem Hausburschen einen Ringkampf veranstaltet hatte. Im folgenden Jahr hatten wir ein hübscheres, wilderes Haus (Sluie), wo ich drei Monate lang frei und ungebunden herumtollte; es war am Fluß Dee, inmitten lieblicher Heidehügel und kleiner Forellenseen. Ich kannte wirklich jeden Fußbreit der Hügel und war genau wie die kleinen schottischen Bauernkinder, mit denen ich spielte. Damals war ich elf Jahre alt. Der Sohn des Bauern war ein Jahr älter als ich und erzählte mir im Verlauf der langen Tage, die wir am Fluß oder auf dem Moor verbrachten, eine Menge Dinge, die er mir nicht hätte erzählen dürfen; aber ehrlich gesagt, war ich nicht so wie manche andere Kinder, und da ich immer auf dem Land gelebt hatte, waren mir die meisten Dinge ganz selbstverständlich, und sie regten mich weder auf noch interessierten sie mich. Ich lebte praktisch auf dem Bauernhof, wo ich mir eine Hütte gebaut hatte. Dort war ich glücklich. Mutter benahm sich vernünftig zu mir. Ich war immer draußen im Freien, entweder mit der Jagdgesellschaft oder mit den Bauernjungen oder allein mit den Hunden (ich hatte damals einen irischen Terrier, der wie ein Windhund springen konnte). Ach Gott, ach Gott, ich wünschte, ich wäre wieder dort – diese lieblichen, schönen Hügel, diese flammenden Sonnenuntergänge, diese Rinnsale von eiskaltem Wasser, an denen ich Wasserräder baute, die wundervollen Sommerabende beim Angeln auf dem See, diese langen Tage, an denen ich oftmals fünfundzwanzig Kilometer oder mehr mit den Jägern und den Jagdgehilfen marschierte, ich *war* jung damals, ich *war* gesund, ich *war* einfach, und meine Augen brennen vor Tränen, wenn ich daran denke. Ich hatte einen schottischen Kilt und eine blaue wollene Strickjacke, und ich glaube nicht, daß ich auch nur ein einziges Mal sauber und ordentlich angezogen war, nicht einmal sonntags. Auch Mutter war glücklich; sie pflegte auf demselben Stück gerader Straße auf und ab zu marschieren und dabei zu singen, und dann fing bei ihr ein Freiluft-Fimmel an, der seither nicht nachgelassen hat, der aber zur Folge hatte, daß jedes Zimmer in Knole mit einem Türanschlag versehen wurde.

Ich sagte, daß ich damals elf Jahre alt war. Wir fuhren jeden Herbst hinauf, bis ich fünfzehn oder sechzehn war, von Anfang August bis Ende Oktober. Als ich etwa zwölf war, begann ich zu schreiben. (Es war *Cyrano de Bergerac*, der mich in die Möglichkeiten der Literatur einweihte!) Danach hörte ich nie mehr auf zu schreiben – historische Romane, prätentiöses, völlig uninteressantes und pedantisches Zeug, und alles mit nicht nachlassender Geschwindigkeit hingeschrieben: Sobald einer fertig war, begann ich am nächsten Tag einen neuen. Ich glaube, im Alter zwischen dreizehn und neunzehn muß ich ziemlich gräßlich gewesen sein. Ich war unhübsch, affektiert, eingebildet, lernbegierig und fleißig (sehr sogar!), völlig unbegeistert, unlenksam, widerspenstig und schlaksig groß, und in Wahrheit war das einzig Gute, was man über mich sagen konnte, daß ich mit Menschen meiner Sorte nichts zu tun haben wollte. Da ich erkannte, daß ich unbeliebt war (und kein Wunder bei einer solchen finsteren Selbsteingenommenheit), weigerte ich mich, um Beliebtheit zu buhlen. Es störte mich schon, und ich weinte oft, wenn ich nach einer Gesellschaft nach Hause kam und zu Bett ging, aber ich redete mir ein, ich müsse ihm trotzen. Das soll nicht im geringsten rührend oder bemitleidenswert klingen: Ich war nicht unglücklich, nur einsam und allein, aber ich will nicht so tun, als hätte ich gegen das Alleinsein etwas gehabt, ich wollte allein sein. (Wenn ich zurückblicke, finde ich, daß ich mich eher verleumdet habe, wenn ich mich völlig unbegeistert nannte: Ich hatte flammende Tage, o ja, die hatte ich, an denen ich meinte, ich würde die ganze Welt mit Begeisterung hinreißen; es war wie Trunkenheit, und ich entdecke Spuren davon noch jetzt auf den Rändern all der endlosen, schwerfälligen, langweiligen Bücher, die ich schrieb – zwei kleine Buchstaben, V. E., die »very easy« oder »sehr leicht« bedeuteten, und ich betrachte sie jetzt und lese das bleierne Zeug wieder, das sie charakterisierten, und ich muß mir glauben, daß mir diese jetzt vergessenen Augenblicke voller Pracht und Herrlichkeit erschienen.)

Über diese Jahre zu schreiben ist öde und langweilig – es sind langweilige und sehr ungewisse Jahre. Ich meine die Jahre von dreizehn bis neunzehn. Natürlich ereignete sich alles mögliche, Dinge, die einen Eindruck auf mich machten und mich veränderten – aber nicht, daß ich mich sehr veränderte oder geistig anspruchsvoller wurde. Was ereignete sich? Ich will versuchen, mich zu erinnern: Da war das Schreiben, immerfort Schreiben, und mürrische Verdrießlichkeit und Zeitspannen wirklich harter Arbeit und guter Leistungen in der Tagesschule, die ich jedes Herbst- und Wintersemester in London besuchte. Ich nahm mir vor, in der Schule zu triumphieren, und ich triumphierte auch – früher oder später schlug ich sie alle, und bei den Prüfungen am Semesterschluß fand ich, daß ich schlecht abgeschnitten hätte, wenn ich nicht zumindest sechs der acht ersten Preise davontrug. Ich glaube, ich tat das ganz bewußt: Wenn ich nicht beliebt sein konnte, dann wollte ich gescheit sein; und es gelang mir auch, mir einen Ruf der Gescheitheit zu erwerben, der ganz unverdient war, denn ich bin ganz ausgesprochen nicht gescheit. Dieser Ruf aber hat sich nur langsam verflüchtigt. Ich glaube, er ist noch immer nicht ganz tot – die Leute sagen: »Ach ja, sie schreibt, nicht wahr?«, als müsse man klug und gescheit sein, um zu schreiben. Ich war in dieser Schule nicht verhaßt; zumindest glaube ich es nicht; ich glaube, man hatte mich ganz gern. Aber es war mir wirklich völlig egal, ob man mich mochte oder nicht. Dies waren meine wildesten, grimmigsten Jahre! Ich arbeitete schwer und wurde pedantischer denn je. Ich habe nun mal eine gewisse gelehrtenhafte Denkart, mit dieser vernichtenden Wahrheit muß ich mich abfinden.

Auch andere Dinge ereigneten sich. Ich fand eine Freundin – ich, der ich der ungeeignetste Mensch der Welt zum Freundschaftschließen bin, schloß von einem Augenblick zum nächsten, oder beinahe augenblicklich (um genau zu sein, als wir uns zum zweiten Mal sahen), Freundschaft mit Violet (Keppel, später Trefusis). Ich war dreizehn, sie war zwei Jahre jünger, hätte aber in jedem ihrer Triebe sechs Jahre älter sein können als ich. Es kommt mir jetzt so bedeutsam vor, daß ich mich mit solcher Genauigkeit daran erinnere, wie ich sie zum ersten Mal sah; wir trafen uns bei einer Teegesellschaft am Bett einer gemeinsamen Freundin, die sich das Bein gebrochen hatte, und sie machte irgendeine kleine Bemerkung über die Blumen im Zimmer zu mir. Ich hatte nicht zugehört und antwortete folglich nicht. Das verstimmte sie – sie war bereits verwöhnt. Sie brachte ihre Mutter dazu, meine Mutter zu bitten, sie möchte mich zum Tee zu ihnen schicken. Ich ging hin. Wir saßen in einem verdunkelten Zimmer und redeten – über unsere Vorfahren, wahrhaftig ein ausgefallenes Thema –, und in der Vorhalle, als ich wegging, küßte sie mich. An diesem Abend dachte ich mir ein kleines Lied aus: »Ich habe eine Freundin!« Ich erinnere mich ganz genau. Ich sang es im Bad.

Ich möchte gern bei Violet verweilen – und erzählen, wie sehr ich sie insgeheim bewunderte, wie stolz ich war auf die Freundschaft dieses blitzgescheiten, dieses außerordentlichen, dieses beinahe überirdischen Wesens, und wie ich sie mit unwandelbarer Verachtung behandelte, meine einzige Leistung wirklich fähiger Menschenbehandlung, die sie an mich band, wie kein Beweis der Anhänglichkeit sie hätte festhalten können – aber ich werde erst noch andere Dinge erzählen, denn die ganze Gegenwart ist angefüllt von Violet, und auch in der Vergangenheit taucht sie unablässig auf. Ich will jetzt nur soviel sagen, daß ich mir von Anfang an ihrer völlig sicher war. Sie mochte ausweichen und schwer faßbar sein, sie mochte verwirrend und verblüffend sein, sie mochte sogar treulos sein, aber unter all diesem besaß ich die einigermaßen unverschämte (aber gerechtfertigte) Gewißheit, daß sie zu mir hielt. Ich hörte mir Geschichten über sie mit dem überlegenen Lächeln der Besitzenden an. Es hätten zehn Jahre vergehen können, ohne daß ich ein Wort von ihr hörte, und am Ende dieser zehn Jahre hätte ich noch dieselbe unbeschädigte vertrauensvolle Zuversicht gehabt, daß wir unausweichlich wieder zusammenkommen würden. In allem, was ich hier sage, ist nicht ein Wort der Übertreibung – wie überhaupt in dieser ganzen Niederschrift nichts übertrieben oder »gestellt« sein wird; ihr einziger Vorzug wird die Wahrheit sein, so trübe und trostlos, wie ich es nur zuwege bringe.

(An dieser Stelle wurde die Niederschrift durch einen Telefonanruf von Violet unterbrochen; ich wußte kaum, ob es die Violet von vor fünfzehn Jahren oder meine leidenschaftliche, stürmische Violet von heute war, die mit derselben bezaubernden Stimme zu mir sprach.)

Es geschah noch anderes in jenen Jahren. Ich fuhr nach Italien, nach Florenz. Violet war dort, und in Wahrheit fuhr ich zu ihr. (Man sieht, wie sie sofort wieder da ist!) Es war das erste Mal, daß ich überhaupt irgendwo hingefahren war, außer nach Paris, und es öffnete mir gründlich die Augen. Und Violet – wie gut kannte ich sie damals? Meine Daten sind so unsicher, und ich habe keine Unterlagen, an die ich mich halten könnte. Ich muß sie schon sehr gut gekannt haben – es fällt mir langsam wieder ein –, denn ich hatte mit ihr zusammen in London Italienisch gelernt, wir waren zusammen in Paris gewesen und hatten einen Teil eines Theaterstücks über den Mann in der Eisernen Maske aufgeführt, das ich auf französisch in fünf Akten und Alexandrinern geschrieben hatte, und wir sprachen damals recht betont großtuerisch französisch miteinander, damit wir uns duzen *(tutoyer)* und jedermann zeigen konnten, was für enge Freundinnen wir waren. Jetzt weiß ich es alles wieder. Ihre Mutter (Alice Keppel) war die Mätresse des Königs (was Violet einen romantischen Hauch verlieh), und oft, wenn ich zu ihr ging, sah ich einen diskreten kleinen zweirädrigen Brougham mit einem Pferd draußen vor ihrem Haus warten, und der Butler drückte mich rasch in eine dunkle Ecke der Vorhalle und murmelte: »Einen Augenblick, Fräulein, ein Herr kommt gerade die Treppe herunter«, so daß ich mir aussuchen konnte, ob es der König war oder der Hausarzt. Häufig mußte Violet hinunter ins Wohnzimmer kommen, und wir sagten dann ärgerlich: »Ach, zum Kuckuck!«, genauso wie bei uns zu Hause, wenn ich hinuntergerufen wurde, um Seery zu begrüßen. Mir war der eine so selbstverständlich wie der andere.

Ehe sie nach Florenz fuhr, sagte sie mir, sie liebe mich, und ich, die ich mich der Situation irgendwie gewachsen zeigen mußte, stolperte mit einem unvertrauten »Darling« heraus. O Gott, wenn ich mich an dieses erste Eingeständnis, diese erste Liebesbezeugung erinnere! Dann sahen wir uns erst in Florenz wieder, und dort schenkte sie mir einen Ring – ich habe ihn noch, selbstverständlich habe ich ihn, so wie ich sie habe, und ich würde mir die Hände vors Gesicht schlagen vor Scham über die Erinnerung an unsere kindische Leidenschaft füreinander (die sogar damals zu heftig war, als daß sie reine Sentimentalität gewesen wäre), wenn sie nicht die Rechtfertigung für die Gegenwart wäre.

Ich habe das Gefühl, daß ich diesen Teil sehr schlecht, sehr wirr und durcheinander schildere; er ist sehr schwer zu schildern, weil ich mich fürchte, eine Sache zu ernst zu nehmen, die normalerweise als eine einigermaßen hysterische Freundschaft unter Halbwüchsigen begonnen und geendet hätte, die aber, wie ich beteuere, viel stärkere Elemente als lediglich krankhafte Hysterie enthielt. Es gibt ein Band, das mich an Violet und Violet an mich fesselt; es verband uns damals nicht weniger, als es uns heute verbindet, aber was dieses Band ist, weiß Gott allein; zuweilen empfinde ich es als etwas Legendäres. Violet gehört mir, hat mir immer gehört, es ist unausweichlich. Ich wußte es damals, wenn auch nur durch meine undeutlich verborgene, aber durchaus hartnäckige Besitztums-Einstellung; auch sie wußte es, und zwar weniger undeutlich, und tat alles, um es mir bewußtzumachen. Daß ich sie darin nicht unterstützte und doch nicht im geringsten fürchtete, sie zu verlieren, stolz und mutig wie sie war, beweist nur, wie sicher ich mir ihrer war. Sie war *mein* – ich kann es nicht nachdrücklicher oder genauer ausdrücken und möchte auch um eine so elementare Tatsache nicht mit einem großen Wortschwall herumreden.

In jenem Herbst (1908) besuchte ich Violet in Schottland. Man hatte mich nach Schottland zu Seery und seinen Schwestern geschickt, weil Großpapa krank war. Ich nehme an, Mutter und Dada wußten, daß er sterben würde, und wollten mich aus dem Weg haben. Mein Abschied von ihm macht mich noch jetzt, in der Erinnerung, traurig. Er ließ mich in sein kleines Wohnzimmer kommen und bat mich, ihm einen Kuß zu geben. Ich sagte, ich hoffe, es werde ihm bessergehen, wenn ich zurückkomme, aber er schüttelte nur den Kopf. Er starb, während ich bei Seery war. Eine seiner Schwestern – die große, dicke, die ihre Familie die Herzogin nannte – kam vor dem Frühstück mit dem Telegramm in mein Zimmer; sie hatte einen roten Flanell-Morgenrock an und war ohne ihre Perücke, und ich erinnere mich, daß mir auffiel, wie merkwürdig sie aussah. Sie gab mir auf gewissenhaft-pflichtschuldige Art einen Kuß. Aber ich war in diesem Augenblick von Großpapas Tod nicht sonderlich bewegt; er sickerte erst später in mein Bewußtsein ein. Ich wechselte meine rote Krawatte gegen eine graue aus und versuchte, für Großpapa zu beten, aber es fiel mir nichts ein. Dann ging ich hinunter in Seerys Zimmer und werde bis zu meinem letzten Augenblick den Anblick nicht vergessen, den er bot: Er saß an seinem Toilettentisch, völlig in sich versunken, seine ganzen hundertsechzig Kilo, hatte nur sein eng anliegendes Jaeger-Unterzeug an und weinte, der liebe, warmherzige Seery, ganz offen über dem Telegramm. Ich meinte, ich müsse auch weinen, wenn Seery, der ungefähr sechzig war gegenüber meinen sechzehn Jahren, weinen konnte, aber ich war von dem Bild, das Seery mir bot, zu überwältigt.

Danach fuhr ich zu Violet zu Besuch, ziemlich stolz auf meine frische Trauer, aber ich fürchte, viel getrauert habe ich nicht, während ich dort war. Ich erinnere mich an verschiedene Einzelheiten dieses Besuchs: wie Violet mein Zimmer mit Tuberosen füllte, wie wir uns kostümierten, wie sie mich mit einem Dolch den langen, langen Korridor dieses uralten schottischen Schlosses (Duntreath) entlangjagte und den Tag damit beschloß, daß sie die Nacht in meinem Zimmer verbrachte. Es war das erste Mal in meinem Leben, daß ich mit jemand die Nacht verbrachte, obwohl es weiß Gott dabei denkbar schicklich zuging: Wir schliefen überhaupt nicht, sondern redeten die ganze Nacht lang, während draußen die Käuzchen schrien. Ich kann noch heute keine Eulen schreien hören, ohne mich ihrer heimelnden, verwirrenden Anwesenheit in meinem Zimmer im Dunklen zu erinnern. Dann ging ich nach London, wo ich Mutter in tiefem Schwarz antraf, und zum ersten Mal wurde mir Großpapas Tod bewußt, als Mutter mir erzählte, wie sehr er hatte leiden müssen und daß er mit meinem Namen auf den Lippen gestorben sei. (Das hörte ich mit Genugtuung.) Wir konnten nicht nach Knole gehen, außer gleichsam inoffiziell, weil Mutters Bruder einen Prozeß gegen Dada angestrengt hatte und das Erbe für sich beanspruchte. Wir waren damals sehr arm, weil alles Geld sich in gerichtlicher Zwangsverwaltung befand. Ich wurde in den Gerichtssaal mitgenommen und durfte einen kurzen Augenblick lang der Verhandlung beiwohnen und sah Mutters sämtliche spanischen Verwandten in dem für die Advokaten eingefriedeten Platz sitzen; die ganze Sache brach zusammen, die Klage wurde abgewiesen, und Dada, Mutter und ich kehrten im Triumph nach Knole zurück: Die Feuerwehr zog unsere Kutsche an Seilen durch Willkommens-Triumphbögen bis vors Haus.

Ich sparte mein Taschengeld, um im nächsten Frühjahr (1909) wieder nach Florenz fahren zu können. Ich war inzwischen siebzehn und nicht mehr ganz so unhübsch (aber noch immer sehr wenig anziehend), und ein Italiener (Orazio Pucci) verliebte sich in mich und wollte mich heiraten, wodurch ich mir sehr erwachsen vorkam. Er reiste mir nach

Rom nach und dann nach Paris, wo ich mich weigerte, ihn zu empfangen, aber er wartete auf mich am Kai in Calais, als ich nach England zurückfuhr. Im Herbst jenes Jahres reiste ich mit Mutter und Seery nach Rußland. Das war herrlich! Ich weiß nicht, ob ich es schildern oder übergehen soll. Wir waren zu Besuch bei einem Polen, dem ein hundert Quadratmeilen großer Besitz zwischen Warschau und Kiew gehörte. An der österreichisch-russischen Grenze weigerte sich Mutter, den Zug zu verlassen, um sich zum Zoll zu begeben, bis man schließlich zwei Soldaten mit Gewehren schickte, um sie zu holen, und in der grauen Morgendämmerung eskortierten sie sie den Bahnsteig entlang, während sie jedem, dem sie begegnete, protestierend erklärte: »Ich bin eine große Dame in England«, der einzige deutsche Satz, den sie zuwege brachte. Wir langten schließlich auf dem kleinen Lokalbahnhof an, wo uns ein riesiges gelbes Automobil abholte und uns achtzig Kilometer weit durch eine scheußliche Gegend fuhr (keine Straße, nur Löcher und Buckel – Seery sagte in einem fort zwischen den Püffen und Knuffen, die bei ihm um einiges beträchtlicher waren als bei allen anderen, Napoleon hätte wenigstens anständige Straßen durch Rußland anlegen sollen, und Mutter und ich mußten so lachen, daß uns zwischen Geholper und Gelächter beinahe schlecht wurde), bis wir zu einem sehr kunstvoll gebauten französischen Château (Antoniny) kamen, das mitten in der Steppe sehr widersinnig und unpassend aussah. Hier fanden wir außer unserem Gastgeber und seiner Frau etwa zwanzig Polen, die wir noch nie gesehen und von denen wir noch nie gehört hatten, aber sie waren alle sehr freundlich, und der Lebensstil war großartig. Es gab achtzig Reitpferde, eine private Koppel, Jagdhunde, vierspännige Kutschen, Kosaken, die einem zur persönlichen Bedienung beigegeben waren und vor unseren Zimmern auf der Türschwelle schliefen, Zwerge, die Zigaretten reichten, einen Riesen und alten Tokaier aus dem Jahr 1740. Nicht die geringste Sehenswürdigkeit unter all diesem war unser Gastgeber, der in ganz Europa als Glücksspieler berühmt gewesen war, ehe er den Karten entsagte; er hatte Zähne wie ein Wolf (er sah überhaupt einem Wolf nicht unähnlich), und wenn er die Mazurka tanzte, was er unweigerlich nach dem 1740er Tokaier tat, schnappten sie zusammen und schienen immer zahlreicher, immer größer und auffallender zu werden.

Ich habe eine Art Rhapsodie gefunden, die ich nach dieser Reise schrieb; ich verfaßte sie (der Geheimhaltung wegen) in italienischer Sprache, und ich übersetze: »Wie sehr ich doch Rußland liebte! Diese endlosen Felder und Wiesen, dieses hochherrschaftliche Leben, diesen grenzenlosen Horizont – ach, wie soll ich jemals wieder auf dieser engen Insel leben können! Ich brauchte die Weite.« Dann geht es weiter: »Diesen Winter bin ich glücklicher. Ich hoffe, die schrecklichen Zeiten der Traurigkeit sind vorüber. Im innersten Herzen bin ich noch immer traurig und werde es immer sein.« Es gibt noch mehr davon, aber das genügt. Ich muß wohl unter einem schweren Anfall von Weltschmerz gelitten haben, und in der Tat hatte ich um diese Zeit gerade ein Theaterstück über Chatterton von geradezu unvorstellbarer Düsterkeit geschrieben.

Im Frühling wieder Florenz, und der Italiener noch immer treu ergeben. Damals sah ich Violet sehr wenig; die zwei Jahre Altersunterschied zwischen uns waren eine Sperre. Ich »kam heraus«, will sagen, ich wurde als »Debütantin« offiziell in die Gesellschaft eingeführt – ein widerwärtiger und erfolgloser Vorgang –, aber der Tod des Königs (Eduard VII.) ersparte mir viele Festlichkeiten. So können die Tragödien großer Könige den kleinen Leuten nützlich werden.

26. Juli [1920]

Gerade um diese Zeit jedoch lernte ich Harold kennen. Er kam verspätet zu einer kleinen Abendessen-Gesellschaft vor dem Theater, sehr jung, lebhaft und bezaubernd, und die erste Bemerkung, die ich von ihm hörte, war »Was für ein Spaß«, als nämlich die Gastgeberin ihn bat, die Rolle des Hausherrn zu übernehmen. Alles war Spaß für seine Energie, seine Vitalität, seinen lebhaften Schwung. Mir gefielen seine unbezähmbaren braunen Locken, seine lachenden Augen, sein bezauberndes Lächeln und seine Jungenhaftigkeit. Aber wir freundeten uns nicht besonders an. Ich glaube, in seinen Augen war ich noch mehr Kind, als ich tatsächlich war, und was mich selbst betrifft, so betrachtete ich Leute, besonders Männer, nie aus einem sehr persönlichen Blickwinkel, außer sie machten als erste ganz unverkennbare Annäherungsversuche; und sogar dann, glaube ich, fragt man sich zuweilen, worauf die Leute eigentlich hinauswollen.

Ich war damals achtzehn, und er war dreiundzwanzig.

In diesem Sommer (1910) erwischte ich eine vom Himmel gesandte Lungenentzündung, und da die Ärzte mir einen Auslandsaufenthalt verordneten, verbrachten wir den ganzen Winter vom November bis zum April in Südfrankreich in der Nähe von Monte Carlo. Meine Krankheit ließ meine Vertrautheit mit Violet wiederaufleben – ich besitze noch den von panischem Schrecken erfüllten Brief, den sie mir schrieb, nachdem sie eine übertriebene Schilderung meines Krankseins gehört hatte, und ich glaube, ich habe sie in jenem Herbst wohl zuweilen gesehen, denn ich erinnere mich, daß ich eines Nachts nach dem Theater mit ihr im Hyde Park immerfort im Kreis herumfuhr, einen oder zwei Tage bevor sie nach Ceylon abreiste, und das Ende dieser Autofahrt war eine der sehr seltenen, aber höchst bestürzenden Gelegenheiten, bei denen sie mich küßte. Wenn ich mit ihr nach Ceylon gegangen wäre, hätte mein Leben wahrscheinlich einen ganz anderen Verlauf genommen. Aber du lieber Gott! Was ist schon mein armseliges Leben? Es steht nur so groß im Vordergrund, weil diese mit Bleistift bedeckten Seiten zufällig seine Geschichte sind. Nun denn, wir hatten eine riesige weiße Villa in Monte Carlo (Château Malet), und hier verbrachte ich diese sechs Monate in vollkommener Glückseligkeit. Harold kam zu Besuch, und es kam zwischen uns zu einer eher kindlichen Art von Kameradschaftlichkeit; ich war recht gekränkt, als er mir ohne Anschein des Bedauerns Lebewohl sagte. Er fehlte mir – er war der beste *Gespiele*, den ich je gehabt habe, seine überschwengliche Jugend im Verein mit seiner glänzenden Gescheitheit zogen das eher Düstere in mir an, das kaum begriff, was es hieß, jung zu sein. Später pflegte ich ihn den »fröhlichen Führer« zu nennen, und dieser Name bezeichnet ihn am besten:

Und im taufeuchten Gras neben mir
Gewahr' ich einen Jüngling, der einherschritt,
Die Federkappe auf der Stirn, und
Eine goldene Rute schwang,
Mit einer Miene, die zum Morgen paßte,
Und fröhlicher, entzückender Vermummung . . .

Das war Harold, wie er leibte und lebte. »Fröhliche, entzükkende Vermummung . . .« Ich kann in diese Augen keinen Kummer bringen, ich kann es einfach nicht.

Violet kehrte im Frühjahr aus Ceylon zurück und brachte mir Rubine mit, und wir verbrachten einen oder zwei Tage zusammen in San Remo. Sie besuchte mich auch in unserer Villa. Wie wäre uns ein Gedanke gekommen, als wir unter den Olivenbäumen im verwilderten Teil des Gartens standen (ich erinnere mich, wie ich insgeheim den dicken Zopf ihres wirklich wunderschönen Haars bewunderte), wie wäre uns ein Gedanke gekommen an das nächste Mal, da wir an diesem selben Ort zusammensein würden! Als ich sie in San Remo besuchte, sahen wir einen Akrobaten ohne Arme und

Beine. Wir hatten einander während des ganzen Winters ausführlich und oft geschrieben; jetzt zog sie nach München, und wir schrieben einander weiter, und sie drängte mich wieder und wieder, ich solle zu Besuch zu ihr kommen, aber ich tat es nicht.

Harold befand sich inzwischen in Madrid, und mit Ausnahme eines Zwischenspiels, als ich meine wehklagende, aber opferwillige Mutter im Frühjahr mit mir nach Florenz zerrte, war der Rest des Jahres eine Wiederholung des Erlebnisses, sich in der »großen Gesellschaft« zu bewegen. Aber jetzt geschah noch etwas anderes, das, wie ich betonen möchte, auf meiner Seite in völliger Unschuld begann. Ich will ganz offen sein. Ich habe, glaube ich, schon angedeutet, daß Männer mich nicht anzogen, daß ich an sie nicht »auf die Art« dachte, wie man so sagt. Frauen zogen mich an. Rosamund tat es. Ich habe Rosamund schon erwähnt: das adrette kleine Mädchen, das zu mir zum Spielen kam, als Dada nach Südafrika ging. Sie war zu uns nach Monte Carlo zu Besuch gekommen – Mutter hatte sie eingeladen, nicht ich; es wäre mir nie im Traum eingefallen, jemand zu mir einzuladen; sogar Violet hatte nie mehr als eine Woche in Knole verbracht: Ich konnte Eindringlinge nicht leiden. Indessen, als Rosamund kam und nun einmal da war, verbrachte ich natürlich den größten Teil des Tages mit ihr, und nachdem ich wieder in England war, ging es wohl weiter. Ich erinnere mich daran nicht sehr genau, aber Tatsache ist, daß wir um die Mitte jenes Sommers unzertrennlich waren und überdies in der denkbar größten Intimität miteinander lebten. Aber ich möchte noch einmal sagen, daß die Sache wirklich in verhältnismäßiger Unschuld und Arglosigkeit begann. O ja, gewiß, es war mir wohl undeutlich bewußt, daß es mir nicht anstand, mit Rosamund zu schlafen, und ich hätte ganz gewiß nicht zugelassen, daß irgend jemand es herausbekam, aber weiter ging mein Schuldgefühl nicht.

Wie auch immer, ich war sehr in Rosamund verliebt.

Harold kam gegen Ende des Sommers aus Madrid zurück

(1911). Er war in Spanien sehr krank gewesen, und ich erinnere mich seiner als einer echt bemitleidenswerten Gestalt, die an einem warmen Sommertag in einen dicken Ulstermantel gehüllt war und nur ganz langsam mit mir im Garten umhergehen konnte. Diese ganze Zeit, in der ich in die Gesellschaft eingeführt wurde, ist mir sehr undeutlich in Erinnerung, hauptsächlich wohl, glaube ich, weil ich eine Art von falschem, unechtem Leben führte, das keinen Eindruck in mir zurückließ. Sogar meine Liaison mit Rosamund war in gewissem Sinn oberflächlich. Ich meine damit, daß sie nahezu ausschließlich körperlich war, denn als Kameradin hat sie mich, um offen zu sein, eigentlich immer gelangweilt. Ich hatte sie jedoch sehr gern; sie hatte ein liebes Wesen. Aber sie war recht dumm.

Harold hingegen nicht. Er war so fröhlich und gescheit wie immer, ich liebte seinen Verstand und seine Jugend und war geschmeichelt, daß er mich gern hatte. Er kam in diesem Herbst und Winter ziemlich oft nach Knole, und man begann mir zu sagen, er sei in mich verliebt, was ich nicht glaubte, aber ich wünschte mir, ich könnte es glauben. Ich war damals nicht in ihn verliebt – es gab ja Rosamund –, aber ich mochte ihn tatsächlich lieber als irgend jemand, als Kameraden und Spielgesellen, und wegen seines Verstandes und seines bezaubernden Wesens. Ich hoffte, er werde mir einen Heiratsantrag machen, ehe er nach Konstantinopel ging, war aber skeptisch und ohne Selbstvertrauen.

Im Januar (1912) fuhr ich mit Dada in ein großes Landhaus (Burghley), wo wir zu einem Jagd-Hausball eingeladen waren, und als ich am Morgen nach dem Ball erwachte, in einer großen Scheune von einem Zimmer, in dem die eisige Kälte mir Nase und Knie erfror, las ich voller Schrecken einen Brief von Mutter, der so begann: »Liebstes Kind, ich habe euch die sehr bestürzende Nachricht vom Tod des armen Seery nicht telegrafiert ...« Ich war entsetzt und sehr, sehr traurig. Es war schwer, sich diesen Berg von guter Laune und Güte tot vorzustellen. Es tat mir schrecklich leid – und außerdem bezweifelte ich, daß man Harold und mir erlauben würde, am nächsten Tag wie beabsichtigt noch zu einem zweiten Ball in einem anderen Schloß (Hatfield) zu fahren. Das klingt sehr selbstsüchtig in einem solchen Augenblick, aber er reiste unmittelbar danach auf sechs Monate in die Türkei ab, und ich wollte Bescheid wissen.

Nun, ich ging hinunter, sobald ich angekleidet war, und traf Dada im Eßzimmer, wo er sich gerade mit einer Portion Nieren zum Frühstück bediente, und mir kam es vor, als stünde ich zwischen zwei gegensätzlichen und widersprüchlichen Faktoren – dem armen toten Seery und der brennenden Harold-Frage. Ich wagte nicht, Dada zu fragen, ob ich zu dem Ball würde gehen dürfen oder nicht. Es schien zu ironisch, daß die beiden Dinge auf diese Weise zusammentreffen sollten. Nach dem Frühstück fuhr ich mit Dada mit der Bahn durch den Schnee zurück nach London und starrte die ganze Zeit aus dem Fenster und überlegte, ob man mich mit Harold gehen lassen würde oder nicht. Als wir in London ankamen, fuhren wir direkt zum Hotel (wir wohnten aus Sparsamkeitsgründen in diesem Winter in einem Hotel) und trafen dort Mutter, die einen dichten schwarzen Schleier trug und offensichtlich geweint hatte. Kurz darauf traf Lady Blanche (Lady Constance Hatch) ein, eine dürre und sehnige Frau, die wie eine französische Varieté-Engländerin aussah und in die Dada völlig unerklärlicherweise seit Jahren verliebt war, und sie brach sofort in Tränen aus, was mir albern vorkam, denn sie hatte zwar Seery sehr gut gekannt und war oft mit ihm und uns in Schottland und in Paris zusammengewesen, aber so übermäßig nahe konnte sein Tod ihr nicht gegangen sein. Mutter ging hinaus und in ihr Schlafzimmer. Ich mühte mich, die Dinge als wirklich zu empfinden und nicht, als spiele sich alles auf der Bühne ab. Als nächster kam Harold; er war sehr ernst. Ich kam mir recht wichtig vor, weil ich als einzige Zugang zu Mutters Zimmer hatte, und es gefiel mir, wenn man mich fragte, wie es ihr gehe. Mutter weinte nicht; sie versucht stets, nicht zu weinen, weil es ihr Kopfweh verursacht. Dann gingen wir hinunter zum Mittagessen, Dada, Mutter, Harold und ich, und ich hatte die ganze Zeit über schreckliche Angst, Mutter werde einen Nervenzusammenbruch haben; aber sie hatte keinen. Inzwischen war beschlossen worden, daß Dada, Harold und ich, wie ursprünglich vereinbart, nach dem Mittagessen aufs Land fahren würden. Ich war froh, aber eher ängstlich, denn ich war mittlerweile sicher, daß Harold die Absicht hatte, mir einen Heiratsantrag zu machen, und ich wußte, daß ich ja sagen würde. Er hatte mir bisher noch keinen Kuß gegeben, und ich überlegte, ob er es wohl tun werde.

1. August [1920]

Er hatte mir nicht einmal den Hof gemacht oder geflirtet – nicht mit einem einzigen Wort –, und ich wußte nur, daß er mich gern hatte, weil er immer versuchte, in meiner Nähe zu sein, und mir stets schrieb, wenn er wegreisen mußte. Außerdem hatten die Leute es mir in den Kopf gesetzt. Ich hatte immer gedacht, sie irrten sich, aber sie hatten recht, und an jenem Abend auf dem Ball (in Hatfield) fragte er mich, ob ich ihn heiraten wolle, und ich sagte, das wolle ich. Er war sehr schüchtern und riß in seiner Verlegenheit der Reihe nach alle Knöpfe von seinen Handschuhen ab; und ich hatte Angst und versuchte ihn zu hindern, zur Sache zu kommen.

Er küßte mich nicht, und wir saßen anschließend recht verwirrt beim Abendessen und sprachen aufgeregt, wenn auch unbestimmt über die Wohnung, die wir in Rom haben würden. Ich fuhr am nächsten Tag nach London und sagte Mutter, daß ich mich mit ihm verlobt habe, aber man verbot uns, einander zu schreiben, außer als gewöhnliche Freunde, da wir noch zu jung seien, und außerdem war da noch die Geldfrage. Wir verbrachten diese zwei oder drei Tage zusammen in Knole, und ich hatte den Eindruck, daß wir die ganze Zeit ungeheuer rasch durch nasses Gras liefen. Dann reiste er ab, und ich wurde krank und war sehr niedergedrückt und elend. Mutter kam ein- oder zweimal am Tag in mein Zimmer und hielt sich eine kleine grüne Flasche mit einem Desinfektionsmittel an die Nase; sie sagte, es seien dreihundert Treppenstufen von ihrem Zimmer zu meinem, und es sei sehr lästig, das Gefühl zu haben, man müsse jemand aufsuchen, der krank sei und auf einen warte, so daß ich jedesmal vor Bedrückung schluchzte, nachdem sie wieder gegangen war.

Als es mir besserging, wurde ich auch vergnügter, und die Sache mit Rosamund vertiefte sich. Es war ein recht ironischer Umstand, daß diese Beziehung ausgerechnet in demselben Haus (The Grove in Watford) begann, wo ich die Nacht verbrachte, in der Harold mir den Heiratsantrag machte. In diesem Frühling fuhr ich mit ihr nach Florenz, wo wir zusammen mit einer komischen alten Gouvernante, die auf der einen Gesichtshälfte eine dicke Geschwulst hatte und immerfort sagte: »Ach meine Lieben, bitte denkt an eure berühmten Namen«, ein Häuschen mit drei Zimmern bewohnten. Ich war in der Rosamund-Affäre wirklich ganz arglos. Es kam mir überhaupt nicht unrecht vor, daß ich mehr oder weniger mit Harold verlobt und gleichzeitig sehr in Rosamund verliebt war. Tatsache ist, daß ich Harold weit mehr als Spielgenossen denn in irgendeinem anderen Licht betrachtete. Unsere Beziehung war so frisch, so intellektuell, so unkörperlich, daß ich in der anderen Hinsicht überhaupt nicht an ihn dachte. Es war im Grunde hauptsächlich seine eigene Schuld und lag an der übermäßig respektvollen Art, mit der er mich stets behandelt hatte. Ich kann am besten ausdrücken, was ich meine, wenn ich sage, daß er sozusagen der Antityp eines Liebhabers war. Manche Männer scheinen geborene Liebhaber zu sein, andere geborene Ehegatten; er gehört zu den letzteren. Rosamund war damals nicht geradezu eifersüchtig auf ihn; er war zu weit weg, unsere Verlobung war zu unbestimmt, und sie wußte, daß ich ihn zwar sehr gern hatte, sie selbst aber leidenschaftlich liebte – ich verwende das Wort »leidenschaftlich« mit Absicht. Es war Leidenschaft, die mich zuweilen, sogar bei Tage, geradezu schwindlig machte, aber wir gaben uns nicht körperlich unserer Liebe hin.

Harold kam im August auf Urlaub, und wir verbrachten den größten Teil der nächsten zwei Monate zusammen in Knole, aber unsere Verlobung wurde noch geheimgehalten, und unser Betragen war untadelig. Jetzt war Rosamund eifersüchtig auf ihn. Ich wollte, ich könnte mich genauer erinnern. Während dieses ganzen Jahres blieb Seerys Testament gerichtlich unbestätigt; es war jedoch bekannt, daß er Mutter den ganzen Inhalt seines Pariser Hauses sowie 150 000 Pfund hinterlassen hatte, aber daß seine Familie wütend war und das Testament anzufechten gedachte, also konnte es wegen mir und Harold zu nichts Endgültigem kommen. Mir lag nicht besonders daran, die Sache geregelt zu wissen; ich war ganz glücklich, so wie alles war. Eines Abends, als wir nach einem regnerischen Tag draußen im nassen Garten waren, küßte er mich zum ersten Mal und nannte mich seine Frau. Wenn ich zurückdenke, sehe ich, wie charakteristisch es war, daß ich ihm stets so erschien, aber ich muß sagen, daß mich damals ein Freudenschauer durchlief. Danach schlugen wir einen Wirbel und erlangten Erlaubnis, einander schreiben zu dürfen, als seien wir verlobt. Rosamund ging es schrecklich gegen den Strich – ich glaube, ebensosehr aus Neid wie aus Eifersucht. Im Oktober fuhren wir alle drei, sie, Harold und ich, zusammen nach Italien; wir fuhren zusammen bis Bologna, wo Harold uns verließ, um den Orient-Expreß nach Konstantinopel zu nehmen, während Rosamund und ich nach Florenz weiterfuhren.

Mir widerstrebt es schrecklich, dies niederzuschreiben, aber ich muß, ich muß. Als ich diese Niederschrift begann, schwor ich mir, mich vor nichts zu drücken, und ich will es auch nicht. Hier also ist die Wahrheit: Ich habe Rosamund nie so sehr geliebt wie während dieser Wochen in Italien und den folgenden Monaten. Es mag scheinen, daß Harold mir mehr hätte fehlen sollen. Ich gebe zu meiner Schande alles zu, aber ich habe nie behauptet, daß ich etwas anderes als einen niederträchtigen und verächtlichen Charakter habe. Ich scheine unfähig zur Treue zu sein, damals so sehr wie heute. Aber meine einzige Rechtfertigung ist, daß ich meine Lieben in zwei Hälften teile: Harold, der unveränderlich, immerwährend und das *Beste* ist; es war nie irgend etwas anderes als absolute Reinheit in meiner Liebe zu Harold, so wie nie etwas anderes als absolute helle Reinheit in seinem Wesen war. Auf der anderen Seite steht meine verderbte, widernatürliche Wesensart, die Rosamund liebte und sie tyrannisierte und sie schließlich ohne das geringste Herzklopfen im Stich ließ und die jetzt unabänderlich mit Violet verkettet ist. Ich habe einen Zettel vor mir, auf den Violet, die intuitive Psychologin, gekritzelt hat: »Die obere Hälfte deines Antlitzes ist so rein und ernst – beinahe kindlich. Und die untere ist so herrschsüchtig, sinnlich, beinahe brutal – es ist ein unsinniger Gegensatz und außerordentlich symbolisch für deine Jekyll-und-Hyde-Persönlichkeit.« Das ist der ganze springende Punkt, und ich erkenne jetzt, daß mein ganzer Fluch eine Dualität meines Wesens war, mit der zu kämpfen ich zu schwach und zu nachgiebig gegenüber mir selbst war.

Damals betete ich Rosamund wirklich glühend an. Wir fuhren im Auto durch ganz Italien, und ich glaube, es war unsere glücklichste Zeit. Inzwischen kam das Donnergrollen des (Scott-)Prozesses näher und näher, und die Gerichtsverhandlung wurde schließlich auf den Juni (1913) festgesetzt. Ich ging in diesem Frühjahr nicht nach Italien, sondern statt dessen nach Spanien, das ich zum Teil als mein Heimatland betrachtete und wo ich in drei Wochen ein ziemlich fließendes Spanisch lernte. Ich liebte Spanien. Ich würde alles darum geben, um mit Violet hinzufahren – Violet! Violet! Wie blutlos die Rosamund-Affäre mir jetzt vorkommt unter dem grellen Licht meiner Gemeinsamkeit mit Violet; wie seraphisch und kindlich meine Ehejahre mit Harold, als diese Seite meines Wesens völlig untergetaucht war! Ich habe zuweilen solche Angst vor dieser Seite – sie ist so brutal und hart und grausam, und Harold weiß nichts von ihr; sie würde wie ein Panzerwagen über seine Seele fahren. Er ist ein- oder zweimal zufällig darauf gestoßen, aber er versteht es nicht – er könnte es ebensowenig begreifen, wie Ben Algebra begreift.

Nach meiner Rückkehr aus Spanien begannen die Dinge sich zu überstürzen. Die Verzögerung meiner Verlobung begann mich nervös zu machen, und eines Tages schrieb ich an Harold und sagte ihm, wir sollten den Gedanken vielleicht lieber aufgeben. Er antwortete mit einem verzweifelten Telegramm, und ich weiß kaum, was sich dann in meinem Herzen abspielte: Irgend etwas schnappte ein, und ich liebte Harold von diesem Tag an; ich glaube, die Tatkraft, mit der er mir ein Telegramm schickte, beeindruckte mich, so wie ich auch beeindruckt war, als er im Flugzeug hinter mir herkam, als ich davonlief. Wie auch immer, ich telegraphierte zurück, alles sei wieder wie vorher, und sein Brief, der auf das Telegramm folgte, rührte mich sehr, denn ich ersah aus ihm, wieviel ihm wirklich an mir lag. Aber ich setzte meine Liaison mit Rosamund fort. Ich sage das mit tiefer Beschämung.

Der Prozeß war das nächste. Er dauerte vierzehn Tage, und sein unmittelbares Ergebnis für mich war eine neue Verehrung für Mutter, die schon seit mehreren Jahren im verborgenen gekeimt hatte. Ich konnte es nicht ertragen, wenn man sie angriff, und ich liebte und bewunderte sie, weil sie im Zeugenstand so hinreißend schön aussah und den Richter, die Geschworenen und die Zuhörer völlig bezauberte und den gegnerischen Anwalt völlig verwirrte und zum Narren hielt, bis er kaum mehr wußte, ob ihm der Kopf überhaupt noch zwischen den Schultern saß oder nicht. Selbstverständlich gewann sie den Prozeß, und wir alle triumphierten, außer Dada, für den es eine Folter gewesen sein muß, aber das war mir damals nicht klar, was nur wieder beweist, wie jung und unerfahren ich mit meinen einundzwanzig Jahren war. Er hatte sich inzwischen seine sehnige, knochige Lady Constance vom Hals geschafft, und von diesem Zeitpunkt an datiert seine Freundschaft mit einer anderen Frau namens Rebecca (Olive Rubens), die mit ihrem Mann oft und lange in Knole war.

Harold kam zurück, noch ehe der Prozeß zu Ende war, und er begleitete mich während der letzten Verhandlungstage zum Gericht. Es war komisch, dort Seerys ganze Familie zu erblicken, die ich so gut gekannt hatte, besonders seine Schwestern, deren eine mir die Nachricht von Großpapas Tod gebracht hatte. Ich sehnte mich danach, Seery möge auf wunderbare Weise auferstehen und vor Gericht erscheinen und ihnen allen sagen, was er von ihnen hielt, besonders als sie aussagten, Mutter und ich hätten ein für uns ungünstiges Testament Seerys vernichtet. Ich war außer mir darüber und tat mein Bestes, es zu zeigen, als die Reihe an mich kam, in den Zeugenstand zu treten.

Ich muß noch sagen, daß Violet seit einem Jahr wieder in England war und ich sie zuweilen, aber nicht sehr oft gesehen hatte, denn Rosamund war auf sie noch eifersüchtiger als auf Harold und hinderte mich, in ihre Nähe zu gelangen. Ich sah sie folglich nur, wenn sie nach Knole zu Gesellschaften kam, aber bei diesen Gelegenheiten war ich mir stets derselben alten Unterströmung bewußt und erwähnte sie aus diesem Grund nie gegenüber Harold; sie war etwas für sich. Einmal kam sie mitten in der Nacht in mein Zimmer und fragte mich, ob ich verliebt sei; aber das war einige Zeit vorher, und ich konnte ganz wahrheitsgetreu nein sagen. Sie kam stets auf diese Weise, wenn sie eine günstige Gelegenheit hatte, und küßte mich dann meistens – ich meine, auf den Mund –, aber sonst küßten wir einander nie, nicht einmal auf die gewöhnliche Art. Violet war damals sehr amüsant, flirtete unausgesetzt und ließ erst einen Mann sitzen und dann einen zweiten; sie pflegte allerlei Salon-Zauberkunststücke zu machen, die ich nie sah, denn sie hörte sofort auf, sowie ich ins Zimmer kam, und wenn wir einander zufällig irgendwo begegneten, wurde sie weiß bis zu den Lippen. Ich amüsierte mich damit, sie auf diese Weise zu überrumpeln, und Dada pflegte in seiner Herzenseinfalt als Scherz zu sagen: »Ist sie blaß geworden?«

Als der Prozeß vorüber war, sagte Mutter, wir könnten uns nun offiziell verloben und im Herbst heiraten, und die Anzeigen gingen hinaus. Rosamund war zum Verzweifeln unglücklich. Sie weinte die ganze Nacht und jede Nacht, wie ich sehr wohl wußte, denn ihr Schlafzimmer in Knole war neben meinem, aber da ich mir nichts mehr aus ihr machte und nur noch an Harold dachte, reizten mich ihre Tränen nur, und ich versuchte, ihnen ein Ende zu machen, nicht durch Mitgefühl, sondern indem ich zornig wurde. Ich war kalt wie Eis zu ihr, und ich erkenne jetzt, was für eine Bestie ich und wie bemitleidenswert sie war, denn sie vergötterte mich wirklich, und zu dem Unglück, zu wissen, daß ich jemand anderen gern hatte, kam noch hinzu, daß sie das Gefühl haben mußte, es gebe jetzt überhaupt niemand, dem auch nur ein Pfifferling an ihr lag – außer einem unbedeutenden Marineoffizier, den sie nicht mochte. Es war eine rechte Erleichterung, von Knole wegzukommen, als ich mit Mutter und Harold und einem ältlichen Millionär (W. W. Astor), den Mutter im Schlepptau hatte, in die Schweiz (Interlaken) fuhr. Mutters Nerven waren von den zwei Tagen im Zeugenstand recht mitgenommen: Alles, was sie gesagt hatte, war zwar dem Buchstaben nach die Wahrheit, aber dem Geist nach gewiß irreführend gewesen, und man hatte sich sehr genau erinnern müssen, was man am Tag zuvor oder sogar eine Stunde vorher gesagt hatte. Sie war jedoch heiter und glücklich in der Schweiz, und Harold und ich lebten einfach im Himmel.

Als wir nach Knole zurückkehrten, wurde das Leben zu einem Durcheinander von Briefen, Hochzeitsgeschenken und Kleidern, und das Ganze wurde reichlich von Rosamunds Tränen bewässert. Ich habe selten einen Menschen in solcher Verzweiflung gesehen, aber es berührte mich nicht. Mutter überschüttete mich mit Schmuck. Harold und ich waren höchst widerwillig auch nur eine Stunde voneinander getrennt. Ich mache diesen Teil kurz ab, denn er ist für alle Menschen das gleiche. Wir wurden am 1. Oktober (1913) in der Schloßkapelle von Knole getraut, die ich wie ein Theater ausgeschmückt hatte. Mutter, die nicht gern *emotionnée* ist, blieb im Bett. Am Abend vorher vergoß ich bittere Tränen darüber, daß ich Knole verlassen und meine Freiheit aufgeben mußte, aber als dann der große Tag kam, hatte ich all mein Bedauern weggeweint und hatte keine Tränen mehr übrig. Rosamund überlebte den Hochzeitstag irgendwie; sie zeigte sich eigentlich recht hervorragend der Situation gewachsen und brachte es fertig, ihren Kummer zu verbergen; in mancher Hinsicht ist sie wirklich recht prächtig. Violet kam nicht. Ich hatte ihr nichts von meiner Verlobung gesagt; sie erfuhr davon aus den Zeitungen und schrieb mir sarkastische Briefe, aus denen ich ihren Zorn herauslesen konnte.

Das war meine Hochzeit.

Wir fuhren für drei Tage aufs Land und kamen dann für eine Nacht nach London zurück, die ich bei Mutter und Dada verbrachte, während Harold seine Eltern aufsuchte. Ich sah Rosamund und sagte ihr Lebewohl, was mir sehr lästig war, denn ich konnte ihrem Übermaß von Gefühlsbewegung nicht gerecht werden. Früh am nächsten Morgen holte Harold mich im Auto ab, und wir reisten nach Florenz, wo wir in dem Häuschen wohnten, das ich achtzehn Monate zuvor mit Rosamund geteilt hatte. Das ist eines der Dinge, über die ich mich am meisten in meinem Leben schäme. Es war nicht nur eine Treulosigkeit gegenüber Rosamund, sondern außerdem ein schrecklicher *manque de délicatesse.*

An reiner Freude des Zusammenseins hatten die folgenden Jahre, glaube ich, nicht ihresgleichen oder wurden doch zumindest von nichts übertroffen. Eine Seite meines Wesens lag in so tiefem Schlaf, daß ich glaubte, sie werde nie wieder aufleben. Ich war wirklich sanft, zärtlich, aufopfernd und keusch; wenn überhaupt etwas, so war ich zu brav, denn es machte mich unduldsam gegenüber den Schwächen anderer Menschen. (Heute meine ich, daß ich jedem alles verzeihen könnte.) Unser Glück und unsere Eintracht wurden geradezu sprichwörtlich. Wir waren einander nie überdrüssig. Wie sehr ich mich von allem, was niederträchtig und gewalttägig war, gerettet fühlte! Harold war für mich wie ein sonniger Hafen. Alles war offen, freimütig, sicher; und obwohl ich nie die körperliche Leidenschaft erfuhr, die ich für Rosamund verspürt hatte, fehlte sie mir eigentlich nicht. Dieser Zustand dauerte unversehrt etwa viereinhalb Jahre.

Nach einem Monat, den wir in Italien und Ägypten verbrachten, lebten wir in Konstantinopel, und dort stellte sich heraus, daß ich ein Kind erwartete. Ich freute mich darüber, aber Harold freute sich noch viel mehr. Seine leicht medizinische Einstellung dazu war das einzige, was mich störte, und ich versuchte, ihr entgegenzuwirken, indem ich ihm verbot, irgend jemand außer meinen und seinen Eltern etwas davon zu sagen. Er schrieb meiner Mutter einen Brief darüber, und ich zerriß ihn in einem Wutanfall, den er überhaupt nicht begreifen konnte. Aber im ganzen war ich in der Sache sehr *bien-pensant*, wie überhaupt in allen Dingen – stagnierend *bien-pensant*! Ich glaube nicht, daß ich mich bedaure, so wie ich damals war; das heißt, ich bedaure zumindest, daß der Mensch, den Harold heiratete, nicht völlig und gänzlich der war, für den er ihn hielt, und daß der Mensch, der Violet liebt und besitzt, nicht eine zweite Person ist, weil ein jeder zu einem jeden paßt.

Die einwandfreie und liebevolle junge Gattin des glänzenden jungen Diplomaten kam im Juni nach England zurück. Ich erinnere mich einer herrlichen Seereise von Konstantinopel nach Marseille durch die Ägäis, es war eine zweite Hochzeitsreise. Wir trafen Mutter in Paris und fanden beide, sie sei wohl im Begriff, den Verstand zu verlieren, da sie offensichtlich in einem erstaunlich unausgeglichenen Geisteszustand war. Dann fuhren wir nach Knole. Am

4. August kam die Kriegserklärung, und am 6. wurde Ben geboren. Mit meiner Mutter gab es sofort Szenen wegen seines Namens, und sie erreichten ihren Höhepunkt damit, daß wir ein Haus in London mieteten, da es unmöglich war, mit Mutter zusammenzubleiben. Wir verbrachten den Winter in London, und ich wurde recht umgänglich und gesellig. Ich war in Wahrheit gründlich gezähmt. Ich sah Violet kaum (die auf ihr eigenes sarkastisches Ersuchen hin Bens Patin war), teils weil sie eifersüchtig war und teils weil ich nach ihrem Geschmack allzugut gezähmt war. Dies war die einzige Zeit in meinem Leben, in der ich so etwas wie Beliebtheit erlangte. Ich war nicht mehr unhübsch, ich gab mir ausreichende Mühe, mich angenehm zu machen, und jeder, der Harold kennenlernte, fand ihn reizend – wir waren ein nettes junges Ehepaar, das man zum Abendessen einladen konnte. Gott, wie schauerlich! Ich war so glücklich, daß ich sogar vergaß, an »Wanderlust« zu leiden.

Und dann, und dann, diese Jahre: Laßt mich nachdenken. Diesen ganzen Winter über war Mutter entsetzlich und unerträglich streitsüchtig und verrückt, und niemand konnte etwas mit ihr anfangen. Wir hatten gedacht, sie werde nach Rom gehen, aber am Tag vor ihrer festgesetzten Abreise erklärte sie, sie fahre nicht. Wir waren alle ehrlich bestürzt, denn Rom war uns wie eine vom Himmel gesandte Lösung erschienen. Dada war Gott sei Dank bei seinem Regiment und brauchte unter dem Ganzen nicht zu leiden. Schließlich ging sie zu einem Nervenarzt, der ihr unglaublich guttat. Was sonst? Wir kauften ein Häuschen auf dem Land (Long Barn), wo wir den Sommer verbrachten, und Harold fuhr täglich nach London. Wenn er in London übernachten mußte, kam uns das wie eine Tragödie vor. Wir waren einmal drei Tage lang getrennt gewesen, als er auf einer Yacht segeln ging – nie länger. Weiter konnte die Häuslichkeit nicht gehen. Ben wuchs rasch heran, und wir erwarteten ein zweites Kind Ende September.

Der Alptraum dieses Septembers und Oktobers ist mir geblieben. Dada ging mit seinem Regiment im September nach Gallipoli, und ich wartete und wartete auf das Baby. Ich wartete den ganzen Oktober, die Tage wurden kürzer und nasser; Harold hatte vierzehn Tage Urlaub, und das war der einzige Lichtblick. Das Kind kam erst in der ersten Novemberwoche zur Welt und war eine Totgeburt, und ich selbst war sehr krank nach zwei Tagen und Nächten, in denen ich immer nur die Kerzen im Zimmer betrachtete, wie sie in der Morgendämmerung verblaßten.

Sobald ich aufstehen konnte, übersiedelten wir nach London. Mir ging die Sache mit dem Baby schrecklich nahe, und es wurde schlimmer statt besser. Ich weiß nicht genau, warum eigentlich alles so kam, aber ich glaube, es hatte etwas mit einem Schrecken zu tun, den ich Monate vorher bekommen hatte: Es tobte ein fürchterlicher Sturm, wir saßen alle beim Abendessen (in Knole) und hatten Wandschirme um uns herum aufgestellt, um die Zugluft abzuhalten, die Windstöße hoben den Teppich vom Fußboden, und ich zumindest war überzeugt, daß irgend etwas passieren würde. (Ich habe mich immer um Harold geängstigt und ängstige mich heute noch.) Und wahrhaftig, plötzlich kam der Butler herein und sagte, das Auto habe einen Unfall gehabt. Der Wagen hätte Rosamund von dem Krankenhaus, wo sie arbeitete, und Harold vom Bahnhof abholen sollen. Ich griff nach einem Mantel und stürzte hinaus, aber es war unmöglich, gegen den Wind anzugehen, und die Nacht war pechschwarz. Ich wartete halb tot vor Angst an der Tür. Nach einer Weile kamen zwei Männer, die Rosamund zwischen sich stützten; sie war blutüberströmt, ihre gebrochene Nase war schief halb übers Gesicht gequetscht, und sie redete irre. Harold war nirgends zu sehen. Eine Stunde lang wußte ich nicht, ob er im Auto gewesen war oder nicht; der Chauffeur wurde ziemlich schwer verletzt hereingetragen, und Rosamund war völlig von Sinnen. Nach einer Stunde tauchte er jedoch auf; er war durch die scheußliche Nacht vom Bahnhof zu Fuß gegangen. Das Ganze machte einen tiefen Eindruck auf mich, sowohl meine Angst um Harold wie Rosamunds wirklich grauenvolle Erscheinung, und ich bin überzeugt, daß dieser Schrekken der Grund für das Unglück mit dem Baby war.

Ich will weiterkommen, ich will mit diesen Jahren fertig werden, die das Leben eines anderen Menschen hätten sein können. Ich will zur Gegenwart kommen.

In diesen Jahren geschah so wenig, außer den Kriegsereignissen. In unserem persönlichen Leben ereignete sich nichts, außer daß wir im Winter nach London zogen, den Sommer in unserem Häuschen verbrachten und Ben zusahen, wie er wuchs und zu sprechen lernte, und daß ich schrieb. Ich glaube, es wäre kaum möglich gewesen, daß zwei Menschen vollständiger und fragloser glücklich gewesen wären. Es gab nie eine Wolke, nie den geringsten Zank. Ich wußte, wenn Harold stürbe, würde ich auch sterben; das machte das Leben sehr einfach. Ich sah Violet von Zeit zu Zeit, aber sie war mir fremder, als sie es je zuvor gewesen war, und dabei war unsere Freundschaft gelöster und entspannter; die seltsame Unterströmung hatte sich nie so wenig fühlbar gemacht. Sie ist sehr stolz und eine erstklassige Heuchlerin.

Im Winter (1917) wurde Nigel geboren, und kurz darauf starb Rosamunds Mutter an Krebs. Ich war bei Rosamund während der Operation des Blinddarmes und auch, als die Chirurgen ihr in allen scheußlichen Einzelheiten mitteilten, daß sie Krebs entdeckt hatten. Die Mutter hinterließ einen Brief an mich, in dem sie Rosamund meiner Obhut anvertraute. Diese Pflicht habe ich nicht erfüllt.

Wir verbrachten den Sommer wieder auf dem Land mit Ben und Nigel. Es war der letzte unserer ungetrübten Sommer, aber das wußte ich nicht; die kommenden Ereignisse warfen keine Schatten voraus. Der Krieg ging weiter und lastete auf allen; aber niemand hätte weniger in Mitleidenschaft gezogen sein können als wir, ausgenommen Dada, der seit 1915 im Feld war.

Zweiter Teil

Nigel Nicolson

Meine Mutter (die ich von nun an, mit gelegentlichen Ausnahmen, Vita nennen werde) wußte begreiflicherweise über die Herkunft ihrer eigenen Mutter nur ziemlich ungenau Bescheid, und erst im Jahre 1936, als sie für ihr Buch *Pepita* die zeitgenössischen Dokumente las, traten in ihrer Vorstellung die Tatsachen an die Stelle der Legende, mit der sie aufgewachsen war. Pepita war nicht die uneheliche Tochter einer Zigeunerin und eines spanischen Herzogs. Beiden, Vita und ihrer Mutter, wäre es gewiß lieber so gewesen, und in einer weiteren Dramatisierung der Legende wurde aus dem Herzog der Herzog von Osuna. Auch war Catalina Ortega, Pepitas Mutter, keine ehemalige Akrobatin. Sie hatte zweifellos Zigeunerblut, aber sie war mit Pedro Durán, einem Barbier in Málaga, glücklich verheiratet und erhielt nach am frühen Tod ihres Mannes ihre Familie, indem sie alte Kleider ausbesserte und wieder verkaufte. Pepita wurde im Jahr 1830 in Málaga geboren und hatte einen jüngeren Bruder namens Diego. Ihre anfängliche Laufbahn war nicht sehr erfolgreich. Ihr erster Engagements-Vertrag in Madrid wurde rückgängig gemacht, und der Ballettmeister sagte später aus: »Nach meiner Meinung war sie, was das Tanzen betrifft, überhaupt keine Künstlerin, aber zweifellos könnte ihr persönlicher Charme das Publikum im Ausland faszinieren. Für Deutschland wäre sie vielleicht gut genug, aber nicht für Spanien.«

Pepitas Schönheit muß man wohl auf Treu und Glauben annehmen. Es gibt keine Fotografie von ihr aus ihrer Glanzzeit, und die Öldrucke, die ihr Auftreten überall in Europa ankündigten, werden dem »Stern von Andalusien«, deren Anlitz und Figur sich der Erinnerung aller, die sie sahen, unauslöschlich einprägten, kaum gerecht. Im Alter von zwanzig Jahren heiratete sie einen spanischen Tänzer namens Juan de la Oliva, aber die Ehe ging einige Monate später in Zank und Streit auseinander, und sie hatte freie Hand, sich zum Liebhaber zu wählen, wen sie wollte, und sie wählte viele. Lady Sackville gab der Geschichte zuweilen noch eine besondere Pointe, indem sie behauptete, Prinz Jussupoff sei ihr natürlicher Vater gewesen, und das hätte so sein können, wenn ihr Geburtsjahr 1862 den Daten dieser kurzen Liebesaffäre entspräche, denn ihre Geburtsurkunde verzeichnet, daß sie eine »fille de père inconnu« sei, was ihre Vater-Möglichkeiten in verlockender Weise offenläßt. Lionel Sackville-West jedoch, der sehr gegen seinen Willen von den Rechtsanwälten genötigt wurde, die vollen Tatsachen schriftlich anzugeben, anerkannte die Vaterschaft von Pepitas drei Töchtern und zwei Söhnen sowie zweier anderer Kinder, die früh starben.

Lionel und Pepita hatten sich in Paris kennengelernt, als er sich dort auf Urlaub von seinem diplomatischen Posten in Stuttgart befand, und von diesem Augenblick blieben sie, mit einigen Unterbrechungen, bis zu Pepitas Tod als Liebespaar zusammen. Sie lebten nie in England, obwohl Pepita einmal in Her Majesty's Theatre in London tanzte, sondern mieteten eine Reihe von Villen an verschiedenen Orten auf dem Kontinent, die sich bequem in etwa gleicher Entfernung zwischen Lionels verschiedenen Gesandtschaften und den Städten befanden, die Pepitas Reizen sich eine nach der anderen unterwarfen. Sie zog sich nach Arcachon in Südfrankreich zurück und starb dort 1871 bei der Geburt ihres siebenten Kindes, das nur sechs Tage lebte. Vitas Mutter wurde auf die Namen Victoria Josefa Dolores Catalina getauft und trug den Familiennamen ihres Vaters, Sackville-

West. Er wurde bald nach Pepitas Tod zum britischen Gesandten in Buenos Aires ernannt, und Victoria wurde mit ihren Schwestern Flora und Amalia in das St.-Joseph-Kloster in Paris geschickt, wo sie sieben Jahre lang blieb, ohne Freunde, allein und unglücklich. Ihre Brüder Maximilien und Henry wurden erst auf die katholische Internatsschule Stoneyhurst in England geschickt und dann nach Südafrika, um die Landwirtschaft zu erlernen. Victoria wurde über ihre uneheliche Geburt erst aufgeklärt, als sie 1880 aus dem Pariser Kloster in ein anderes Kloster in London kam, und jetzt erfuhr sie auch zum ersten Mal, daß sie einen Onkel mit Namen Mortimer Lord Sackville hatte, der in einem riesigen Schloß namens Knole wohnte, sowie einen zweiten Onkel Lord De la Warr und zwei Tanten, die Herzogin von Bedford und die Gräfin von Derby. Das war ein rechter Schock. Sie wußte nichts von der Welt. Sie konnte kaum Englisch sprechen. Sie betrachtete sich als heimatloses, verwahrlostes Kind, aus dem höchstens eine Gouvernante wie Jane Eyre werden konnte, und dieses verlassene Kind war es, das ihr Vater plötzlich als Dame des Hauses an die britische Gesandtschaft in Washington zu versetzen gedachte, wo sie in der diplomatischen Gesellschaft die führende Stellung einnehmen würde.

Lionel dürfte bei seinen seltenen Besuchen in Paris in seiner ältesten Tochter Eigenschaften entdeckt haben, die ihn überzeugten, daß sie dieser schwierigen Aufgabe gewachsen sein würde, denn das Risiko für seine Laufbahn war unabsehbar. Er sah sich genötigt, offiziell zuzugestehen, was der Klatsch längst allgemein verbreitet hatte, nämlich daß er, obgleich Junggeselle, fünf Kinder hatte, daß seine in Aussicht genommene Dame des Hauses eines dieser Kinder und daß sie ein völlig unerfahrenes neunzehnjähriges Mädchen war. Königin Victoria erteilte ihre belustigte Zustimmung zu diesem eigentümlichen Arrangement unter der Bedingung, daß in Washington selbst kein Einwand erhoben werde, und man bildete in Washington ein Damen-Komitee unter dem

Vorsitz von Mrs. Garfield, der Gattin des Präsidenten, um die Sache zu erörtern. Ein Mitglied dieses Tribunals erklärte später: »Es war ein Brief von Lady Derby eingetroffen, der die Situation feststellte und erklärte, Mr. Sackville-West sei seiner Tochter sehr zugetan und ersuche darum, daß sie empfangen werde. Es wurde daraufhin beschlossen, sie als Tochter ihres Vaters herzlich aufzunehmen.« Victoria traf im Dezember 1881 ein, und zwar allein; Vitas Autobiographie irrt sich in der Angabe, daß ihre Schwestern mitkamen. Flora und Amalia stießen erst mehrere Jahre später zu ihr, und diese Erweiterung der Sackville-*Ménage* fand man, derselben Zeugin zufolge, in Amerika »ein bißchen zuviel«, aber inzwischen hatte Victoria ihrer Familie eine Stellung erobert, der keine Rüge etwas anhaben konnte. Alle liebten sie.

Meine Großmutter erzählte mir oft von ihren sieben Jahren in Washington als dem ersten und größten Triumph ihres Lebens, und diese prahlerische Behauptung war vollauf gerechtfertigt. Ich meinte, sie übertreibe doch wohl, als sie mir erzählte, der zweite Heiratsantrag, den sie erhielt, sei vom Präsidenten der Vereinigten Staaten selbst gekommen, und zwar von Präsident Arthur, der Witwer war (Präsident Garfield war vor ihrem Eintreffen in Amerika ermordet worden), aber ich habe seither entdeckt, daß die Geschichte immerhin wahr genug war, um den Bruder des Präsidenten zu veranlassen, ein offizielles Dementi zu veröffentlichen: »Die Nachricht, daß der Präsident sich mit Miss West verlobt hat, ist unsinnig und entbehrt jeder Grundlage; der Präsident hat gegenwärtig keinerlei Heiratsabsichten.« Meine Großmutter sagte, sie habe ihn spät am Abend nach ihrem ersten Bankett im Weißen Haus abgewiesen. »Ich brach in Lachen aus«, schreibt sie in ihren Erinnerungen, als sie sechzig war, »und sagte: ›Herr Präsident, Sie haben einen Sohn, der älter ist als ich, und Sie selbst sind so alt wie mein Vater.‹«

Keinen Zweifel hingegen gibt es darüber, daß sie Washington von Anfang an für sich einnahm. Die Zeitungskommentare jener Zeit verfuhren erbarmunglos mit anderen

Leuten – sogar mit ihrem Vater, der im Rückblick als »zurückhaltend und schweigsam« bezeichnet wurde: »Leute, die ihn nicht mochten, nannten ihn blöd und langweilig. In jedem Fall besaß er eine ungewöhnliche Fähigkeit zu schweigen.« Aber über Victoria herrschte nur eine Meinung. »Sie ist die Schönste von allen. Ihre Schönheit und ihre Intelligenz sind gleicherweise erstaunlich. Diesen beiden seltenen Eigenschaften haftet etwas Exotisches an, das beiden einen zusätzlichen Reiz verleiht.« – »Sie ist in ihrem Gehaben und ihrer Erscheinung höchst ansprechend. Sie hat die anmutige Gestalt eines sehr jungen Mädchens und ein höchst reizvolles Gesicht mit großen gefälligen dunkelblauen Augen.« – »Sie hat mit ihrer Schönheit, ihrem Charme, ihrer Bescheidenheit und Anmut, ihren Kleidern und ihrem Geschmack einen enormen Eindruck gemacht.« – »Die Würde einer Frau vereint mit der unbewußten lebhaften Munterkeit eines Kindes.« Über ihre ungewöhnliche Herkunft hüllte die Presse sich in ritterliches Schweigen. Lionel wurde als Witwer bezeichnet, und der einzige Hinweis auf Pepita war, daß »Miss Wests knochige englische Spitzigkeit durch die Grazie ihrer spanischen Mutter ausgerundet« wird.

Eine weitere Eigenschaft entwickelte sich bald – ihre Tüchtigkeit. Sie nahm das große Personal der Gesandtschaft, das diplomatische wie das häusliche, fest in die Hand und duldete, da sie wußte, was sie wollte, keinen Widerspruch und keinen Ungehorsam. Sie war eine geborene Organisatorin und Dame des Hauses, huldvoll gegenüber den Vornehmen und Berühmten und, da ihr selbst jegliche Scheu fehlte, zuvorkommend zu den Schüchternen. Tanzen und Anstand und Benehmen waren im Kloster nicht gelehrt worden, aber sie schien es alles instinktiv zu beherrschen. In ihrer ersten »Saison« veranstaltete sie fünf Bälle mit je fünfhundert Gästen und begann die Konventionen und sogar das Protokoll solcher Veranstaltungen zu ändern, zum Entzücken der jungen Fähnriche und Attachés, die sich um sie scharten, anfänglich der Neuheit wegen, später als der Anführerin ihrer Improvisationen. Als sie feststellte, daß der Reel-Volkstanz aus dem schottischen Hochland in Washington unbekannt war (sie selbst hatte kaum sechs Monate vorher zum ersten Mal davon gehört), veranstaltete sie Tanzstunden in der Gesandtschaft, und die Einladung hierzu war sowohl eine Ehre wie ein Befehl. Als das beliebteste junge Mädchen in ganz Washington fiel es ihr nicht schwer, der Sitte des *bunching* ein Ende zu machen, wonach die jungen Herren ihren Partnerinnen teuere Blumenbouquets zu schicken hatte, die sie sich eigentlich nicht leisten konnten. Sie spielte Tennis; sie ritt zu Pferde; sie fuhr im Kanu Wasserfälle hinunter; sie ging angeln; sie erörterte mit General Sherman seine Feldzüge; sie ging mit den Indianern auf die Jagd; sie suchte viele Gegenden der Vereinigten Staaten auf und verbrachte jeden Winter zwei Monate in Kanada, wo sie ein weiteres Dutzend Herzen brach. Bei alldem war sie ein Mädchen, das man nur schwer wirklich gut kennenlernen konnte. Wenn sie allabendlich in einer eleganten Zweispänner-Kutsche mit Kutscher und Lakai ausfuhr, war sie zuweilen von ihrem Vater oder einer Freundin begleitet, aber nie von einem jungen Mann. Jeder, der auch nur den mildesten Flirt versuchte, erhielt die kurze und bündige Antwort: »Bitte gehen Sie weg. Ich mag diese Art Gespräch nicht.« Sie war bis zu ihrer Heirat völlig unschuldig und blieb ihr ganzes Leben lang wählerisch, anspruchsvoll und stolz.

Die Indiskretion, die Lionels Laufbahn im Jahr 1888 ein Ende machte, ist in die diplomatische Geschichte als Affäre des ›Murchison-Briefes‹ eingegangen. Ein Mann, der sich Charles F. Murchison nannte, ein vormaliger britischer Staatsbürger, der in Kalifornien lebte, schrieb an den Gesandten und erbat seinen Rat bei der bevorstehenden Präsidentenwahl. Lionel war so töricht zu antworten, er sei für die Wiederwahl Präsident Clevelands zu einer zweiten Amtsperiode. Dieser Brief wurde veröffentlicht unter Überschriften wie ›Die Pranke des britischen Löwen greift in die amerikanische Politik ein‹, und das Außenministerium verlangte Lionels Abberufung. Zum Glück starb sein Bruder Mortimer einen Monat später, so daß er unter dem Vorwand nach England zurückkehren konnte, seine neuen Pflichten und Verantwortlichkeiten als Lord Sackville (und damit als Mitglied des Oberhauses) nötigten ihn, aus dem diplomatischen Dienst auszuscheiden. Victoria tauschte die Verwaltung der Gesandtschaft jetzt gegen die von Knole ein, des größten Adelssitzes in England, der sich noch in Privatbesitz befand.

Sie wählte unter den zahlreichen Bewerbern um ihre Hand ihren Vetter ersten Grades, Lionel, und heiratete ihn im Juni 1890. Ihr einziges Kind, meine Mutter, wurde am 9. März 1892 in Knole geboren. Sie wurde auf die Namen Victoria Mary getauft, aber schon vor ihrer Geburt Vita genannt, um sie von ihrer Mutter zu unterscheiden, die denselben Namen trug, nämlich Victoria Sackville-West, wie auch ihr Vater und Großvater, die beide Lionel Sackville-West und später Lord Sackville hießen. Ein vereinfachter Familien-Stammbaum mag dienlich sein, um das Verwandtschaftsverhältnis zwischen den beiden Victorias und den beiden Lionels zu verdeutlichen und als Schlüssel zu dem berühmten Legitimitäts-Prozeß zu dienen (siehe S. 70).

Victorias Eheschließung mit ihrem Vetter wurde von der Familie nicht gutgeheißen, mit Ausnahme ihres Vaters, der darin eine unverhoffte Gelegenheit erblickte, seine Lieblingstochter bei sich in Knole zu behalten und in gewissem Sinn wenigstens eines seiner Kinder »für ehelich zu erklären«, und mit Ausnahme von Lady Derby, die ihre Nichte innig liebte. Die anderen schüttelten die Köpfe darüber, daß der Familienskandal sich in die nächste Generation fortsetzen sollte, mißbilligten die Verewigung des »schlechten spanischen Blutes« und fürchteten die schrecklichen Nachkommen, die diese Ehe womöglich hervorbringen werde. Sie wagten nicht, den beiden Lionels diese Dinge ins Gesicht zu sagen, und verwiesen statt dessen auf die Untunlichkeit einer Vetternheirat, auf den Altersunterschied (sie war siebenundzwanzig, er dreiundzwanzig) und auf die Nachteile einer Ehe

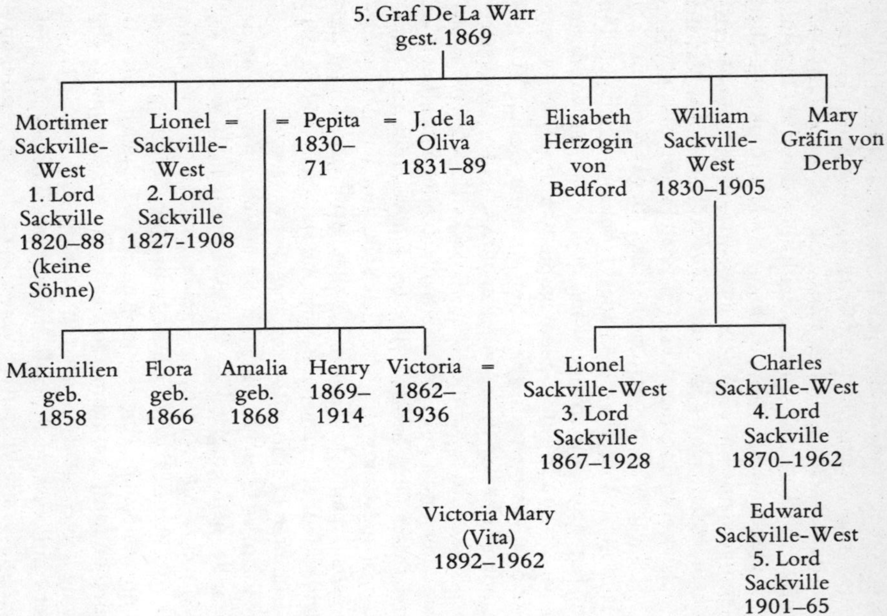
5. Graf De La Warr
gest. 1869
Mortimer
Sackville-
West
1. Lord
Sackville
1820–88
(keine
Söhne)
Lionel =
Sackville-
West
2. Lord
Sackville
1827-1908
= Pepita
1830–
71
= J. de la
Oliva
1831–89
Elisabeth
Herzogin
von
Bedford
William
Sackville-
West
1830–1905
Mary
Gräfin von
Derby
Maximilien
geb.
1858
Flora
geb.
1866
Amalia
geb.
1868
Henry
1869–
1914
Victoria
1862–
1936
=
Lionel
Sackville-West
3. Lord
Sackville
1867–1928
Charles
Sackville-West
4. Lord
Sackville
1870–1962
Victoria Mary
(Vita)
1892–1962
Edward
Sackville-West
5. Lord
Sackville
1901–65

zwischen einem Anglikaner und einer Katholikin. Die letztere Schwierigkeit überwand Victoria, indem sie sich kühn über ein Edikt des Papstes selbst hinwegsetzte, das bestimmte, die Kinder aus dieser Ehe müßten im katholischen Glauben erzogen werden. Wegen dieses Ungehorsams, so behauptete sie später voller Stolz, denn er fügte ihrer Lebensgeschichte eine neue Facette hinzu (»Quel roman est ma vie!«), wurde sie von Kardinal Manning, mit dem sie eine stürmische Unterredung hatte, exkommuniziert.

Vita hat sowohl in ihrer Autobiographie wie in ihrem Buch ›Pepita‹ Porträts ihrer Eltern gezeichnet, die ihrem Vater zuviel Ehre antun und ihrer Mutter zuwenig. Sie betont das exzentrische Wesen ihrer Mutter zum Nachteil ihrer wahrhaft erstaunlichen Persönlichkeit und Gaben. Als sie ihre Autobiographie schrieb, fürchtete sie sich noch vor ihr; als sie ›Pepita‹ schrieb, lag ihr daran, die beiden Hälften ihrer Geschichte zu verbinden, indem sie erklärte, die Zigeunersträhne in ihrer Großmutter habe in ihrer Mutter fortgewirkt und zu wilden Schwankungen zwischen Großherzigkeit und Geiz, Liebe und Selbstsucht, Entschlossenheit und Unfähigkeit geführt. In Wahrheit war Victoria Sackville eine Frau von starker Willenskraft, die durch Charme gemildert und durch Sentimentalität allzu stark versüßt wurde. Sie war sowohl Herr wie auch Herrin von Knole, sowohl zu Zeiten ihres Vaters wie denen ihres Gatten. Lionel ›der Alte‹ interessierte sich nicht für das Schloß und behandelte seine Finanzen mit sorgloser Gleichgültigkeit; dem jungen Lionel hingegen mangelten fester Zugriff und Entschiedenheit. Victoria begann ihre lange Herrschaft in Knole mit einem Modernisierungsprogramm – sie führte elektrisches Licht, Zentralheizung und Badezimmer ein, ordnete die Möbel anders an und ersetzte die Kutschen durch Autos; und als sie feststellte, daß sich ihren Entschlüssen in diesen Dingen niemand widersetzte, begann sie langsam die Verwaltung des Besitzes und seiner Finanzen zu übernehmen. Sie war der Stratege der Familie. Wenn das Geld knapp war, war sie es, die an der Börse spekulierte, in London einen Laden namens Spealls für den Verkauf von Lampenschirmen und Schreibzeug eröffnete, der höchst ertragreich wurde, und sich unablässig mit den Anwälten über die Kniffligkeiten der beiden großen Prozesse beriet; war sie es, die beide Prozesse gewann und Knole rettete.

Anfänglich liebte sie ihren Gatten sehr. Er war der einzige Mann, den sie je absolut, ohne Einschränkung liebte. »Lionel«, schrieb sie in ihren Erinnerungen, »war in jenen Tagen für mich vollkommen und makellos. Er schenkte mir zehn Jahre des vollkommensten Glücks und der leidenschaftlichsten Liebe, die ich herzlich erwiderte. Ich liebte ihn innig und er mich.« Erst im Jahr 1905 taucht in ihren Tagebüchern zum ersten Mal ein kritisches Wort darüber auf, daß er sie in wachsendem Maß vernachlässigte. Vita verehrte und bewunderte ihren Vater und erblickte in ihm alle noblen Eigenschaften eines Landedelmanns, von dem man wenig mehr verlangte als gute Umgangsformen und Interesse an ländlichen Betätigungen. Aber sie hätte ihn weniger bewundert, wenn er nicht ihr Vater und der gegenwärtige Träger des alten Adelstitels der Sackvilles gewesen wäre. Ihr genügte das; er mußte ja ein guter Mann sein. Für uns Enkel schien er mit jeglichem *droit de seigneur* ausgestattet. Später habe ich ihn anders gesehen. Er war gewiß sanft, freundlich und unauffällig schlicht, aber er war ein Mann, der fürs Vergnügen lebte, ein Snob (Gefangener und zugleich Nutznießer seines Rangs und seiner Zeit), der nur einen gleichgültigen Blick auf das schwer arbeitende proletarische Mittelengland warf, während er in seinem Abteil erster Klasse zum Jagen und Fischen nach Schottland eilte. Seine Pflichten im Bezirksrat der Grafschaft Kent erfüllte er ohne Begeisterung. Nur in den beiden Kriegen entdeckte er die Würde der Leistung für sich. Während seines ganzen Lebens amüsierte er sich. Vita schreibt, er sei jahrelang »unerklärlicherweise« in Lady Constance Hatch verliebt gewesen. Mir ist das durchaus nicht unerklärlich. Er verhielt sich immer nachlässiger gegenüber Victoria, der er soviel verdankte, interessierte sich nicht für das, was sie tat, und war gelangweilt von ihren gescheiten Freunden. Er zog der Gattin, die immerfort notwenige, aber unbequeme Fragen über den Besitz stellte und in ihren mittleren Jahren recht beleibt wurde, eine unkritische Dame der Gesellschaft vor, die keine Ansprüche stellte. Als die Ehe schließlich zusammenbrach, war es ebensosehr seine Schuld wie die ihre. Vita hatte er gern, aber er hatte nie den geringsten Begriff von ihrer komplizierten Persönlichkeit und mißbilligte all ihre Jungmädchen-Schwärmereien. »Ich wünschte«, beklagte er sich stets bei Victoria, »ich wünschte, Vita wäre *normaler.*«

Victoria duldete jahrelang die Herumtreibereien und die Verdrossenheit ihres Mannes ebenso, wie sie die Schweigsamkeit und Grobheit ihres Vaters duldete. Mit der Zeit begann sie, ihren eigenen Kreis anregenderer und anziehenderer Geselligkeit um sich zu sammeln. Unter ihren intimen Freunden waren keine Frauen und keine jüngeren Männer. Sie spezialisierte sich auf Millionäre und einsame ältere Künstler. Die Liste ihrer Eroberungen zerstreut den Eindruck, den man aus ›Pepita‹ gewinnt, daß sie nichts als ein wirrköpfiger Charmeur war; denn Männer wie Sir John Murray Scott, Pierpont Morgan, Rudyard Kipling, Lord Kitchener, William Waldorf Astor, J. L. Garvin, Auguste Rodin, Sir Edwin Lutyens, Lord Leverhulme, Henry Ford und Gordon Selfridge hätten schwerlich nach der ersten Bekanntschaft wieder und wieder ihre Gesellschaft gesucht, wenn sie ihnen nicht ebensoviel zu bieten gehabt hätte wie sie ihr. Sogar in ihren Fünfzigern strahlte sie noch eine große körperliche Anziehungskraft aus. Einer ihrer alten Bewunderer, Cecil Spring-Rice, schrieb ihr: »Ich sage Ihnen, Sie sind bezaubernd, faszinierend, der Himmel weiß, was noch alles. Ihre Vortrefflichkeiten nehmen kein Ende ... Sie sind eine vollendete Meisterin der Liebe. Sie spielen mit ihr und verwenden sie und handhaben sie wie die Möwe den Wind, auf dem sie dahinschwebt und von dem sie niemals fortgerissen wird.« Sie blühte und gedieh bei dem unerfreulichen eduardischen Brauch einer leisen Berührung mit dem Finger und einem Strauß Orchideen am nächsten Tag. Sie genoß Schmeichelei und Anhimmelung, aber körperliche Begierde stieß sie in ihren mittleren Jahren ab. Sie verlangte sehnlichst nach Luxus und war nicht zu stolz, ihn zu erbetteln. Sie liebte Macht, aber man mußte sie ihr geben; sie zwang sie nicht auf. Sie konnte grausam sein. Sie war sowohl zartfühlend und zärtlich wie von grimmiger Heftigkeit, rasch zu Tränen gerührt und rasch mit einer scharfen schlagfertigen Antwort zur Hand.

Mehrere ihrer neuen Freunde verliebten sich leidenschaftlich in sie, unter ihnen Pierpont Morgan, Astor und Rodin, aber ihr Tagebuch, das ihre Werbungen recht freimütig schildert, ist zurückhaltend, wenn es sich darum handelt, ob und wie sie darauf einging. Sie hob alle Briefe von William Waldorf Astor in einem Umschlag auf, der die bezeichnende Aufschrift trug (denn, o ja, sie war eitel): »Für Vita, nach meinem Tod zu lesen«, und in ihnen läßt er der Phantasie nur wenig Spielraum: »Eine Frau in der Blüte ihrer schönsten Jahre braucht eine romantische Liebe. Das Wissen, daß jemand an Dich denkt, Dich begehrt, sich danach sehnt, Deinen schönen Körper zu berühren, hält das Herz jung. Liebste, lebe wohl.« Über ein Zusammensein mit Pierpont Morgan im Jahr 1912 schrieb sie in ihr Tagebuch: »Er hält meine Hand mit großer Zuneigung und sagt, er werde mich nie auf irgendeine Weise lieben, die ich nicht billige, daß es ihm leid tue, daß er so alt sei, aber ich sei die einzige Frau, die er liebe, und darin werde er sich nie ändern.« Durchaus nicht abgeschreckt hiervon, lud sie ihn in der folgenden Woche nach Knole ein: »Er hat eine wundervolle Persönlichkeit. Ich habe nie einen so anziehenden Menschen getroffen. Man vergißt seine Nase nach wenigen Minuten völlig. Er sagte, er werde im nächsten April fünfundsiebzig.« Sie selbst war damals fünfzig und wog sechsundsiebzig Kilo. Was Rodin angeht, so lassen seine Briefe, die überschwenglichen Komplimente, die er ihr in seinem Atelier machte (und von denen sie jedes einzelne ausführlich in ihrem Tagebuch notierte), und seine Marmorbüste von ihr keinen Zweifel daran, daß er mehrere Jahre sinnlos in sie verliebt war. Sie gestattete ihm Freiheiten, aber keine Zügellosigkeit. Diese Seite ihres Charakters hat etwas ausgesprochen Widerliches. Lionels Flirts mit hübschen jungen Frauen sind einem lieber.

Der ausdauerndste unter allen ihren Bewunderern war Seery, Sir John Scott Murray. Vita hat ihn in ihrer Autobiographie und in ›Pepita‹ ausführlich geschildert, und es muß hier nicht nochmals betont werden, daß er von 1897 bis zu seinem Tod im Jahr 1912 Lady Sackvilles treu ergebener Freund und Begleiter war. Sie stritten und zankten zwar unablässig miteinander und konnten es doch nicht ertragen, voneinander getrennt zu sein, und wenn sie es waren, schrieben sie einander zweimal am Tag. Sie hatten beide etwas Lateinisches an sich, sie durch Geburt und Herkunft, er durch seinen langen Aufenthalt in Frankreich. Das Duell machte ihnen Spaß, und noch mehr Spaß machte es, sich wieder zu versöhnen. Sie waren ein Paar aristokratischer Kustoden oder Museumsdirektoren, sie in Knole, er mit der Hälfte der Wallace-Sammlung, sie kauften, verkauften, spekulierten, arrangierten, schätzten – und wußten, daß immer genug Geld da war, sein Geld, um alles zu kaufen, was der eine oder andere wirklich gern haben wollte. Sie teilten sich in seine Börse: Für sie etwas zu kaufen war dasselbe, als kaufte er es für sich. Selbstverständlich hatte sie Seery seines Geldes wegen gern: Wenn er keinen Pfennig besessen hätte, wäre es nur der halbe Spaß gewesen. Sein Reichtum verlieh ihm eine gewisse Großartigkeit – und was für ein *pied-à-terre* war die rue Lafitte, was für ein kleines Landhäuschen Bagatelle, was für ein Spielplatz sein Besitz in Sluie! In London suchten sie einander unablässig in ihren Häusern auf, und er war ein ständiger Besucher in Knole. In Sluie hatte sie lange Stunden allein mit ihm, während der alte Lionel schlief, der junge Lionel jagte oder fischte und

Vita mit dem Hausburschen auf dem Moor Ringkämpfe austrug.

Das war die offene Seite ihrer Beziehung. Die verborgene Seite war nicht körperliche Liebe, denn ich glaube meiner Mutter, wenn sie sagt, daß sie, abgesehen von ein wenig Händchenhalten, nicht existierte, sondern seine stetigen Finanzzuschüsse zu Knole. Nach Seerys Tod kamen alle Tatsachen ans Licht. Die Einkünfte aus dem Besitz Knole betrugen 13 000 Pfund im Jahr, und dies genügte, um das Gebäude instand zu halten, das Personal von sechzig Dienstboten im Haus und draußen und die Haushaltsrechnungen zu bezahlen. Aber es reichte nicht für Victorias Umbauten und Verbesserungen, für ihr großes Haus in der Hill Street in London, für Lionels Sportausflüge, ihre ständigen Wochenendgesellschaften, ihre Extravaganzen mit Kleidern und Nippsachen und die ungeheuren Kosten des Legitimitäts-Prozesses (40 000 Pfund allein an Anwaltsgebühren). Der Besitz war schwer verschuldet. Als Seery von den Schwierigkeiten erfuhr, bot er seine Hilfe an, zuerst mit Darlehen und dann, indem er die Darlehen in Geschenke umwandelte, und er versprach Victoria, er beabsichtige, sie in seinem Testament von allen finanziellen Sorgen zu befreien. Zu seinen Lebzeiten gab er ihr und dem jungen Lionel 84 000 Pfund. Sie bat ihn nie direkt darum, lehnte aber auch die Hilfe nie ab und sorgte dafür, daß Seery über ihre Verlegenheiten Bescheid wußte. Lionel ermutigte sie darin. »Ich habe viel Unerfreuliches mit meinem lieben alten Seery erlebt«, schrieb sie in ihrem Tagebuch des Jahres 1904, »aber Lionel rät mir, sehr diplomatisch vorzugehen und mir seine Launen gefallen zu lassen. Er sagt, ich müsse an die Zukunft denken.« Sie wußte, daß Seery es sich leisten konnte, ihr zu helfen, und daß es ihm Vergnügen bereitete, und sie redete sich ein, daß er nicht ihr, sondern dem Schloß Knole gegenüber, das er liebte, so freigiebig sei. Seerys Familie, die mit ansah, wie sein Vermögen für eine Frau dahinschmolz, die in ihren Augen ein Eindringling und eine Abenteurerin war, dachte nicht so nachsichtig. Sie nannte die Sackvilles »Die Heuschrecken«, schon bevor sie das Testament kannten.

Vor diesem Hintergrund einer bevorstehenden Krise wuchs Vita heran. Drei Möglichkeiten bedrohten ihre Zukunft. Erstens konnte Großpapa möglicherweise insgeheim Pepita geheiratet haben, wie Vitas Onkel Henry behauptete, und wenn er es beweisen konnte, würde er und nicht ihr Vater Knole erben; zweitens konnte ihre Mutter sich eines Tages so unwiderruflich mit Seery verzanken, daß er sein Testament rückgängig machte; drittens konnte, selbst wenn er es nicht tat, die Familie Scott es möglicherweise erfolgreich anfechten. Vita kamen diese Familiengeheimnisse allmählich zu Bewußtsein, denn sie wurden am Eßtisch endlos erörtert, aber ansonsten war ihre Kindheit, wiewohl sie einsam war, frei von Erschütterungen.

Die erhaltenen Unterlagen stützen im allgemeinen ihre skizzenhaften Schilderungen ihrer frühen Persönlichkeit. Sie war zänkisch und widerspenstig mit anderen Kindern, aber nicht so brutal, wie sie sich darstellt. Als sie fünf Jahre alt war, schrieb Lady Winchilsea an ihre Mutter und beschwerte sich: »Vita war grob zu dem kleinen Mountjoy«, und sechs Jahre später ermahnte Victoria sie: »Dada hat mir letzthin gesagt, er befürchte, du seiest ein wenig schroff und grob geworden, du mußt dich also bemühen, mein liebstes Kind, deine Mama nachzuahmen und zu bedenken, daß es die Menschen schmerzt, wenn sie nicht sehr gütig und rücksichtsvoll behandelt werden.« Aber Victorias Einstellung zu Vita konnte auch nachsichtig sein: »Sie ist äußerst intelligent und ein so liebes Kind«; »Sie ist ein sehr braves Kind«; »Sie spricht so gut Französisch, und ihr Deutsch macht gute Fortschritte«. Vita gab dem schwärzeren Bild ihrer Kindheit den Vorzug. Als sie im Jahr 1912 Harold schilderte, wie sie zehn Jahre vorher gewesen war, schrieb sie: »Ich war ein ungeselliges und unnatürliches Mädchen mit langem schwarzem Haar und langen schwarzen Beinen und sehr kurzen Röcken und sehr schmutzigen Fingernägeln und zerrissenen Kleidern. Ich

Pepita um 1852, auf dem Höhepunkt ihrer Karriere als Tänzerin. Zu dieser Zeit begegnete sie zum ersten Mal Vitas Großvater, Lionel Sackville-West.

Knole, der Besitz der Sackvilles seit dem 16. Jahrhundert. Hier, in der Nähe von Sevenoaks, Kent, verbrachte Vita ihre Kindheit. Ihr Zimmer war nahe der Kapelle (rechts im Bild) gelegen (Aerofilms).

Oben: Vitas Mutter Victoria im Alter von 35 Jahren, daneben Sir John Murray Scott (»Seery«). Unten: Vita und ihre Mutter um 1900 im ersten Automobil, das zum Fuhrpark von Knole gehörte.

Rechts: Vita im Jahr 1910 – ein Gemälde von Laszlo. In diesem Jahr wurde sie in die Gesellschaft eingeführt und begegnete zum ersten Mal Harold Nicolson. Das Bild befindet sich heute in Schloß Sissinghurst.

Links: Lady Sackville im Jahr 1914. Diese Büste, die sich im Musée Rodin, Paris, befindet, wurde von Auguste Rodin geschaffen, der zwei Jahre lang zu ihren Anbetern gehörte.

Rechts (von links nach rechts): Harold Nicolson, Vita Sackville-West, Rosamund Grosvenor und Lord Sackville auf ihrem Weg zur Gerichtsverhandlung während des Scott-Prozesses. Am 4. Juli 1913 trat Vita dabei als Zeugin auf.

Unten: Vita und Harold werden in der Kapelle von Knole am 1. Oktober 1913 getraut. Die beiden Brautjungfern sind Rosamund (links) und Harolds Schwester Gwen (rechts).

verschwand auf Stunden in hohen Bäumen, und sie fanden mich nicht, bis ich ihnen Eier aus den Vogelnestern auf die Köpfe warf.« Violet Trefusis, damals Keppel, erinnerte sich in ihrer Autobiographie ›Don't Look Round‹ (Blick dich nicht um) an ihren ersten Eindruck von Vita:

»Sie war groß für ihr Alter, schlaksig und höchst unpassend angezogen, es sah aus, als trage sie die alten Kleider ihrer Mutter. Wir waren beide vollendete Snobs und redeten hauptsächlich über unsere Ahnen. Ich versuchte es mit ein paar überlegenen Anspielungen auf Paris. Sie war nicht beeindruckt. Sie schweifte ab über ihr prachtvolles Haus auf dem Land, ihre Hunde, ihre Kaninchen. Ich fand sie nett, aber ziemlich kindisch. Vita war in diesem Alter stur und unerschütterlich britisch. In ihrem tiefen, stillen und trägen Blick dämmerte keinerlei Wanderlust.«

Unter den frühesten Dokumenten in Vitas Handschrift befindet sich ein Testament, das sie im Jahr 1901 im Alter von neun Jahren aufsetzte, und es bestätigt den Eindruck, daß sie eine ungewöhnliche Range und Wildfang war:

»Für Mama: Ein Viertel meines Bankgeldes und mein Diamanten-V (eine Brosche, die diese Form hatte.)
Für Dada: Ein Viertel meines Bankgeldes. Mein Pony und Wagen. Meine Cricket-Ausrüstung. Meinen Fußball.
Für Seery: Meinen Khaki-Anzug. Meine Miniatur. Meinen Weinbecher. Meine Peitsche.
Für Bentie (ihre Gouvernante): Mein Perlen-V. Die Hälfte meines Bankgeldes. Meine Schiffe.
Für Ralph (Battiscombe, einen Jungen aus Sevenoaks): Meine Rüstung. Meine Degen und Flinten. Meine Festung. Meine Soldaten. Meine Werkzeuge. Meinen Bogen mit Pfeilen. Mein Taschengeld. Meine Zielscheibe.«

Ralph Battiscombe war offenbar ihr Nachvermächtnisnehmer, da die letzten drei Gegenstände mit Bleistift hinzugefügt sind, nachdem sie sie bekommen hatte; er verschwindet wieder aus dieser Geschichte, aber daß es ihn überhaupt gab, zeigt immerhin, daß Vita nicht ohne Spielkameraden ihres Alters war, die bei ihr in besonderer Gunst standen. »Hier les Battiscombe sont venu prendre le thé«, schrieb sie an ihre Mutter im Jahr 1903. »Nous avons joué au cricket, et après le thé, Ralph et moi, nous avons pris le fusil-à-air et pendant que Sylvia et Queenie se promenaient avec Fie (Vitas neue Gouvernante, nachdem Bendie entlassen worden war) nous pirschten ihnen nach.« In den Tagebüchern ihrer Mutter liest man von Kindergesellschaften in Knole mit bis zu zwanzig anderen Kindern, und man richtete Vita hübsch genug her, damit sie abends herunterkommen durfte, und als Zwölfjährige durfte sie an einem Bankett im großen Saal von Knole für die Miliztruppe von West Kent teilnehmen, in der ihr Vater Offiziersrang bekleidete. Sie war zweimal Brautjungfer, bei den Hochzeiten ihres Onkels Charles und des Herzogs von Westminster.

Andere Seiten ihres Wesens begannen sich bald bemerkbar zu machen. »Je suis très contente de ne pas être à Londres«, schrieb sie ihrer Mutter, und dieser Haltung blieb sie ihr Leben lang treu. »Vita«, schrieb Victoria, »widmet sich der Gartenarbeit und zieht hauptsächlich Salate und Gemüse für ihren Großpapa«; ihr erster eigener Garten war ein großes V aus Kresse. Im Jahr 1904 in Sluie »mußte ich Vita sehr heftig auszanken, weil sie so gedankenlos ist, wenn ich ihr irgendwelche kleinen Aufträge zu erledigen gebe. Sie vergißt alles und bummelt schrecklich. Gestern abend schluchzte sie, was sie sehr selten tut. Sie hängt sehr an mir, ist sehr folgsam, aber so geistesabwesend und unsorgfältig und unordentlich.« Ein deutlicheres Bild tritt hervor: Vita war durch ihre Mutter gezähmt, wenn sie mit ihr zusammen war, und ungezähmt ohne sie; sie liebte das Leben auf dem Land und seinen Zeitvertreib, wurde von ihren Kinderfrauen verhätschelt und war ausgesprochen die Tochter des Hauses, mit einer Strähne Dickköpfigkeit und einem Verlangen nach einsamen Abenteuern. Die Tagebücher ihrer Mutter erwähnen nichts davon, daß sie »zwei- oder dreimal wegzulaufen versuchte«, also werden die Versuche wohl nicht allzu ernsthaft gewesen sein. Sie war glücklich in Knole, das ganz gewiß kein Gefängnis war. Am Abend vor ihrer Hochzeit blickte sie zurück auf ihre Kindheit:

»Bilder und Säle und leere Zimmer,
Kein Wunder, daß ich meine Spiele allein spielte;
Das halbe weitläufige Haus gehörte mir allein
Und waldige Gärten mit geheimnisvoller Düsternis...
Daran erinnere ich mich, und an das geschnitzte Eichenholz.
Die langen glänzenden Korridore, die vielen Treppen,
Die heraldischen Fenster und die Samtsessel
Und Porträts, die ich so gut kannte, daß sie beinahe zu
Mir sprachen.«

In Knole und der Einsamkeit, in die sie sich am liebsten zurückzog, entdeckte sie die Freuden des Schreibens. Das Tagebuch, das sie im Jahr 1907 begann, fängt höchst verwirrend so an: »R zn gl ivhgliv gsv uligfmvh lu gsv uznrob.« Es ist ein rührender kleiner Geheimkode, der sich sehr einfach »knakken« läßt, denn er bestand lediglich darin, daß z für a stand, y für b und so weiter durch das Alphabet. Entschlüsselt lautet der Satz: »Es wird an mir sein, das Vermögen der Familie wiederherzustellen«, nachdem sie an diesem Tag ein Honorar von einem Pfund für ein Gedicht erhalten hatte, das im ›Onlooker‹ erschienen war, ihr erstes selbstverdientes Geld. Das Tagebuch fährt (entziffert) fort: »Mutter zankte mich heute morgen aus, weil sie sagt, ich schreibe zuviel, und Dada hat ihr gesagt, er billigt mein Schreiben nicht. Ich fürchte, mein Buch wird nicht veröffentlicht werden. Mutter weiß nicht, wie gern ich schreibe.« Das Buch war ›The King's Secret‹ (Das Geheimnis des Königs), ein umfangreicher Roman von fünfundsiebzigtausend Worten über Knole zur Zeit von Karl II. Es enthält eine unverkennbare autobiographische Schilderung ihres Knaben-Helden, der sich auf die gleiche

Weise beschäftigt wie sie selbst: »In einer kleinen Laube im Park von Knole saß ein Knabe, der sich in ein blaues Halstuch eingemummelt hatte und eifrig etwas in ein dickes Buch schrieb. Die Laube war nur mit einem Holzstuhl und einem Tisch ausgestattet, und ihre einzigen Bewohner waren der Knabe und ein großer Jagdhund, der zu seinen Füßen lag. Seine Feder eilte rasch über das Papier. Draußen lag hoher Schnee. Der Fußboden der Laube war aus Stein, und der Knabe stampfte ungeduldig mit dem Fuß auf, wenn er in Schwierigkeiten geriet ... Er war nie viel mit älteren Kindern zusammen gewesen, in deren Gesellschaft er sich nicht wohl fühlte, und hatte seine Gedanken zu seinen Spielgefährten gemacht. Er fürchtete die Schüsse der Lächerlichkeit, die man auf ihn abfeuern würde, wenn er seine Ansichten kundtat, und hielt folglich den Mund und vertraute seine Gedanken nur dem Papier an. Er schrieb von morgens bis abends.«

In etwas mehr als vier Jahren, zwischen 1906 und 1910, schrieb Vita acht ausgewachsene Romane (davon einen in französischer Sprache) und fünf Theaterstücke, und nahezu alle dieses Manuskripte sind in Sissinghurst erhalten. Die Handlungen waren fertig zur Hand, sie entnahm sie der Geschichte von Knole und der Sackvilles. ›Das Geheimnis des Königs‹ war nicht das erste. Sie begann ihre literarische Laufbahn im Alter von elf Jahren mit Balladen wie dieser:

»Die gute Königin Bess überlegte sich,
Welchen Edlen sie ausschicken sollte,
Damit er Maria der Königin der Schotten
Die Kunde von ihrem Ende überbringe,
Als Thomas Sackville sich erhob,
Ein beherzter, treuer Mann ...«,

setzte sie fort mit einer blutrünstigen Dramatisierung der Geschichte von Ali Baba (deren Schauplatz natürlich nach

Knole verlegt war), und schrieb sodann ›Edward Sackville, The Tale of a Cavalier‹ (die Geschichte eines königstreuen Edelmanns aus der Zeit des englischen Bürgerkriegs), einen Roman von fünfundsechzigtausend Wörtern, in einer so klaren, kindlichen Handschrift und mit kaum einer Verbesserung niedergeschrieben, daß er sich wie gedruckt liest. Ihre Geläufigkeit im Schreiben war erstaunlich. Sie brachte sich die Technik des Erzählens und der Dialogführung selbst bei, indem sie sorgfältig studierte und befolgte, was sie las, denn sie hatte keinen literarischen Mentor und ging noch nicht zur Schule. Man kann den starken Einfluß von Rostands ›Cyrano‹ hier und dort feststellen. Die Sackvilles, die im ganzen genommen eine bescheidene, zu anhaltenden Anfällen von Schwermut neigende Familie waren, wurden von Vita in Troubadours verwandelt, die die romantischsten Rollen in den dramatischsten Augenblicken der englischen Geschichte spielten und in jeder Situation die hochgemuteste Ritterlichkeit an den Tag legten. Hier zum Beispiel haben wir Lord Derby, wie er mit seinem Sohn spricht:

»Niemals hätte ich gedacht«, sagte der stolze Graf betrübt, »daß ich einen Sohn haben würde, der Schande über unser Haus bringen würde. Sagt mir Euren Namen.«
»Was meint Ihr, Mylord?«
»Wie ist Euer Name?«
»Buckhurst«, antwortete sein Sohn erstaunt.
»Ich meine Euren vollen Namen. Wie sind Eure Briefe beschriftet?«
»An Richard Sackville, Lord Buckhurst.«
»Und Ihr vermögt diesen Namen zu tragen, den Namen Sackville, und doch eine schändliche Tat zu begehen? Heraus damit, mein Sohn. Errötet Ihr nicht, weil Ihr es zugeben müßt? Nein, ich selbst erröte vor Scham über Euch! Sucht Euer Gemach auf. Ich will nichts mehr mit Euch zu schaffen haben.«

Buckhurst ging wortlos davon und warf sich auf sein Bett, aber der Schlaf floh ihn. Seines Vaters Worte dröhnten ihm im Kopf. Er hatte eine schändliche Tat begangen; er, der ein Sackville war. Die schändliche Tat bestand darin, daß man ihn erwischt hatte, wie er mit seiner Kusine flirtete.

Als Vita nach Frankreich und Italien reiste, handelten die Romane und Theaterstücke von Richelieu, Robespierre und den Medici, aber in jedem Land und in jeder Epoche sprachen die Personen dieselbe 19.-Jahrhundert-Abwandlung eines englischen Dialogs aus dem siebzehnten Jahrhundert. Der einzige Roman, der unvollendet blieb, war ›The Life of Alcibiades‹ (Das Leben des Alkibiades), den sie aufgab, als sogar ihr bewußt wurde, daß das perikleische Athen doch wohl etwas anders gewesen sein mußte als Knole zur Zeit Cromwells. Der Roman verrät nirgends, daß sie Platons *Gastmahl* gelesen hatte; Alkibiades in seiner jugendlichen Mannbarkeit hatte eine Gattin am Hals. Mit siebzehn, nachdem sie ihren düsteren ›Chatterton‹ in Sevenoaks privat hatte drucken lassen, versuchte sie sich mit etwas Anspruchsvollerem. Es war ein Roman von 120 000 Wörtern, betitelt ›Behind the Mask‹ (Hinter der Maske), der in der Gegenwart spielte. Ihr Stil war noch nicht gereift. Das Buch beginnt: »Die Baronin D'Arquailles besaß ein prachtvolles Schloß mitten in den Bergen der Auvergne. Weit abgelegen von jedem anderen Haus, weit entfernt sogar von einer großen Stadt, konnte sie auf seinen Wällen entlangschreiten wie die schöne Dame eines tapferen Ritters in alter Zeit«; aber die Geschichte selbst zeigt erzählerische Fortschritte, ihre Schwingen wurden kräftiger. Es ist eine Liebesgeschichte von geradezu unglaublicher Strenge und Enthaltsamkeit, deren entscheidender Satz ihre damalige Einstellung zu den Männer widerspiegelt: »Sie hatte ihn gern wegen seiner achtungsvoll ergebenen Haltung ihr gegenüber, in die sich die kühle Autorität künftigen Besitzes mischte.« Sodann dies: »Es ist besser für uns, getrennt zu leben und uns unser ganzes Leben lang zu lieben, als zu heiraten und nach einigen Monaten uns zu zanken.

Die Liebe ist zu duldsam. Liebe läßt keine Unvollkommenheit zu.« Die Moral der Geschichte ist deutlich: Man darf niemals den Menschen heiraten, den man liebt, aus Angst, die Liebe zu verderben; man soll jemand heiraten, den man nicht liebt, denn dann gibt es nichts zu verderben. Und dann wieder: »Es gab zwischen ihnen keine vulgäre Leidenschaft. Ihre Liebe war zu rein dafür.« Sie sagt zu ihm: »Ich liebe dich restlos, vollständig und gänzlich, so sehr, daß ich ohne den geringsten Schmerz mich von dir lossagen kann.« Und er sagt zu ihr: »Und ich liebe dich so sehr, daß ich gehorche und gehe.« Es ist ein wildromantisches und törichtes Buch.

Im Jahr 1907 begannen in Knole vier Menschen, die eng zusammengehörten und durch gemeinsame Vorahnung miteinander verbunden, aber im Charakter völlig verschieden waren, langsam auseinanderzurücken und eigene Wege zu gehen. Victorias Tagebuch läßt uns diesen Blick auf ihr äußerlich friedliches und innerlich unruhiges Leben tun:

> »Ich hätte es lieber, wenn Vita offener wäre. Sie scheint gleichgültig und interesselos: Der Grund dafür ist ihr Leben als einziges Kind. Sie ist so in ihre Schreiberei eingehüllt, daß sie dazu neigt, Dinge zu vergessen. Sie ist im ganzen ein sehr gutes Kind, aber mit einer Neigung zu allzu großer Selbstsicherheit, und ein wenig hart. Sie hat sich enorm verändert, seit ihre ›Dinger‹ aufgeblüht sind. Wenn sie nur warmherziger werden würde. Es ist recht hart gewesen, mein ganzes Leben mit Papa und Lionel zu leben, die an der Oberfläche beide so kalt sind, und jetzt entdecke ich dieselbe Wesensart in meinem Kind. Ich habe meinen alten Seery gern, weil er so *sympathique* ist, und das brauche ich so sehr bei meiner spanischen Natur. Ich hasse das Flirten und oberflächliche Herumtändeln mit Männern, und Lionel weiß das ganz genau. Ich habe die Hoffnung aufgegeben, ihn dazu zu bringen, daß er

mehr aus sich herausgeht; er ist ein lieber, sanfter, stiller Mensch, aber er ergreift nie die Initiative oder übernimmt die Führung und ist schrecklich zurückhaltend. Papa ist in dieser Hinsicht ebenfalls hoffnungslos.«

Im nächsten Jahr, im September 1908, starb der alte Lord Sackville, und der Abszeß, der sich seit Jahren gebildet hatte, brach plötzlich auf. Henry legte sein sorgfältig zusammengetragenes Beweismaterial vor, daß er seines Vaters ehelicher Sohn und folglich rechtmäßiger Erbe von Knole sei. Der Prozeß wurde im Februar 1910 vor dem High Court in London verhandelt. Den Zeitungslesern ließ die Geschichte nichts zu wünschen übrig. Eine Familie, die zur höchsten britischen Gesellschaft gehörte, stritt sich vor aller Öffentlichkeit um ihr Erbe – die Erbschaft eines der ältesten historischen Adelssitze und Adelstitel in England und einer großen Summe Geldes –, und das alles, weil ein junger Diplomat sich vor sechzig Jahren in eine spanische Tänzerin verliebt und sie zu seiner Mätresse gemacht hatte. Das Beste vom Ganzen war, daß die neue Lady Sackville genötigt war, das Beweismaterial ihres Bruders anzufechten und offen und nachdrücklich einzugestehen, daß sie und alle anderen Kinder ihres Vaters Bastarde waren. Wenn Henry seine eheliche Geburt beweisen konnte, würde man ihr und ihrem Gatten Knole wegnehmen, und sie wären völlig mittellos.

Der schwache Punkt in Henrys Klage war, daß er nicht schlüssig beweisen konnte, daß Lionel und Pepita je geheiratet hatten, und selbst wenn sie es getan hätten, wäre ihre Ehe ungültig gewesen, weil Pepita bereits mit Oliva verheiratet war. Die Ehe war getrennt, aber nicht geschieden worden (das wäre in Spanien im neunzehnten Jahrhundert auch gar nicht möglich gewesen), und Oliva hatte Pepita um achtzehn Jahre überlebt. Der starke Punkt war, daß Lionel bei mehreren Gelegenheiten erklärt hatte, Pepita sei nach Recht und Gesetz seine Ehegattin und fünf ihrer sieben Kinder, unter ihnen auch Henry selbst, seien ehelich geboren. Bezüglich

Victorias war eine solche Behauptung nie aufgestellt worden – »fille de père inconnu« – und ebensowenig bezüglich des ältesten Sohnes Maximilien, der als »Sohn von Oliva und Pepita« ins Leben getreten war, eine Aussage, deren Unwahrheit von beiden Seiten zugegeben wurde. Alle anderen waren bei ihrer Geburt und auf ihren Taufscheinen als Kinder von »Lionel Sackville-West und seiner Ehefrau Josefa (Pepita) Durán« bezeichnet worden. Im Jahr 1869 hatte Lionel der Alte vor dem Bürgermeister von Arcachon eine gleichlautende Erklärung unterzeichnet, und auf ihrem Totenschein war Pepita abermals als seine Ehefrau bezeichnet. Als die Mädchen heirateten, wurden sie alle als die Töchter Lionels ohne nähere Angabe oder Einschränkung bezeichnet. Glücklicherweise war all dies Beweismaterial bereits vor dem Tod des alten Lionel bekannt gewesen, und im Jahr 1897 hatte er seinen Namen unter ein langes Dementi gesetzt, das mit den Worten »Ich bin Junggeselle« begann und bekräftigte, er habe diese falschen Erklärungen »einzig und allein« abgegeben, um »Pepitas guten Ruf zu wahren und auf ihr ernstliches Ersuchen hin«. Nach ihrem Tod sah er keinen Grund, die Lüge fortleben zu lassen, denn jetzt ging es um ein sehr beträchtliches Vermögen, einen erblichen Adelstitel mit Sitz im Oberhaus und die Gesetze seines eigenen Landes – und schließlich bekleidete er einen sehr hohen Posten im britischen diplomatischen Dienst. Bevor er nach Washington ging, schrieb er an Henry und teilte ihm ganz unmißverständlich mit: »Ich habe deine Mutter nie geheiratet, und folglich bist du ebenso wie deine Brüder und Schwestern mein uneheliches Kind.«

Angesichts dieser Zurückweisung des Beweismaterials durch den Mann, der es schließlich am besten wissen mußte und der keinen anderen Beweggrund gehabt haben konnte, um seinem Sohn das Erbe zugunsten eines Neffen zu entziehen, nahm Henry seine Zuflucht zu Fälschungen. Er unterbreitete dem Gericht eine angebliche Kopie von Amalias Geburtsurkunde, auf der in anderer, späterer Handschrift die

Worte »Eltern haben in Frankfurt am Main geheiratet« hinzugefügt waren, aber diese Worte waren auf dem Original nicht enthalten, und in Frankfurt war keinerlei urkundliche Bestätigung einer solchen Eheschließung aufzufinden. Zweitens hatte er oder sein Beauftragter (der Handschriften-Experte erklärte, es sei Henry gewesen) die Eintragung im Kirchenbuch in Madrid dahingehend verfälscht, daß es aussah, als habe eine Trauung zwischen Pepita und Oliva überhaupt nie stattgefunden. Henry hatte das Pech, daß zahlreiche Zeugen der Trauung noch am Leben waren und daß sie außerdem, getrennt davon, in vier anderen Kirchenbüchern, die er übersehen hatte, offiziell beurkundet war. Seine ganze Sache brach zusammen. Am dritten Verhandlungstag entließ er seinen Anwalt, Sir Edward Clarke, weil er »seine Aussage falsch gehandhabt« habe, und trat recht kläglich persönlich auf, um seine Sache selbst zu führen. »Wenn Euer Lordschaft mir Zeit geben wollen«, so begann er, indem er sich an den Richter wandte, »so werde ich den Prozeß selbst weiterführen. Ich weiß, daß ich ihn verlieren werde, aber ich will es, so gut ich kann, versuchen.« Am fünften Tag hatte Henry genug: »Mehr kann ich nicht tun, Euer Lordschaft. Ich bin erledigt. Ich kann mich nicht weiter verteidigen. Ich ziehe meine Petition zurück.« Das Urteil fiel gegen ihn aus, und er mußte seine Kosten tragen. Bis heute weiß man nicht, wie Henry, ein erfolgloser Landwirt, überhaupt das Geld aufbrachte, um den Prozeß zu führen; wahrscheinlich wurde er von Spekulanten finanziert, die sich von seinem Sieg einen Profit versprachen. Die Prozeßkosten der Sackvilles wurden nie bezahlt.

Die jetzt nicht mehr angezweifelte Lady Sackville, ihr Gatte und ihre Tochter, wurden bei ihrer Rückkehr nach Knole mit einem Willkommen begrüßt, das mehr für jemand geeignet gewesen wäre, der gerade seine eheliche Geburt bewiesen hatte, als das Gegenteil. Im benachbarten Städtchen Sevenoaks wurde der Tag zum öffentlichen Feiertag erklärt. Bei der Einfahrt zur Stadt spannte man ihnen die Pferde aus, und die Feuerwehr zog die Kutsche durch die Straßen und den Park, unter Triumphbögen und zwischen jubelnden Menschenmengen hindurch bis vor die Haustür von Knole. Musikkapellen marschierten dem höchst verlegenen Triumphzug voraus, und in regelmäßigen Abständen mußte die Kutsche halten, um kolorierte Ergebenheitsadressen und Blumensträuße entgegenzunehmen. Vita sagt, das Ganze habe ihr eher Spaß gemacht, aber die Photographien der festlichen Gelegenheit sind ein besserer Beweis: Sie blickte bedrückt und beschämt drein.

Das war »Der Prozeß«. Ihm folgte drei Jahre später »Der andere Prozeß«, der noch dramatischer war, und beide zusammen machten die Sackvilles zeitweilig zur bekanntesten Familie im ganzen Land und Vita zu ihrer Bestürzung zum Liebling der Menge. Der Kosename »Kidlet« (Kitzlein), den Seery ihr gegeben hatte, genügte mehrere Jahre lang, um sie in jeder Zeitungsüberschrift zu identifizieren, und die Reklame und der Klatsch, die in der Folge alles, was sie tat, und auch die Veröffentlichung ihrer ersten Bücher begleiteten, gingen weit über das hinaus, was sie wollte oder verdiente. Ich werde den Scott-Prozeß im folgenden außerhalb der chronologischen Reihenfolge vorwegnehmend schildern, um aus dem Bericht über Vitas persönliches Leben einen massiven Erdrutsch wegzuräumen, der dieses Leben hätte zertrümmern können.

Seery starb am 17. Januar 1912; er brach in einem Sessel in Hertford House plötzlich zusammen. In seinem Testament hinterließ er Lady Sackville 150000 Pfund (etwa drei Millionen Mark nach damaligem Wert) in barem Geld, »in Dankbarkeit für all ihre Liebe und Güte zu mir«, und den Inhalt des Hauses in der rue Lafitte, dessen Wert auf 350000 Pfund (rund sieben Millionen Mark) geschätzt wurde. Vita hinterließ er ein Diamanten-Halsband und die »Erwartung«, daß ihre Mutter bei ihrem Tod den größten Teil seines Vermögens an sie weitergeben werde. Diese Legate sollten steuerfrei sein; die Steuer sollte aus dem Teil seines Nachlasses bezahlt werden, den er mitsamt seinem Londoner Haus und seinem Inhalt, da er Junggeselle war, zwischen seinen Brüdern und Schwestern aufteilte. Seerys Familie focht das Testament an mit der Begründung, Lady Sackville habe ungebührlichen Einfluß geltend gemacht, um ihren Bruder ihnen zu entfremden und sich einen unverhältnismäßig großen Teil seines Besitzes zu sichern. Die Verteidigung machte geltend, Sir John habe jedes Recht gehabt, sein Vermögen zu hinterlassen, wem er wolle, und da er bis zu seinem Todestag im Vollbesitz seiner gesunden und in der Tat sehr behenden Geisteskräfte gewesen sei, sei er durchaus imstande gewesen, einem solchen Einfluß zu widerstehen und sein Testament zu jedem beliebigen Zeitpunkt zu ändern. Seine Zuneigung zu Lady Sackville sei ganz einfach die eines Kenners für eine bezaubernde Gefährtin gewesen, die seinen Geschmack und seine Neigungen teilte, und er habe sie und Knole von finanziellen Sorgen nach seinem Tod entlasten wollen.

Der Prozeß begann am 24. Juni 1913 und dauerte neun Tage. Er zog eine noch größere und glänzendere Menschenmenge an als der Pepita-Prozeß, denn die Sackvilles und die Scotts wurden von den beiden großen Staranwälten jener Zeit, Sir Edward Carson und F. E. Smith (dem späteren Lord Birkenhead), vertreten, und die Sache selbst war noch pikanter, denn sie stammte aus jüngster Zeit, und es ging um noch größere Summen und einen noch größeren Skandal. Die Damen auf der Zuhörer-Tribüne waren gekleidet, als führen sie nach Ascot zum Rennen, und brachten Kissen mit, um es sich auf der ungewohnten Härte der Bänke bequemer zu machen, und Picknick-Körbe, um nicht während der Mittagspause ihre Sitze aufgeben zu müssen, die sich enttäuschte Zuspät-Gekommene inzwischen hätten aneignen können.

F. E. Smiths Eröffnungs-Plädoyer dauerte neun Stunden. Er zeichnete das Bild einer raffgierigen Frau, der jedes Mittel recht war, um Sir Johns Geld in die Hand zu bekommen. Er zählte eine Episode nach der anderen während ihrer vierzehnjährigen Freundschaft auf, um zu zeigen, wie sie allmählich die Scotts aus dem Weg gedrängt hatte. Sie begann damit, daß sie sie unter dem Anschein der Hilfsbereitschaft demütigte. Sie stellte die Möbel in ihren Häusern um; sie lud ihre eigenen Freund zu Seerys abendlichen Tischgesellschaften ein, »um sie lebhafter zu machen«; sie legte sodann Seery nahe, er solle nur eine Schwester zur Zeit einladen, und später, es brauchten überhaupt keine Schwestern zu diesen Diners zu kommen, »denn die Leute kommen nicht, um Ihre Schwestern kennenzulernen«; sie machte die Gäste miteinander bekannt, »denn die Schwestern wissen nicht, wer wer ist«; sie nahm die Stelle der Gastgeberin und Dame des Hauses in der rue Lafitte ein, als König Eduard zum Mittagessen kam, und die Schwestern wurden angewiesen, in einem Hotel zu essen; sie wählte die Musik für ihre Soirées aus; sie lieh sich die Kutschen der Scotts aus, ohne zu fragen, und borgte sich Seerys Koch für ihre Gesellschaften in Knole; sie hielt die Brüder von seinem schottischen Landsitz Sluie fern. Aber es ging noch viel weiter. Sie schmeichelte Seery, »hypnotisierte« ihn, schwatzte ihm Geld ab und diktierte ihm mehr oder weniger sein Testament, bearbeitete seine männliche Schwäche mit ihrer weiblichen Stärke nicht etwa, weil sie ihn gern hatte (o nein, sie fand ihn sogar ziemlich langweilig), sondern weil sie habgierig war und er »ein sehr argloser und leicht zu beeinflussender Mann«.

Als die Scotts, einer nach dem anderen, in den Zeugenstand traten, um diese Anschuldigungen zu bestätigen, war der Kontrast zwischen ihnen und der schönen Frau, die in der Mitte des Gerichtssaals saß, so offenkundig, daß Lady Sackville ihre Sache beinahe schon gewonnen hatte, noch ehe sie oder ihr Anwalt ein Wort gesprochen hatten. Sie war wie eine Yacht inmitten eines Gewimmels von Fischerbooten. Es war völlig offensichtlich, daß der einzige Grund, warum Seery ihre Gesellschaft den anderen vorgezogen hatte, darin bestand, daß die anderen dumm und langweilig waren und sie entzückend. Es stimmte durchaus, daß sie sie in den

Schatten gedrängt hatte, aber sie waren ohnedies bereits schattenhafte Leute, und ihre Eifersucht machte sie womöglich noch weniger anziehend für ihn. Sie hatte sein gesellschaftliches Leben so umgestaltet, wie er es sich wünschte, und es war nicht ihre Schuld, wenn dabei die Unzulänglichkeiten seiner Schwestern zutage traten. Sie ließ einen Lichtstrahl der Originalität in sein eintöniges Leben ein, und er bewies ihr seine Dankbarkeit so, wie es ihm am besten schien. Außerdem war es ja nicht das Geld der Familie Scott und auch keine Familien-Erbstücke, die er einer Außenstehenden vermachte: Es war das Geld des Kunstsammlers Wallace und die Wallace-Sammlung (oder vielmehr jener Teil von ihr, der sich noch nicht in Hertford House befand). Hatte Seery sich diese Erbschaft durch »ungebührlichen Einfluß« auf Sir Richard und Lady Wallace verschafft? Die Schwestern hatten ganz gewiß während der vielen Jahre, in denen sie aus dieser Erbschaft Nutzen gezogen hatten, nichts dergleichen geäußert. Und doch war ihm diese Erbschaft aus genau den gleichen Gründen zugefallen, die ihn veranlaßten, einen Teil davon Lady Sackville zu hinterlassen – weil sie ihn gern gehabt hatte und weil er sie gern hatte. Er überging seine Brüder und Schwestern in seinem Testament durchaus nicht, sondern bedachte sie freigebig, so wie er ihnen zu seinen Lebzeiten gestattet hatte, sein Haus und seine herrliche Einrichtung mit zu benutzen, die er ihnen jetzt vermacht hatte. Hätte er geheiratet und Kinder gehabt, so hätten sie von Glück sagen können, wenn sie überhaupt etwas geerbt hätten.

Dies waren die Argumente, die Carson Tag um Tag vorbrachte, und seine Star-Zeugen waren Lady Sackville und Vita. Das Kreuzverhör, das F. J. Smith mit Lady Sackville anstellte, ist zu einem klassischen Beispiel der englischen Rechtsgeschichte geworden. Es dauerte zwei volle Tage. Es waren weniger ihre scharfen schlagfertigen Antworten – »Wie können Sie es wagen, so etwas zu mir zu sagen?« – »Es scheint Ihnen nicht klar zu sein, Mr. Smith, daß Knole größer ist als Hampton Court« –, die auf die Geschworenen Eindruck machten, als vielmehr ihre verständigen Antworten auf seine brutalen Fragen über ihr Privatleben, ihre intimsten Briefe und sogar über die Freundschaft ihres Gatten mit Lady Constance. Es war eine Leistung, die ihrem Triumph während ihrer ersten Monate in Washington gleichkam, und sie beruhte auf ihrer inneren Gelassenheit, ihren starken Nerven und einem genauen Gedächtnis für Daten und Zahlen und (wie Vita anmerkt) für das, »was sie am Tag vorher oder auch nur eine Stunde vorher gesagt hatte«. Sie rutschte nicht ein einziges Mal aus.

Vita war der Meinung, die Aussage ihrer Mutter sei »zwar wahrheitsgetreu dem Buchstaben nach gewesen, aber bestimmt irreführend dem Geiste nach«. Ich glaube, das drückt die Sache zu scharf aus. In ihren unablässigen Zänkereien mit Seery hatte Lady Sackville nie als erste Frieden geschlossen, sondern einmal übers andere gedroht, sie werde ihn verlassen, und zu keiner Zeit häufiger und heftiger als in seinen letzten Lebensjahren, als ihr Interesse an der Erhaltung ihrer freundschaftlichen Beziehungen am größten war. Er schwang das Testament wie ein drohendes Damoklesschwert über ihrem Haupt, aber sie kapitulierte nicht ein einziges Mal. Einige Monate vor Seerys Tod schrieb sie ihm: »Es wäre viel besser, wenn Sie es unterlassen würden, mir Rügen zu erteilen und fortgesetzt von mir zu verlangen, dieses oder jenes wiedergutzumachen. Ich kann und will mich dem nicht unterwerfen.« Sechs Wochen später, als er seine Drohung wiederholte, er werde seinen ganzen Besitz der Wallace-Sammlung vermachen, gab sie zurück: »Also gut, entschließen Sie sich, und dann werden wir nicht mehr darüber reden. Ich werde die Lücke durch Spealls (ihren Laden) ausfüllen.« Das war nicht die Sprache eines Ohrenbläsers oder Intriganten. Ganz gewiß wollte sie sein Geld, aber zu ihren eigenen Bedingungen. »Sie altes Dummerchen«, pflegte sie ihn zu nennen. Und er antwortete: »Sie kleiner Racker.« Aber sie meinten es beide nicht. Das Äußerste, was man gegen sie vorbringen konnte, stand damals kurz und knapp ausgedrückt in der ›Pall Mall Gazette‹: »Sir John war bereit zu geben, und Lady Sackville hatte keine Bedenken zu nehmen.«

Vitas Rolle in dem Prozeß betraf in der Hauptsache die Aussage des phantastischsten Zeugen, den die Scotts beigebracht hatten, eines Major Arbuthnot, der zu Protokoll gab, er habe an einem bestimmten Abend Seery in seinem Londoner Haus besucht und aus Versehen die Tür zur Bibliothek geöffnet:

»Es befanden sich zwei Damen in dem Zimmer, die die Schubladen von Sir Johns Schreibtisch durchsahen und offensichtlich nach irgendwelchen Dokumenten suchten. Ich trat zurück, und eine der Damen sagte ›Jetzt!‹, und Lady Sackville kam heraus, gefolgt von Miss Sackville-West, und sie gingen auf Zehenspitzen den Korridor hinunter, mit gesenkten Köpfen, als solle man sie nicht sehen. Miss Sackville-West hob so [er machte ein Zeichen] die Hand hoch, als sie hinausging. Nach dem Abendessen erzählte ich Sir John, was ich gesehen hatte. Er machte ein benommenes Gesicht, rang die Hände und sagte: ›Ah mon Dieu, c'est incroyable.‹«

Die eindeutige Folgerung daraus war, daß sie nach einem Kodizil oder Testamentsnachtrag suchten, der das Testament radikal abänderte. Als Vita über diese Episode befragt wurde, konnte sie aufgrund ihres eigenen Tagebuches und des Tagebuchs ihrer Mutter nachweisen, daß sie an diesem ganzen Tag krank und Lady Sackville bei ihr gewesen war. Auch war die Episode in Seerys peinlich genau geführtem Tagebuch nirgends erwähnt, und es meldete sich keiner der Dienstboten, um die Aussage des Majors zu stützen. Es war mehr Vitas Erscheinung und Auftreten im Zeugenstand – »ein hochgewachsenes, dunkles junges Mädchen, sehr jung und sehr nervös, in einem mit Kirschen garnierten, zurückhaltenden grauen Hut und einem tiefen weißen *fichu*« – als ihre Aussage, was die Geschworenen davon überzeugte, daß sie unmöglich an einer so lächerlichen Kriegslist beteiligt gewesen sein könne und daß ihre Mutter, selbst wenn sie sich selber ihrer schuldig gemacht hätte, vermutlich soviel Verstand gehabt hätte, ein so unschuldiges Kind nicht mitzunehmen. Am Schluß von Vitas Zeugenaussage fragte der Richter (Sir Samuel Evans) sie in gütigem Ton: »Wer hat Ihnen den namen ›Kidlet‹ gegeben?« Sie antwortete: »Das weiß ich nicht mehr. Ich glaube, es war Sir John.«

Sir Samuels Zusammenfassung war nachdrücklich zugunsten der Sackvilles. »Wenn es der Einfluß der Freundschaft war«, erklärte er den Geschworenen, »ein Einfluß, der sich aus einer Gemeinsamkeit des Geschmacks und der Neigungen, aus einer Affinität ihrer Wesensart ergab ... dann war er völlig legitim, und Sie sollten das in Ihrem Urteilsspruch sagen.« Das taten sie. Sie berieten nur zwölf Minuten lang und entschieden dann für die Sackvilles.

Lady Sackville war jetzt eine reiche Frau. Sie verkaufte die Einrichtung der rue Lafitte für 270 000 Pfund, und dies war vielleicht das einzig Beschämende an der ganzen Sache, denn Seery hatte (wie sie sehr wohl wußte) gehofft, sie werde seine »schönen Dinge« verwenden, um die Sammlung in Knole zu bereichern, und nicht sie verkaufen, um sich Taschengeld zu verschaffen.

Unter den Zeugen, die im Scott-Prozeß für die Sackvilles aussagten, war Rosamund Grosvenor; und unter jenen, die hörten, wie Vita ihre Aussage machte, befanden sich Violet Keppel und Harold Nicolson. Rosamund Grosvenor war die Tochter von Algernon Grosvenor, einem Verwandten des Herzogs von Westminster, und ihre Familie lebte bis zum Jahr 1908 in Sevenoaks in Kent, unweit von Knole. Sie kam täglich nach Knole zu gemeinsamen Unterrichtsstunden mit Vita, obwohl sie vier Jahre älter war als sie, verbrachte häufig das Wochenende in Knole, kam zweimal nach Sluie und einmal in die rue Lafitte. Vitas frühe Bemerkungen über sie in ihrem Tagebuch sind sehr lauwarm: »Sie ist soweit ganz liebenswert, aber sehr gewöhnlich.« – »Sie hat keine Persönlichkeit – das ist das Ganze.« Rosamunds Briefe hätten nicht ungeeigneter sein können für Vitas Stimmung in ihren »wildesten Jahren«, wie sie sie in ihrer Autobiographie nennt. Sie begannen mit »Mein süßer Liebling« und endeten mit »Deine kleine Rose«. Sogar während ihrer kurzen, aber intensiven Liebesaffäre schlugen ihre Briefe unweigerlich den falschen Ton der Unterwürfigkeit, der klebrigen Sentimentalität, Besitzgier und gespielten Zornes an. »Du fehlst mir so, Liebling, und ich möchte Dein weiches kühles Antlitz fühlen, wie es aus dieser Masse von wolligem Kätzchenhaar hervorkommt.« – »Mein armer kleiner Kopf beginnt zu schmerzen. Ich war unglücklich, aber ich verzeihe Dir.« – »Welch unsagbares Glück ich habe, Dich zu besitzen. Ich werde an Dich, Dich, Dich und nichts anderes denken, morgen, den folgenden Tag, Sonntag und Montag und jeden Tag und jede Stunde und jeden Augenblick!« Violet war zwei Jahre jünger als Vita. Aber wenn man nach Rosamunds Briefen einen ihrer Kindheitsbriefe in die Hand nimmt, so ist es, wie wenn nach allerlei Wunderkerzen richtige Feuerwerksraketen losgehen. So dieser zum Beispiel, den sie als Fünfzehnjährige schrieb, ausnahmsweise einmal in englischer Sprache, vielleicht weil sie zu dem romantischen Thema paßte; er schildert Vitas Aufenthalt in Schottland nach dem Tod ihres Großvaters im Vorjahr:

»Ich bin gestern hier (Duntreath Castle) angekommen. Ich bin auch zum Schluß gelangt, daß ich diesen Ort beinahe lieber habe als irgend einen anderen. Erinnerst Du Dich noch einigermaßen gut daran? Erinnerst Du Dich an die Pfauen, die in der Morgendämmerung um das Haus herumstolzierten und ihre durchdringenden, aber unmusikalischen Schreie ausstießen, an die großartigen flammenden Sonnenuntergänge, die die Berge in Brand setzten, so daß sie wie Cabochon-Rubine aussahen? Erinnerst Du Dich an das gesetzte und sture Mädchen – eine entfernte Verwandte von mir –, deren Geburtstag wir in einem Schloß namens Lennox Castle feierten? Erinnerst Du Dich an den erzwungenen Gewaltmarsch *à travers pluie et tempête*, den ich für meine Pflicht hielt Dir aufzunötigen?

Und die Geheimtreppe und Sonias Drohung, sie werde uns begleiten, obwohl sie kaum Kleider auf dem Leib hatte? Und Willies wilde, blinde Verliebtheit, die er damals für wirklich unheilbar hielt? Und das Gespensterzimmer und den stummen Lord hinter dem Wandschirm im Eßzimmer? Und die ›Viper von Mailand‹ und die Sintflut des Deukalion, die uns alle überschwemmte, wenn immer wir den Fuß vor die Tür setzten? Erinnerst Du Dich nicht an das unablässige sinnlose Tick-Tack der Taubenfüße auf dem Dach, an die Dohlen, die vom Türmchen zum Fenster flogen, und an die Rufe der Nachteulen?«

Der nächste Brief (aus ihrem vorzüglichen Französisch übersetzt) ist vom Oktober 1910, als Violet sechzehn Jahre alt war:

»Ich liebe Dich, Vita, weil ich so hart um Dich kämpfen mußte. Ich liebe Dich, weil Du mir nie den Ring zurückgegeben hast, den ich Dir lieh. Ich liebe Dich, weil Du nie kapitulieren wirst. Ich liebe Dich um Deines scharfen Verstandes willen, Deines literarischen Ehrgeizes, Deiner unschuldigen Koketterie. Ich liebe Dich, weil Du nie meine Liebe anzuzweifeln scheinst. Ich liebe an Dir das, was auch in mir ist, nämlich Phantasie, Begabung für Sprachen, Geschmack, Intuition und eine Menge anderer Dinge. Ich liebe Dich, Vita, weil ich Deine Seele erblickt habe.«

Und hier Violet mit siebzehn:

»Ah Vita, je suis toute triste quand je songe combien nous ressemblons à deux joueurs, avides de gain, dont l'un ne voudrait hasarder une carte qu'à condition que l'autre avancat la sienne au même moment! Tu ne veux pas me dire ›Je t'aime‹ parce que tu crains à tort, la plupart du temps, que, d'un élan simultané, je ne te le dise aussi!«

(»Ach Vita, ich bin so traurig, wenn ich daran denke, wie sehr wir zwei Glücksspielern gleichen, die beide unbedingt gewinnen wollen, von denen der eine nicht wagt, eine Karte auszuspielen, wenn nicht der andere im selben Augenblick die seine ausspielt! Du willst mir nicht sagen ›Ich liebe Dich‹, weil Du, die meiste Zeit zu Unrecht, fürchtest, daß ich nicht im selben Augenblick das gleiche sagen werde!«)

Schließlich das folgende, in der Übersetzung, einen Monat später, worin so viel, was kommen sollte, vorweggenommen ist:

»Ich möchte Dich aus Italien wegreißen, Dich auf beide Wangen ohrfeigen und Dich weit weg auf eine Vergnügungsreise entführen, weit weg von allem, was wie ein Betäubungsmittel auf eine Wesensart wirken könnte, die, nach Deinen letzten beiden Briefen zu schließen, halb zu schlafen scheint. Mein Gott, mein Gott, wie kann ich diese olympische Ruhe erschüttern, die meine purpurnen und scharlachroten Erinnerungen an Dich auslöscht! Zuerst müssen wir nach Spanien gehen, Du als meine Schülerin, ich als Dein Cicerone. Ich werde Dir Manzanares zeigen mit seinen gewundenen Gassen; Irún, überschattet von den Pyrenäen, mit seinen lieblichen grausamen Mädchen; Pamplona, umstanden von ausgewaschenen Bergen; das traurige und archaische Burgos. Folge mir überall hin! Ich werde Dir Augen von dunklem Samt zeigen, den Fandango, sich wellende Leiber, die klopfenden zuckenden Kastagnetten, die Elstern, die zwischen den Oliven einherstolzieren, die traurigen Ebenen, eine flatternde Mantilla. Folge mir, folge mir! Ich werde Dich zwingen, eine Hand zu sehen, die zum Schlag ausholt, Blut, das insgeheim vergossen wird, die berechnete, genau überlegte Vendetta, die erbarmungslos ist und noch nie das Wort Verzeihung ausgesprochen hat. Ich werde Dir Verrat zeigen, Infamie, Frauen ohne Skrupel, ohne Scham. Ich werde Dir Wahnsinn zeigen, Vita (Wahnsinn, hörst Du?), der den Fingern einer Frau entspringt, die letzten Sonntag in der Stierkampf-Arena gesehen hat, wie ihrem Mann die Gedärme herausgerissen wurden!«

Vita lernte Violet Keppel im Jahr 1904 kennen, als sie zwölf und Violet zehn Jahre alt war. Sie war die ältere Tochter von George und Alice Keppel und hatte eine sechs Jahre jüngere Schwester namens Sonia. Gleich Vita hatte sie keine Freunde, bis sie einander bei einer Teegesellschaft in London begegneten. Sie besuchten dieselbe Mädchen-Privatschule von Miss Helen Wolff in der South Audley Street, wo Vita alle Preise errang, und trafen sich wieder in Paris, wo sie in der rue Lafitte vor einer Zuhörerschaft von schläfrigen Dienstboten Vitas endloses Stück ›La Masque de Fer‹ aufführten. Im Jahr 1908 waren Violet und Rosamund Vitas Begleiterinnen bei ihrer ersten Reise nach Florenz. »Es wurde ganz deutlich«, schrieb Violet in ›Don't Look Round‹, »daß Vita auf Italien genau so reagierte, wie ich auf Frankreich reagiert hatte. Sie war überwältigt, unterjocht, sprachlos vor Liebe. Sie wanderte endlos von einer Kirche zur anderen, von einem Gemälde zum nächsten.« Sie wohnten in der Villa Pestellini, einem ockerfarbenen Haus mit Loggien und Terrassen und einem Sommerhäuschen im Garten, und gingen täglich in die Stadt hinab, wo sie die Sehenswürdigkeiten mit einer Verzückung betrachteten, wie sie wohl nur wenige Touristen erfahren haben. Nach ihrer Rückkehr schüttete Vita ihre Liebe zu Italien holterdiepolter in den Roman, den sie gerade schrieb:

»Es ist ein beinahe körperliches Gefühl, so stark ist es, ein Gefühl der Begierde, das durch seine Mystik vor aller Vulgarität bewahrt bleibt, die berauschende Überfülle von Schönheit in der Form stiller und üppiger Ruhe; es ist die glänzende, geheimnisvolle, strahlende Seele der Renaissance, noch im Schweben, unendlich traurig unter ihren Pfauenfarben, in ihren unausgeloteten Tiefen.«

Sie war plötzlich erwachsen geworden.

Auf ihrer zweiten Italienreise im nächsten Jahr lernte sie den Marchese Orazio Pucci kennen, den Sohn einer der ältesten Florentiner Familien, der sich sofort und untröstlich in sie verliebte. Vita war siebzehn Jahre alt und ein wenig verblüfft, aber auch entzückt, als sich herausstellte, daß der Name Pucci ihr sämtliche Türen öffnete, die ihr bisher verschlossen gewesen waren, und den Anfang machte der Palazzo Pucci selbst. Als sie von Florenz nach Rom weiterreiste, folgte ihr Pucci unaufgefordert am nächsten Tag; auf dem Kanaldampfer, als Vita und ihre Mutter heimreisten, war er wieder da. Lady Sackville mochte ihn gern (»Er ist solch eine selbstsicherer und wirklicher Gentleman«, notierte sie in ihrem Tagebuch. »Er tut mir so leid, denn ich bin sicher, daß er Vita liebt und weiß, daß es aussichtslos ist«), und sie lud ihn nach Knole ein. Dort wird er zum »Armen kleine Pucci ... er machte Massen von Fotos von Vita in ihrem Sommerhäuschen und an ihrem Schreibtisch. Ich ließ ihn durch viele kleine Andeutungen erkennen, daß er sie niemals heiraten könne. Sie wünscht nicht im allergeringsten, ihn zu heiraten; sie weiß, daß er für sie zu gebieterisch wäre und das Leben mit ihm zu ruhig.« Zum Diner an diesem Abend legte er seine Uniform an, »um Vita eine Freude zu machen ... Ich glaube nicht, daß es sie überhaupt berührte, armer kleiner Bursche.« Im nächsten Jahr, als Vita zum dritten Mal nacheinander nach Florenz fuhr, versuchte es Pucci abermals. Sie war noch immer einigermaßen verwirrt über diese Huldigung, nahm sie aber jetzt zwangloser entgegen, und sie verbrachten jeden Tag zusammen und fuhren mit dem Auto durch die Toskana und Umbrien, wobei die alte Gouvernante Fie die Anstandsdame abgab. Vitas Tagebuch verrät eine etwas wärmere Reaktion:

»Wir haben eine Schwierigkeit mit il devotissimo O., der unbedingt mit uns nach Venedig kommen will, aber nicht darf. Fie und er haben sich jedoch darauf geeinigt, daß er morgen bis Bologna mitkommen darf. Ich denke mir, ich hätte wohl eigentlich seinetwegen nicht herkommen sollen (nach Florenz): Es hat ihn wirklich bös erwischt! Dieses Jahr hat er kein Geheimnis daraus gemacht und sich gleich am ersten Abend in Erklärungen gestürzt. Ich habe ihn recht gern, en ami. Das habe ich ihm gesagt, aber es paßt ihm ganz und gar nicht.«

Er reiste ihnen nichtsdestoweniger nach Venedig nach, erhielt aber von Fie strengen Befehl, in einem anderen Hotel abzusteigen, und machte mit seiner Werbung keine weiteren Fortschritte. Er schrieb Vita unablässig; sie antwortete selten. In Monte Carlo, im Jahr 1911, gab er die Sache schließlich auf. Er machte ihr nochmals einen Heiratsantrag; sie wies ihn ab (»Mein Gott, wie unglücklich ich mit ihm wäre!«), und am folgenden Tag: »Er sagt, er wird nach Afrika gehen. Er ist ganz verändert. Er sprach kühl und schien krank und senkte die Augen.« Als nächstes hörte sie von ihm, daß er in Tripolitanien war und seine Liebe in verzweifelten Kämpfen mit den Senussi sublimierte. Ich glaube nicht, daß sie sich wiedergesehen haben. Er heiratete glücklich und widmete den Rest seines Lebens der Sorge um die historischen Gebäude von Florenz. Als ich ihn dort im Jahr 1944 traf, erkundigte er sich freundlich nach meiner Mutter, ohne zu erwähnen, daß er sie früher verehrt hatte, aber ich spürte seine Blicke auf meinem Rücken, als ich den Raum verließ.

Mit achtzehn war Vita mehr als nur »weniger hübsch«. Sie war wunderschön. Das Porträt, das Laszlo im Januar 1910 von ihr malte, bestätigt genau den Eindruck, den sie auf Violet machte, als sie nach langer Abwesenheit in Ceylon und Deutschland nach England zurückkehrte:

»Ich erwartete eine typische Bohnenstangen-Engländerin, linkisch, nichts wie Knöchel und Knorpel. Niemand hatte mir gesagt, daß Vita eine Schönheit geworden war. Die Knöchel und Knorpel waren verschwunden. Sie war hochgewachsen und anmutig. Die tiefen, von den Sackvilles geerbten Augen waren wie Teiche, von denen der Morgendunst sich gehoben hat. Ein Pfirsich hätte sie um ihre Haut beneiden können.«

Sie war noch immer verschwiegen und geheimnistuerisch, und ihre Freunde sagten, sie könne so leidenschaftlich hassen wie sie lieben könne. Sie war unberechenbar, konnte mit beiden Händen geben und dann plötzlich die Finger fest in die Handflächen verkrallen. Sie war leicht verletzt durch Unfreundlichkeit und bangte nervös davor, man könne sie wegen eines Versagens auslachen, denn es lag ihr verzweifelt daran, sich hervorzutun. Obwohl sie ihre Gefühle so sehr wie möglich verbarg, verlangte sie doch nach Mitgefühl. Ihren Eltern gegenüber wurde sie immer zurückhaltender und suchte sich, gleich ihnen, ihre Gesellschaft anderwärts. Am meisten fürchtete sie, von ihrem Vater ausgelacht zu werden, denn ihn liebte sie am meisten; sie erlaubte ihm nie, ihre Bücher zu lesen oder sie nach Italien zu begleiten, während er wiederum bedauerte (wie er an Lady Sackville schrieb), »daß Vita für normale und gewöhnliche alltägliche Dinge nichts übrig hat, aber ich sehe ein, daß es keinen Zweck hat, sie zu zwingen, und ich fürchte sehr, sie wird zu guter Letzt eine Seele heiraten«, womit er jeden meinte, der nur das geringste Interesse an den Künsten oder allgemeinen Ideen hatte.

Vita tat ihre Pflicht als Tochter von Knole und ging zu Gesellschaften, zuweilen zu vier Bällen in einer Woche und jeden Tag zu einem Lunch, und sie machten ihr Vergnügen, wenn sie die Art von Gesellschaften waren, bei denen Lakaien in gepuderten Perücken Herzoginnen meldeten. Wie ihre beiden Eltern war sie ein Snob in dem Sinn, daß sie Herkunft und Reichtum übertriebene Bedeutung beimaß und des Glaubens war, daß die Aristokratie mit dem arbeitenden

Volk vieles gemeinsam habe, vor allem mit dem Volk auf dem Land, daß einem aber der Mittelstand (die *bedints*, wie sie in der unübersetzbaren Sackville-Familiensprache hießen) nur leid tun konnte und man ihm aus dem Weg gehen mußte, es sei denn, daß er wie Seery oder Lord Leverhulme Würde durch Reichtum erworben hatte. Als Zwölfjährige konnte sie an ihre Mutter schreiben: »Die kleinen Gerard Leghs sind doch nicht *›bedint‹*, oder wie?« und »Gestern hatten wir ein Mädchen aus Sevenoaks zum Tee, sie war ganz nett, aber natürlich ein bißchen *›bedint‹*«, und diesen Komplex wurde sie nie ganz los; ihr berühmtester Roman ›The Edwardians‹ (Schloß Chevron), den sie 1930 schrieb, ist stark davon beeinflußt. Sie war ein konformistischer Rebell, eine romantische Aristokratin. Diese beiden Seiten ihres Charakters, die Zigeunerin und der Grande, werden sehr anschaulich in der Schilderung, die sie in ihrer Autobiographie von ihrer Rußlandreise 1909 gibt, und in einem Brief an Harold, den sie während ihrer Verlobungszeit schrieb und in dem sie eine Gesellschaft in der amerikanischen Botschaft in London schildert:

> »Ich saß zwischen Cambon und Imperiali [dem französischen und italienischen Botschafter], und beide machten mir große, umständliche Komplimente und sagten, ich sollte eine Botschafterin sein. Ich sagte, nein, ich sollte vielmehr in einer Dachstube wohnen und arm sein, und sie hoben beide die Hände und sagten: ›Ah mon Dieu, quelle horreur!‹ Dann gingen wir die weiße Marmortreppe hinab, und ich fand, ein prachtvolles Haus sei nicht zu verachten. Ich habe es gern, weil es so reich und *›unbedint‹* und botschafterlich ist; und weil ich immerhin so sehr Snob bin, daß ich lange Diner-Tafeln liebe, die mit herrlichem Obst und Orchideen und Goldgeschirr bedeckt sind, und lauter Leute um mich herum, deren Namen ich in der ›Daily Mail‹ finden kann. Ich komme mit ihnen soviel besser aus als mit kleinen Tanzdingern in

Ballsälen. Ausgenommen Seelen. Seelen habe ich gern. Sie sind amüsant und mühelos, und es ist nicht schwer, mit ihnen zu reden.«

Die kleinen Tanzdinger waren die jungen Herren adliger Abkunft, die ihre Eltern ihr verlockend in Aussicht stellten. Zumindest zwei von ihnen hatten diese Bezeichnung nicht verdient, nämlich Lord Lascelles und Lord Granby, ein jeder Erbe eines der herrlichsten Adelssitze in Großbritannien, der Schlösser Harewood und Belvoir. Lascelles war sehr in sie verliebt, aber der Klatsch wollte wissen, daß sie Granby heiraten werde. Ich glaube nicht, daß sie je in die Versuchung geriet. Ihre wirklichen Freunde waren Seelen, aber Seelen, die Lebensart und gute Manieren und ein Jagdgewehr besaßen, die beim Bridge den vierten Partner abgeben und Bordeaux und Burgunder voneinander unterscheiden konnten, junge Männer wie Robert Vansittart, Patrick Shaw-Stewart, Alec Cadogan, Duff Cooper, Archie Clark-Kerr, Philip Sassoon, die Brüder Grenfell, Gerald Wellesley. Dies war die Welt, in der Harold Nicolson bereits seinen naturgegebenen Platz gefunden hatte – mit einem bezeichnenden Unterschied: Er hatte kein Jagdgewehr, konnte nicht Karten spielen und nicht einmal tanzen.

Vita und Harold lernten sich im Sommer 1910 bei einem Abendessen kennen, das Anne Stanley vor dem Theater, einem Sherlock-Holmes-Kriminalstück, betitelt ›The Speckled Band‹, gab. Im Juni wurde er nach Knole eingeladen, und zwar mehr als Lady Sackvilles Gast denn als Vitas, und saß im strömenden Regen, um Vita als Portia in einer Shakespeare-Freilichtaufführung zu sehen. Sie trafen einander noch ein- oder zweimal in London während der Saison, aber den ersten besonderen Gunstbeweis erhielt er von ihr erst im Herbst:

»Knole, den 5. November 1910
Mein lieber Mr. Harold,
ich bin gebeten worden, ›einen Mann aufzufordern‹, am Donnerstag zum Abendessen zu kommen und danach zu einem Ball zu gehen, also würden Sie gern kommen? Ich verspreche, daß man Sie nicht zwingen wird zu tanzen! Bitte kommen Sie.
Ihre sehr ergebene Vita Sackville-West
PS: Mr. Vansittart ist augenblicklich bei uns.«

Harold war knapp vierundzwanzig, Vita achtzehn. Sein Vater war Sir Arthur Nicolson, bis vor kurzem britischer Botschafter in St. Petersburg und jetzt ständiger Unterstaatssekretär im Außenministerium; seine Mutter war eine Schwester der vormaligen Vizekönigin von Indien, Lady Dufferin. Nach einer unglücklichen Schulzeit im Wellington College, einem Internat, war Harold im Balliol College an der Universität Oxford plötzlich aufgeblüht und hatte es zum Erstaunen seines Vaters fertiggebracht, im Jahr zuvor eine der vielbegehrten offenen Stellen im Außenministerium zu erlangen, für die es ein sehr schweres Examen zu bestehen galt. Vitas erste Eindrücke von meinem Vater sind in ihrer Autobiographie wiedergegeben, und an dieser Stelle ist nur wenig hinzuzufügen. Seine bemerkenswerte Wesensart wird im Lauf der Erzählung allmählich hervortreten. Er war unendlich gesellig und umgänglich, aktiv, intelligent, gut belesen, ohne Zweifel eine Seele, sah außerdem bezaubernd aus und hatte vorzügliche Manieren. Lady Sackville fand sofort Gefallen an ihm, aber für ihre Tochter war das keine Empfehlung, denn sie hatte mit derselben Wärme an Pucci und Lord Lascelles Gefallen gefunden. Vitas Freundschaft mit Harold entwickelte sich, wie sie zugibt, langsam. In ihrem Tagebuch (das sie während der nächsten fünf Jahre italienisch schrieb, weil ihre Mutter Italienisch nicht verstand), verzeichnete sie im Januar 1911 seine Abreise nach einem kurzen Besuch in Monte Carlo als *cosa tristissima*, denn sie hatte seine Gesellschaft ansprechender gefunden als bisher; einmal, als sie Dame spielten und sie ihn schlug, hatte er gesagt: »As-tu un franc?«, was sie in freudige Erregung versetzte, denn er hatte sie *tutoyé* (geduzt), was im Englischen ja nicht möglich ist. Das Tagebuch enthält keinen weiteren Hinweis auf ihn, und sie tauschten auch keine Briefe aus bis zum September, als er von der Botschaft in Madrid heimkam und ein Wochenende in Knole verbrachte. Zu Weihnachten und Neujahr war er abermals in Knole, und jetzt verliebte er sich in sie. Lady Sackville, die einen scharfen Blick für solche Dinge und ihre voraussichtlichen Folgen besaß, notierte in ihrem Tagebuch: »Ich habe den Verdacht, der liebe Junge ist sehr in Vita verliebt; sie haben dieselben Neigungen und Ideen – aber wo soll das Geld herkommen?« In seinem Dankesbrief an Lady Sackville für die Einladung deutete Harold an, was sie bereits erraten hatte, und zwar auf die Weise, die ihr am besten gefallen mußte; er war soeben an die Botschaft in Konstantinopel versetzt worden: »Nein, ich werde niemand in Konstantinopel finden. Ich fürchte, ich habe eine unselige Begabung, Menschen zu bewundern, die weit über mir stehen und die ich nicht heiraten kann. Vielleicht ist es ein Glück, daß ich ins Ausland gehe.« Seine Abreise aus England war auf den 24. Januar 1912 festgesetzt. Er hatte drei Wochen, um sich zu beweisen, daß sein Pessimismus ungerechtfertigt war.

Vita wurde von ihm durch eine neue Runde Gesellschaften, zu denen er nicht eingeladen war, weggewirbelt. 9. Januar: Queen Anne's Mead, bei Windsor, Hausball bei Lady Arran; weitere Gäste: Diana Manners, die spätere Gattin von Duff Cooper, Patrick Shaw-Stewart, Lord Lascelles, Lord Nugent. 10. Januar: Ball in Taplow bei Lady Desborough. 12. Januar: Schloß Eridge. 14. Januar: Ball in Tonbridge. Vita schrieb an ihre Mutter:

»Taplow machte mir viel mehr Spaß als alle die anderen. Es war eine Unmenge Leute da, die ich kannte, so viele, daß ich nicht mit der Hälfte von ihnen tanzen konnte, ob wohl wir bis vier Uhr morgens blieben. Ich bekam einen Schrecken, als mir nachträglich klar wurde, daß ich fast die ganze Zeit mit Seelen getanzt hatte. Was würde Dada dazu sagen? Lady Desborough war sehr liebenswürdig zu mir, und ich finde ihren Sohn, Mr. (Julian) Grenfell, sehr nett, der riesig groß ist und mit mir tanzte und mich dann zum Abendessen führte.«

Am 16. Januar fuhr sie zu den Exeters in Burghley, um an dem Stamford-Ball teilzunehmen, und am nächsten Morgen starb Seery. Vita erfuhr die Nachricht von Lady Sackville am achtzehnten und hat geschildert, wie sie rasch nach London fuhr und wie erleichtert sie war, daß ihre eigenen Pläne für diesen Abend nicht gestrichen waren, »denn ich war mittlerweile sicher, daß Harold die Absicht hatte, mir einen Heiratsantrag zu machen, und ich wußte, daß ich ja sagen würde«. Sie fuhren zusammen nach The Grove in Watford und kleideten sich dort für den Hausball der Salisburys in Schloß Hatfield um. Ihr Tagebuch schildert das, was nun geschah, etwas anders als ihre Autobiographie. Da heißt es, aus dem Italienischen übersetzt:

»Bis Mitternacht sah ich Harold kaum; dann forderte er mich zum Tanz auf, und danach gingen wir hinauf in den zweiten Stock, wo fast niemand war. Er fragte mich, ob ich ihn heiraten wolle. Ich bat ihn, wenigstens ein Jahr zu warten, denn ich sei mir noch nicht sicher. Mir ist, als hätte ich das Ganze geträumt. Denn auf dem Grunde meines Herzens weiß ich, daß ich ihn heiraten werde und daß wir praktisch verlobt sind. Und nachdem ich so sehr gehofft hatte, er werde es deutlich aussprechen, ehe er ins Ausland geht, hatte ich nichts anderes im Sinn, als ihn am Sprechen zu hindern.«

Lady Sackvilles Tagebuch läßt wenig Zweifel daran, daß Vita nicht »ja sagte«. »V. wies ihn nicht ab, sondern sagte, sie wolle ihm jetzt noch keine Antwort geben ... Kidlet saß auf meinem Bett und sprach stundenlang darüber. Sie bat Lionel, er möchte erlauben, daß Harold zu einer letzten Aussprache nach Knole kommt, denn er reist unverzüglich nach Konstantinopel ab.«

Harold kam am 20. Januar nach Knole. Es war der Tag von Seerys Begräbnis. Vita schrieb an diesem Abend: »Wir sagten einander Lebewohl wie gewöhnliche Freunde, im Beisein von Dada und Lady Connie (Lady Constance Hatch). Ich verstehe das Ganze nicht. Ich bin ganz benommen. Die Worte sind leer und die Gesichter ausdruckslos.« Lady Sackville nahm wie üblich die Sache in die Hand:

> »Ich sagte Harold, es könne vor Ablauf von eineinhalb Jahren von einer Verlobung unmöglich die Rede sein. Vita müsse absolut frei bleiben. Er kann im Juli wieder herkommen und sie sehen, und sie können einander schreiben, nicht mehr als einen Brief pro Woche, aber sie dürfen nicht wie Verlobte miteinander korrespondieren und dürfen keine Worte wie Liebste oder Geliebter verwenden. Ich besprach mit ihm Mittel und Wege, falls aus der Heirat etwas wird. Er möchte V. arm und daß sie ihn um seiner selbst willen liebt, aber um all das werde ich mich kümmern, wenn ich das Geld des armen Seery bekomme.«

Am 24. Januar reiste Harold nach Konstantinopel ab. Am selben Tag begannen die Scotts, das Testament anzufechten.

Waren sie nun also verlobt oder nicht? Harold meinte, sie seien es, mehr oder weniger. Vita konnte sich nicht genau erinnern, was sie eigentlich gesagt hatte. Ihre Mutter war der ganz bestimmten Ansicht, daß sie es nicht seien. Ihr Vater versuchte so zu tun, als habe sich nichts Ungewöhnliches ereignet.

Der tiefste Grund für die lauwarme Reaktion ihrer Eltern war Enttäuschung: Die Partie war nicht gut genug für ihre Vita, das einzige Kind einer berühmten Familie, ohne es zu wollen *die* Debütantin des Jahres, eine Schönheit, ein hochgebildetes junges Mädchen und jetzt (wenn die Scotts das Testament nicht umstießen) auch eine reiche Erbin. Nicht einmal die Sackvilles konnten behaupten, die Nicolsons seien *bedint*; sie stammten zwar von einer langen Generationsfolge von Edinburgher Rechtsanwälten und einem Konteradmiral ab, aber unter ihren entfernteren Ahnen befanden sich einige Raubritter von der Hebrideninsel Skye, was schon etwas besser war, und Sir Arthur war Inhaber eines Barontitels, der auf Karl I. zurückging. Er hatte den Gipfel seines exklusiven Berufs erreicht und sollte in Bälde zum Lord Carnock erhoben werden. Aber die Nicolsons verkehrten nicht in der Gesellschaft. Lady Sackville war Lady Nicolson in keinem der Salons und Landsitze begegnet, die sie frequentierte, und Sir Arthur hatte zuviel zu tun und war durch Gelenkrheumatismus zu sehr behindert, um dem Jagd- und Angelsport nachgehen zu können. Und sie besaßen außer Sir Arthurs Botschaftergehalt kein Geld. Redensarten wie »Mittelloser Dritter Botschaftssekretär« begannen umzulaufen, als der Klatsch sich ausbreitete.

Lady Sackville war jedoch in der Sache nicht gänzlich selbstsüchtig, nicht einmal in der Vertraulichkeit ihres Tagebuchs:

> »Vita telefonierte mit Harold, ehe er London verließ, um ihm zu sagen, daß ich ihm nicht böse bin. Natürlich bin ich es nicht, denn ich weiß ja, daß sie ihn gern hat und er sie. Sie ist so ein schwieriges Mädchen, dem man es so schwer rechtmachen kann, wenn es sich um Männer handelt. Gegenwärtig ist er keine gute Partie, obwohl er als Diplomat eine glänzende Zukunft vor sich hat, außerdem ist er sehr attraktiv und so gescheit und ein solcher Gentleman. Aber es ist kein Geld da, und vor allem ist es schrecklich für mich, denn wenn sie ihn nimmt, muß sie ja im Ausland leben. Mein Leben wird sehr einsam werden, jetzt, da Seery nicht mehr da ist, wenn auch sie geht.

Ich fürchte mich vor meiner Unterredung mit Lionel über die Sache.«

Lionel war weniger hochherzig. Er erklärte ihr, sie sehe nur die sentimentale Seite der Sache. »Natürlich ist er sehr enttäuscht, daß sie nicht eine große Partie mit einem großen Titel macht«, da doch Lascelles und möglicherweise auch Granby ihr die historischen Familiennamen Harewood und Rutland boten. Aber in Vitas Augen war »Dada sehr lieb, obwohl es klar ist, daß er sich etwas anderes erträumte. Er sagte, wenn ich in einem Jahr noch immer an niemand anderen denke als an Harold, werde er keine Schwierigkeiten machen.« Dabei blieb es vorerst. Es konnte keine Verlobung bekanntgegeben werden, weil keine Verlobung bestand. Harold war auf mindestens ein halbes Jahr in den Orient verbannt und mußte versuchen, mit spärlichen und unpersönlich gehaltenen Briefen seinen Einfluß auf Vita aufrechtzuerhalten, während ihr sämtliche kleinen Tanzdinger in London, die beiden Edelleute, die Seelen und (wenn er das gewußt hätte!) ein Mädchen, Rosamund Grosvenor, den Hof machten, in das sie leidenschaftlich verliebt war. Es hing alles von Vita ab, und Vita war jetzt von panischem Schrecken gepackt. Am nämlichen Tag, an dem Harold England verließ, schrieb sie in ihrem Tagebuch: »Ich kann mich nicht erinnern, je so unglücklich gewesen zu sein. Erst heute habe ich begonnen zu begreifen, daß ich ihn nicht liebe. Er ist heute morgen nach Konstantinopel abgereist. Ich blieb den ganzen Tag im Bett und habe Zeit zum Nachdenken gehabt.« Was er nie begriff, war dies: daß sein Hauptnebenbuhler, noch besitzgieriger als Rosamund, noch großartiger als Harewood, Schloß Knole war: »Ich bin ganz allein hier, und das ganze große Haus ist mein, ich kann es zusperren, wenn es mir paßt, und die ganze übrige Welt aussperren, indem ich die Eisenstangen vor die Tore lege ... Es ist so friedlich und mein kleiner Hof so bezaubernd im Mondlicht. Mit seinen Giebelfenstern sieht er wie ein Hof auf der Bühne aus, und ich bin halb und halb darauf gefaßt, daß ein Licht in einem der Fenster aufleuchtet und die Vorstellung beginnt, mit mir als einzigem Zuschauer.«

Lady Sackville, die von Vitas Vorbehalten nichts wußte und natürlich auch nichts von der wahren Situation bezüglich Rosamunds (»Sie ist eine solche nette Gesellschaft für Vita«), begann, an der Sache ihr Vergnügen zu finden; sie rügte »ihre kalten und zurückhaltenden kleinen Briefe« und flirtete mit Harold auf genau die Weise, die sie ihrer Tochter verboten hatte. Harold war scharfsinnig genug, das Hintertürchen zu entdecken. Er konnte an Lady Sackville aus Konstantinopel alles das schreiben, was er Vita nicht schreiben durfte:

> »Natürlich bin ich schrecklich eifersüchtig auf Granby und sie alle, aber ich gestehe das kaum mir selbst ein und reite allein über diese schönen Hügel und spüre, ich könnte singen vor Glück über das, was geschehen ist und vielleicht noch geschehen wird. Aber dann, am Abend, kommen schlimme Stunden, wenn ich hier zu Gesellschaften gehe und daran denke, daß sie anderswo auf Gesellschaften ist mit annehmbaren Freiern rings um sie herum. Und hier sitze ich, höchst unannehmbar, im tiefsten Orient vergraben. Aber dann sagt mir mein klügeres Ich, daß es besser so ist, wenn ich sie am Ende wirklich gewinne, denn dann werde ich das Gefühl haben, daß sie es mit offenen Augen tut.«

Vita schickte er Schachteln mit türkischem Honig-Konfekt und Briefe, die mit »Liebe Vita« begannen und mit »Dein Harold« schlossen. Drei Monate lang hielt er sich an die Vorschriften, bis es unerträglich wurde.

Im April 1921 fuhr Vita mit Rosamund nach Florenz und wohnte mit ihr im Gartenhaus der Villa Pestellini. Von dort schrieb sie an Harold: »Wir haben Leute namens Pucci [Orazio kämpfte noch in Tripolis], die ich von früher kenne, einen Besuch gemacht ... Ich bin so glücklich hier, es ist heiß, und die *grilli* (Zikaden) zirpen, und ich liebe Rosamund, und irgendwo in der Welt bist Du, und das ist eine Unterströmung, die durch alles andere fließt. Das sollte ich Dir eigentlich nicht sagen.« Er las aus der Erwähnung Rosamunds nichts heraus, was er nicht herauslesen sollte. Ebensowenig aus diesem: »Rosamund weiß über Dich und mich Bescheid. Sie ist ein sehr lieber und sympathischer Mensch, wenn sie auch nicht besonders gescheit sein mag, und ich habe sie sehr gern. Und sie schweigt wie das Grab.« Vita litt unter der Belastung dessen, was sie schönfärberisch ihre Doppel-Persönlichkeit nennt. Sie liebte Rosamund und brachte sich gleichzeitig mit einer Willensanstrengung bei, auch Harold zu lieben. Sie wollte Zeit gewinnen, hoffte halb, seine Leidenschaft werde sich abkühlen, und halb, daß nicht. »Dies ist das erste Mal«, schrieb sie ihm, »daß ich überhaupt gelebt und begonnen habe, Freundschaften zu schließen, und wenn ich Dir erlaube, mich dieses Jahr wegzuholen, wird alles zu Ende sein. Ich bin schließlich erst zwanzig. Laß mich noch bis nächsten Juni (1913) für mich selbstsüchtig sein, und ich werde den Rest meines Lebens unselbstsüchtig für Dich sein.« Und dann ein wenig bestimmter und unter Verletzung der Vorschrift: »Möchtest Du mich ganz schrecklich gern wiedersehen? Ich weiß nicht, warum ich das frage. Du wirst einen wilden, zügellosen Menschen heiraten.«

Als Harold im August auf Heimaturlaub kam, hatte die Situation sich seit seiner Abreise im Januar kaum geändert. Es herrschte noch immer große Ungewißheit. Sie sahen sich in Knole fast wie Fremde wieder, teils, weil Lady Sackville vollständige Zurückhaltung verordnet hatte, und teils auch, weil Vita sich noch immer mit sich selbst nicht einig war. Als beide, Harold und Rosamund, auf einige Tage wegfuhren – er mußte seine Eltern besuchen –, verzeichnete ihr Tagebuch: »Sono triste senza R.«, ohne ihn zu erwähnen. Aber am 29. September heißt es: »H. und ich gingen durch die Prunkräume. Im Schlafzimmer des venezianischen Botschafters küßte er mich! Er hat mich geküßt! Ich liebe ihn. *Io l'amo tanto, tanto* . . . Aber ich möchte so sehr R. wiedersehen.« Um die gleiche Zeit begann Lady Sackvilles Begeisterung für Harold abzuflauen:

»V. ist nicht geeignet für die Diplomatie und sich um eine Menge *bedints* zu kümmern. Sie sollte eine *grande dame* sein, sehr reich, wo sie tun kann, was sie gern möchte, und nichts zu tun braucht, was ihr gegen den Strich geht. Sie sagte mir gestern, sie würde gern allein in einem Turm mit ihren Büchern leben, und dann warf sie die Arme hoch und sagte: ›Ach, Mama, ich weiß wirklich nicht, was ich eigentlich möchte.‹ Armes Kind, natürlich weiß sie es nicht, und es ist meine Pflicht, den Unglückstag ihrer Heirat so lange hinauszuschieben, wie ich kann, denn sie ist noch nicht soweit.«

Als Harolds Urlaub zu Ende war, reisten Vita und Rosamund mit ihm zusammen bis Bologna; dort verließ er sie und fuhr weiter nach Konstantinopel. Obwohl dies der Augenblick war, an dem sie »Rosamund nie so sehr geliebt hatte«, konnte Vita doch ihrer Mutter schreiben: »Ach, Mama, ich bin so unglücklich. Ich möchte Harold so sehr zurückhaben. Ich kann einfach nicht glauben, daß ich ihn nicht jeden Augenblick hereinkommen sehen werde«, und mit zwanzig ist eine solche Gefühlsaufwallung keine Verstellung. Aber als sie allein nach Knole zurückkehrte, teilte sie nur ihrem Tagebuch ihr Geheimnis mit: »Wie ich mich danach sehne, wieder in Florenz zu sein. Dieses Leben hier langweilt mich zu Tränen. Und mir fehlt R. unglaublich, in jedem Augenblick.« Als Rosamund zurückkehrte: »Ich sprach mit ihr sehr offen über H. Ich glaube nicht, daß ich ihn genügend liebe, um ihn zu heiraten (non credo che l'amo abbastanza per sposarlo). Ehe ich mit ihr darüber sprach, hatte ich selbst nicht richtig begriffen, was ich eigentlich dachte. Aber eine kurze Zeitlang werde ich die Dinge laufen lassen. Vielleicht geschieht irgendwas.« Am 18. Dezember 1912 schrieb sie: »Ich frage mich, ob es nicht besser gewesen wäre, wenn Harold jemand anderen geheiratet hätte. Ich sehe in der Zukunft nichts als Langeweile und Schmerzen. Ich kann nicht, ich kann einfach nicht alles um seinetwillen verlassen – zumindest glaube ich nicht, daß ich es kann. Er kommt im April zurück, und das macht mich schaudern. Ach, warum mußte er nur zu dem Ball nach Hatfield kommen, und warum habe ich ihn nicht sofort abgewiesen? Aber er ist so nett und so jung, und er liebt mich, und wir würden zusammen glücklich sein.« Am 26. Dezember: »Ich habe mit Rosamund über H. gesprochen. Sie ist der einzige Mensch, der die Wahrheit weiß. Heute nacht glaube ich, daß ich es niemals werde tun können.«

Es war ihr fast eine Erleichterung, als der Balkankrieg vorübergehend den Postverkehr zwischen England und der Türkei unterbrach, und als er wieder aufgenommen wurde, schrieb sie Harold Briefe, die keine Andeutung ihres Dilemmas enthielten. Sie umging das Hauptproblem, indem sie ihn mit dem diplomatischen Dienst neckte: »Natürlich werde ich das Diplomatenleben hassen. Nach ein paar Jahren, wenn wir des Alleinseins *à deux* müde werden, wie es ja kommen muß, bleibt uns – was? Rio de Janeiro, öde alte Diplomaten, keine englischen Freunde.« Gelegentlich jedoch schrieb sie ihm, als sei sie zum unabänderlichen Entschluß gelangt, ihn zu heiraten:

> »Wenn ich mir aus allen den anderen nicht viel zu machen scheine, so weißt Du, warum. Wenn ich mein schönes Knole verlasse, das ich innig liebe, und mein Ghirlandaio-Zimmer, das ich innig liebe, und meine Bücher und meinen Garten und meine Freiheit, die ich innig liebe – dann ist es alles Deinetwegen, um den ich mich keinen Pfifferling schere. Und jetzt bestreite Du auch nur ein Wort davon! Aber ich möchte auf der Lehne Deines Sessels sitzen und Deine Depeschen über Deine Schulter mitlesen und Dir durch die Locken fahren, was Dich ärgerlich machen wird. Und ich möchte Abendgesellschaften in *unserem*

Haus geben, bei denen die Leute uns so langweilig sein werden, weil wir viel lieber allein wären.«

In ihrem Tagebuch sprach sie noch immer mit ihrer anderen Stimme:

»Harold schreibt, daß sein Vater wahrscheinlich zum Botschafter in Wien ernannt werden wird und daß wir auch dorthin gehen werden. Allein schon der Gedanke an Wien ist mir gräßlich. Soll ich denn mein ganzes Leben im Ausland verbringen? Das kann ich nicht. Ich habe Mama zu verstehen gegeben, wie mir zumute ist, und dies war für sie das erste Anzeichen meiner Sinnesänderung. Ich sah, daß sie entzückt war. Ich kann ganz einfach Knole nicht verlassen, um nach Wien zu gehen.«

Im März 1913, als ihre Briefe kürzer, weniger liebevoll wurden und mit großen Unterbrechungen eintrafen, begann Harold zu spüren, daß etwas nicht in Ordnung war, aber er erkannte den Ernst seiner Lage nicht, weil er keine Ahnung von der Ursache hatte. (»Ich bin mit Violet dreimal um den Park herumgegangen. Sie war ganz verrückt. Sie umarmte mich auf eine Weise wie noch nie zuvor und redete zu mir wie ein Liebhaber. Rosamund weiß nicht, daß ich heute abend mit Violet zusammen war.«) Er schrieb:

»Seit zehn Tagen kein Brief von Dir. Das ist schrecklich für mich. Du kannst doch nicht zu faul sein, um mir zu schreiben, und wenn Du es bist, dann bedeutet es, daß ich Dir völlig schnuppe bin ... Ist das ein törichter Brief, den ich da schreibe? Aber es ist ja nur, weil mir die Augen brennen vor Enttäuschung und mein Herz wund ist, so wund, und Du so weit weg bist und ich nicht weiß, was sich abspielt. Ich kann es nicht ertragen. Du bist da draußen und lachst mit fremden Leuten – Leuten, die ich nicht kenne, Leuten, die vielleicht irgendeine Macht über deine

Seele haben – und zuweilen, vor dem Abendessen, schreibst Du mir einen Brief, während Rosamund gerade ihr Bad nimmt, und er ist so gewichtlos dahingeschrieben und bedeutet mir so viel. Ach, Vita, *il pleure dans mon cœur comme il pleut sur la ville.*«

Sie schrieb, um ihn zu trösten: »Zuweilen glaube ich, daß Du ganz glücklich und vergnügt bist dort mit Deinen Freunden und Deinen Kriegen und daß ich nicht von entscheidender Wichtigkeit für Dich bin, und dann schreibe ich nicht ... Natürlich liebe ich Dich«, und noch viel mehr dergleichen, woraufhin ein Telegramm von ihm kam, aus dem man seine Schuljungen-Erleichterung spürt: »Ein prima Brief von Dir.« Aber es sollte Ärgeres kommen.

Vita fuhr nach Spanien und von Spanien nach Italien *(O Italia mia adorata!)* und kehrte trunken von der Freiheit, die sie gekostet hatte, im Mai 1913 nach England zurück. Die Seichtheit ihres gesellschaftlichen Lebens und Rosamunds Fadheit hatten sich ihr durch den Kontrast mit den Zigeunern und Stierkämpfern, mit denen sie in Sevilla umgegangen war, und den Fischern in Sorrent enthüllt. Wie konnte sie sich jetzt an einen Ehegatten binden und zahm und gefügig an der Tür einer Botschaftskanzlei auf ihn warten? »Ich bin glücklich, wieder in meinem alten Knole zu sein«, schrieb sie ins Tagebuch, »aber ich bin schlechter Stimmung. Ich habe den Halb-Wunsch *(quasi-voglia)*, Harold diesen Sommer zu heiraten und damit fertig ... Ach Gott, wie wird das enden? Und er kommt Anfang Juli zurück. Ich habe keine Ahnung, was ich tun soll. Heute habe ich ihm einen Brief geschrieben, bei dem er hochgehen wird.«

Jetzt war die Krise da. Ihr Brief an Harold ist nicht erhalten; er hat ihn möglicherweise vernichtet. Aber in seiner Antwort zitiert er den Schlußsatz: »Zuweilen habe ich das Gefühl, es wäre einfacher, das Ganze sein zu lassen.« Er telegraphierte sofort: »Dernière lettre incompréhensible et inquiétante. Dois-je la prendre au sérieux? Réponds télégraphiquement oui ou non. Très anxieux.« Sie antwortete am selben Tag: »Non. T'en demande pardon. N'en crois pas un mot.« (Sie telegraphierten einander auf französisch, damit das Postamt in Sevenoaks nicht merkte, worum es sich handelte.) Von diesem Augenblick an bis zu ihrem Tod fünfzig Jahre später schwankte ihre Liebe zu ihm nie wieder.

Es mag seltsam scheinen, daß ein einziges Telegramm soviel ausmachen konnte. Sie erklärte es zum Teil in dem Brief, den sie am nächsten Tag schrieb:

> »Mea culpa! Mea maxima culpa! Mein Brief war nur ein mißgelaunter Ausbruch von einem Wanderer, der sich wieder in einem Käfig eingesperrt fühlt nach Wochen der Freiheit und folglich böse war und gegen die eisernen Gitterstäbe aufbegehrte – und das ist der Mensch (Du armer, unüberlegter, schlecht beratener Harold), das ist der Mensch, den Du so leichten Herzens fürs ganze Leben auf Dich nehmen willst, jemand, von dem Du überhaupt nichts weißt. Wieviel glücklicher Du doch wärst mit jemand von Rosamunds Wesensart, nicht Rosamund selber, *mais dans ce genre là*, sehr sanft und abhängig und anschmiegsam. Ach, Harold, Liebster, es tut mir leid. Ich hatte Dich nicht aus der Fassung bringen wollen. Ich möchte so schrecklich Dich zurückhaben. Es war zu scheußlich, daß Du die ganze Zeit weg warst, und acht Monate sind ja ein ganzes Leben, und ich weiß nicht, was ich tun soll, wenn es wieder passieren muß. Ich schrieb Dir gleich am nächsten Tag [nach ihrem Brief mit dem ›einfacher, das Ganze sein zu lassen‹], aber ich wagte nicht, es abzuschicken, und zerriß den Brief und wartete ab, was passieren würde. Jetzt ist Dein Telegramm passiert, und ich habe es beantwortet. Harold, Liebster, ich bitte Dich, mir zu verzeihen.«

Aber es war mehr als das. Ihre Liebe zu Rosamund kühlte sich ab, und Rosamund selber war halb und halb mit einem Marineoffizier namens Raikes verlobt, den sie in Dartmouth kennengelernt hatte, während Vita in Spanien war. Violet war nicht an Rosamunds Stelle getreten. Vita war allein. Es ging ihr aufrichtig darum, Harold nicht zu verletzen; ihre Empfindungen für ihn schwankten zwischen Zärtlichkeit und plötzlichen Sprüngen echter Liebe hin und her. Seine Briefe gingen ihr sehr nahe, seine Gegenwart noch mehr. Außerdem mußte sie sich wirklich entschließen. Sie hörte beinahe täglich von Lord Lascelles, der nur von Granby als einem Nebenbuhler wußte, und es gab noch andere, die sich einbildeten, sie sei vielleicht noch zu gewinnen. Das besorgte Gesicht ihrer Mutter und ihre nicht allzu diskreten Erkundigungen wurden allmählich unerträglich. Sie brauchte einen Zufluchtsort, und Harold bot ihn ihr. Mit ihrem Brief hatte sie ihn auf die Probe gestellt. Hätte er in diesem Augenblick gezaudert oder geschwankt, so hätte er sie unwiederbringlich verloren, und dieses Buch wäre nie geschrieben worden. Sein Telegramm war ein Ruf der Verzweiflung, aber für sie war es ein Rettungsgürtel. Der Brief, den er ihr schrieb, ehe er ihre Antwort erhalten hatte, bestätigte alles: »Wenn Du mich im Stich läßt, dann könnte ich Dich umbringen. Ich liebe Dich so viel mehr als je zuvor, und die Sehnsucht nach dir ist wie eine gespannte Saite in mir.« Hier endlich war die Sprache, die sie verstehen konnte.

Die Wirkung ist in ihrer Tagebuch-Eintragung vom 11. Juni sichtbar: »Ich denke in diesen Tagen so viel an Harold, daß ich nicht schlafen kann. Ich möchte so sehr, daß er heimkommt. Ich habe ein geradezu irrsinniges Verlangen, ihn wiederzusehen, und ich kann ihn nicht aus meinem Leben entlassen. Ich werde ihn heiraten.« Sie schrieb ihm häufig in derselben Tonart, und als er am 3. Juli 1913 aus Konstantinopel zurückkehrte, blieb nichts mehr zu tun, als ihre Verlobung bekanntzugeben und das Datum der Hochzeit festzusetzen.

Er reiste durchs Mittelmeer heim, und die ersten europäischen Zeitungen, die er in Marseille zu Gesicht bekam, waren voll vom Scott-Prozeß, der gerade begonnen hatte. Er verfolgte seinen Fortgang in Paris und in Dover mit Bangen, und als er in London auf der Victoria Station ankam, verkündeten die Zeitungsplakate mit knalligen Überschriften das Neueste. Er eilte zur Hill Street, traf Lady Sackville in Tränen an, schloß Vita in seine Arme und ging am nächsten Vormittag mit Rosamund zum Gerichtshof, um Vitas Zeugenaussage zu hören. Als die Sackvilles den Prozeß gewonnen hatten, gaben sie eine Jubel-Gesellschaft in London, und darauf folgte eine absurde Enttäuschung. Die Zeitung ›Daily Sketch‹ hatte Harold als »Kidlets ständigen Begleiter im Gerichtssaal« identifiziert und sagte voraus, daß »ihre Verlobung in Bälde bekanntgegeben werden wird«. Lady Sackville war wütend und gab in eigenem Namen eine Erklärung an die Presse: »Die Ankündigung der bevorstehenden Verlobung der Hon. Victoria Mary Sackville-West mit Mr. Harold Nicolson ist völlig unautorisiert«, aber sie wurde, wohlgemerkt, nicht dementiert. Ihr kleines Geheimnis flatterte zerfranst im Wind der Öffentlichkeit. Gratulationsbriefe trafen ein. Die Glückwünsche der drei Menschen, die in letzter Zeit Vitas Leben am meisten beunruhigt hatten, waren Selbstporträts ihrer Schreiber. Zuerst Lord Lascelles, der mit ritterlichem Anstand seine Flagge niederholte:

»Liebe Vita [bis dahin war sie *Carissima mia* gewesen], es fällt mir nicht leicht, mich hinzusetzen und Dich zu beglückwünschen, obwohl ich hoffe, daß Du weißt, wie sehr ich wirklich von Herzen Dein Glück wünsche. Niemand außer Dir selbst kann sagen, ob Du die richtige Wahl getroffen hast. Ich weiß nur, daß H. N. sehr nett zu sein scheint, und ich wünschte, ich hätte ihn besser kennengelernt. Dies ist eine Art von Lebewohl, aber ich hoffe, daß wir wieder gute Freunde sein werden, nachdem Du geheiratet hast. Immer Dein Harry.«

Lord Lascelles heiratete 1922 Prinzessin Mary, die einzige Tochter König Georgs V.

Zweitens die verzweifelte Rosamund:

»Bitte fordere mich nicht auf, Dich zu besuchen. Ich kann nicht. Ich bin so restlos unglücklich. Ich habe das Gefühl, daß Du davongehst. Ich kann einfach nicht einmal beginnen, mich damit abzufinden. Ich bin krank vor Elend.«

Drittens Violet, voller Verachtung:

»Accepte mes félicitations les plus sincéres à la nouvelle de tes fiançailles. Ich habe nie Briefe über dieses Thema in irgendeiner Sprache schreiben können, aber irgendwie ist es auf französisch weniger widersinnig. Ich wünsche Dir alles nur erdenkliche Glück (etcetera) vom Grund meines Herzens (etcetera). Möchtest Du und Mr. Nicholson (sic) zum Tee zu mir kommen? ... Ich sehe gerade aus den Abendzeitungen, daß das Gerücht dementiert wird, in welchem Fall dieser Erguß (zumindest offiziell) umsonst wäre. Ma non importa. Du kannst ihn Dir bis zu dem Tag aufheben, an dem er öffentlich herauskommen sollte. Er wird auf denselben Zweck passen, in jedem Alter und egal mit wem.«

Ihre Verlobung wurde offiziell am 5. August bekanntgegeben. Lady Sackville erwies sich als freigebig. Sie setzte Vita einen Jahreswechsel von 2500 Pfund (nach damaligem Wert rund 50 000 Mark) aus, und das Kapital dieser Summe sollte nach dem Tod ihrer Mutter ihr gehören.

Die Reise nach Interlaken, die zwischen der Verlobung und der Hochzeit stattfand, war eine Farce. Der Grund war nicht, dem jungen Paar einen gemeinsamen Ferienaufenthalt zu spendieren, sondern Lady Sackville und William Waldorf Astor mit Anstandspersonen zu versehen. Astor hatte vorgeschlagen, sie könnten sich »durch Zufall« in der Schweiz treffen, nachdem es ihm nicht gelungen war, sie dazu zu verleiten, »verschleiert und unbemerkt« in seine Büroräume in London zu kommen. Lady Sackville war bereit, in die Schweiz zu kommen unter der Bedingung, daß sie ihre Tochter und deren Verlobten mitbringen dürfe, und sie genoß die Eskapade ebensosehr wie Vita und Harold. Die beiden Anstandspaare ließen einander gegenseitig den ganzen Tag über diskret allein und fanden sich erst zum Abendessen wieder zusammen, ehe sie sich in ihre vier streng getrennten Zimmer zurückzogen.

Als der Hochzeitstag herannahte, verspürte Vita keine Zweifel oder Bedenken; nur daß sie Knole verlassen mußte, tat ihr weh. Am Vorabend der Hochzeit weinte sie eine ganze Stunde lang, und Rosamund, die selber die größte Mühe hatte, ihr Schluchzen zu unterdrücken, tröstete sie.

An Knole. 1. Oktober 1913

Ich hab' dich verlassen im Licht und der Menschenmenge,
Und keiner wußte, ob ich lachte oder Kummer litt.
Sie konnten nicht wissen, daß unser wahres, tiefes Lebewohl
In der langen Nacht davor gesprochen wurde...

So nahmen wir, Freunde seit Jahren, Abschied in der Nacht,
Ich war dir ein Fremder, als am Morgen ich mich erhob;
Deine Erhabenheit kennt weder Freude noch Kummer,
Und solche Würde will ich nicht durch Tränen verwunden.

(Aus *Poems of West and East*, 1917)

Es war keine der üblichen Trauungen. Rosamund war Brautjungfer. Die Feier war sehr großartig aufgezogen und erhielt eine riesige Reklame, denn »Kidlet« hatte Neuigkeitswert, aber die Kapelle von Schloß Knole war so klein, daß sie nur sechsundzwanzig Menschen aufnehmen konnte. Es war ein wundervoller Tag, und die Sonne strömte durch die Fenster der Kapelle herein. Die übrigen Gäste, zu denen auf Lady Sackvilles besondere Einladung auch alle Geschworenen des Scott-Prozesses gehörten, mußten draußen warten und wanderten inzwischen im großen Saal des Schlosses umher und betrachteten die dort aufgestellten sechshundert Hochzeitsgeschenke. Die einzige Abwesende war Lady Sackville selbst, die den ganzen Tag im Bett blieb. Sie fühlte sich zwar wirklich nicht wohl, hätte sich aber doch aufraffen können, wenn sie sich imstand gefühlt hätte, den Abschiedsschmerz zu ertragen, oder wenn sie, wie die Leute unfreundlich sagten, selber der Mittelpunkt der Aufmerksamkeit gewesen wäre. Vita war ganz ruhig. Sie trug ein Kleid aus Goldstoff und einen Schleier aus irischer Spitze, den ihre Mutter bei der Krönung des Zaren getragen hatte. An jenem Abend schrieb sie, durchaus nicht resigniert, in ihr Tagebuch: »Dunque si è culminato cosi!« – »Auf diese Weise hat es also seinen Abschluß gefunden!« Jahre später erzählte sie mir, Harold habe so lange über seinen Onkel (Lord Dufferin) geredet, daß sie ihn daran erinnern mußte, er habe auch eine Frau.

Sie verbrachten einige Tage in Coker, einem bezaubernden elisabethanischen Landhaus in Somerset, und fuhren dann nach Florenz, wo sie im Gartenhaus der Villa Pestellini wohnten. Zu Vitas Ärger hatte ihre Mutter Vorkehrung getroffen, daß sie unterwegs auf der Reise nach Konstantinopel eine Woche bei ihrem Freund Kitchener in Kairo verbringen sollten. (Feldmarschall Lord Kitchener war seit 1911 britischer Bevollmächtigter in Ägypten.) In ihrem Buch ›Passenger to Teheran‹ erinnerte sich Vita an diesen Besuch, ohne dabei zu verraten, daß es auch ihre Hochzeitsreise war:

»Ich hatte mich nicht bei ihm aufhalten wollen und hatte vernehmlich protestiert ... Die Erinnerung erfüllt mich noch immer mit Schrecken, sie ist wie eine Narbe in meiner Seele. Als ich in der Residenz eintraf, litt ich an einem Sonnenstich und völligem Verlust meiner Stimme – nicht gerade ein idealer Zustand, um diesem gewaltigen Feldherrn gegenüberzutreten. Ich sehnte mich nur nach einem Bett und einem dunklen Zimmer, war aber trotzdem zum Abendessen hinuntergegangen. Sechs oder acht stumme und eingeschüchterte Offiziere saßen um den Tisch. Kitcheners trüber, verschwommener Blick schweifte über sie hin; einzig mein heiseres Geflüster durchdrang das Schweigen. Das Gespräch kam auf ägyptische Kunst. ›Ich kann nicht viel von einem Volk halten‹, knurrte Kitchener, ›das viertausend Jahre lang Katzen immer auf dieselbe Weise gezeichnet hat.‹«

In Konstantinopel war sie restlos glücklich und fand sich sogar mit diplomatischen Gesellschaften ab. Sie mieteten ein türkisches Haus in Kospoli mit dem Blick auf das Goldene Horn, und hier legte sie ihren ersten Garten an:

»Die Gärten der Terrassen-Hügel
Stiegen über dem Hafen auf,
Und halbverborgene kleine Häuser
Zeigten hier und dort ein Licht.
Hier wurde das Ende meiner Reise besiegelt,
Und ich erreichte das Heim, das ich gesucht.«

(Aus ›Poems of West and East‹)

»Harold erscheint mir absolut perfekt«, notierte sie in ihrem Tagebuch. »So vergnügt, so amüsant, so gescheit, so jung. Ich habe das Gefühl, daß ich ihn bis jetzt überhaupt noch nicht richtig gekannt habe.« Ihr Vater kam auf Besuch zu ihnen, und auch Rosamund kam; Raikes war ihr inzwischen langweilig geworden, aber Vita war auch von Rosamund gelangweilt. (Rosamund heiratete 1924 einen Offizier namens Jack Lynch und kam 1940 bei einem deutschen Bombenangriff auf London ums Leben.) Sie unternahmen Segelpartien auf dem Bosporus und kauften persische Töpferwaren in den Basars. Beladen mit orientalischen Schätzen, kehrten sie im Juni 1914 nach England zurück, und zwei Tage nach Kriegsausbruch wurde Ben in Knole geboren. Im Glauben, daß sie seine Geburt vielleicht nicht überleben werde, schrieb sie Harold einen Brief, den er nur öffnen sollte, falls sie stürbe:

»Wenn Du wieder heiratest, was Du gewiß tun wirst, führe mit ihr nicht genau dasselbe Leben, das Du mit mir gehabt hast; räume ihr ihren eigenen Platz ein, aber laß sie nicht genau den meinen einnehmen. Bring ihr nicht unsere vertrauten Familien-Ausdrücke bei. Liebster, ich hoffe, ich werde nicht sterben. Ich möchte noch Jahre und Jahre mit Dir als meinem Spielgenossen zusammensein. Ich liebe Dich so sehr, mein einziger liebster Gatte. Wir sind so jung, und wir haben immer so viel Spaß zusammen, daß ich mich weigere zu glauben, es könnte plötzlich alles zu Ende sein. Wenn Du diesen Brief überhaupt bekommst, werden wir beinahe ein Jahr völlig ungetrübten Glücks zusammen gehabt haben, und Du wirst wissen, daß ich Dich so vollständig geliebt habe, wie ein Mensch einen anderen nur lieben kann.«

Sie vermachte ihm alles – mit Ausnahme einer diamantenbesetzten Uhr für Rosamund und eines Saphirrings mit Diamanten für Violet. Ich will die Kriegsjahre nicht im einzelnen schildern, denn sie fügen dem Thema dieses Berichts nichts Wesentliches hinzu. Harold war vom Militärdienst befreit – wie wäre ihr zumute gewesen, wenn er in den Schützengraben gemußt hätte, und wie war ihr zumute, daß er nicht ins Feld ging? – und erwarb sich im Außenministerium einen Ruf, der ihn zum verhätschelten Liebling der aufeinander folgenden Außenminister machte. Sie kauften das Haus Nr. 182 in der Ebury Street in London, in dem ich im Januar 1917 geboren wurde, und ein kleines verfallenes

Bauernhaus namens Long Barn, drei Kilometer von Knole entfernt, das sie, beraten von dem Architekten Sir Edwin Lutyens, der inzwischen Seerys Stelle als Lady Sackvilles ständiger Begleiter eingenommen hatte, wiederherstellten und erweiterten. In Long Barn begann Vita sich ernsthaft für Gartenarbeit und Harold für Gartenanlagen zu interessieren; außerdem schrieb sie eifrig, zumeist Lyrik, aber auch eine riesige Geschichte der italienischen Renaissance, beschloß jedoch zu Recht, sie nicht zu veröffentlichen. Das Ereignis, das sie einander am nächsten brachte – sie waren allerdings kaum je voneinander getrennt –, war die Totgeburt ihres zweiten Sohnes am 3. November 1915, die Vita in ihrer Autobiographie erwähnt, aber einer unwahrscheinlichen Ursache zuschreibt, nämlich Rosamunds Autounfall, der sich mehr als zehn Monate vorher ereignet hatte. In ihrem Tagebuch verzeichnete sie das Unglück lediglich so: »La mattina alle dieci nacque il bambino, ma morto.« Einige Tage später schrieb sie Harold einen Brief, der veranschaulicht, welches Zartgefühl sich unter ihrem rebellischen Wesen verbarg. Vermutlich hätte sie ihn als ein weiteres Beispiel für ihre doppelte Persönlichkeit bezeichnet:

»Harold, ich bin traurig. Ich habe an den weißen Samtsarg mit dem reglosen Kleinen darin denken müssen. Er sollte mein Geburtstagsgeschenk für Dich nächsten Sonntag sein. Ach, Liebster, es ist zu grausam. Ich kann mir nicht helfen, es geht mir nahe und wird mir immer nahegehen. Es ist schlimmer, wenn ich Ben sehe, wie lieb und kräftig er ist, und der andere wäre genauso gewesen. Es ist mir so arg, daß er tot ist, weil er doch ein Mensch ist. Es ist dumm, es sich so nahegehen zu lassen. Ich kann es nicht ertragen, von Leuten zu hören, die zwei Kinder haben. Ach, Harold, Liebster, warum ist er gestorben? Warum, warum, warum nur? Ach, ich wollte, Du wärest hier. Ich liege im Bett und habe kein Schreibpapier mehr. (Aber sie reißt aus ihrer Bibel die Landkarte mit den Reisen des

Apostels Paulus heraus und fährt auf der Rückseite fort:) Ich versuche, es zu verdrängen, nicht daran zu denken, aber wenn ich allein bin, stürzt es auf mich herein. Ich habe solche Angst, jetzt allein zu sein. Harold, ich brauche Dich so schrecklich.«

Noch ein zweites Ereignis muß an dieser Stelle erwähnt werden; es erreichte seinen Höhepunkt zwar erst 1919, war aber schon lange im Kommen gewesen, und es an seiner richtigen chronologischen Stelle einfügen hieße Vitas erstaunliche Geschichte, die nun folgt, lediglich durch etwas nicht Zugehöriges zu unterbrechen. Dieses Ereignis war Lady Sackvilles Entschluß, ihren Gatten und Knole zu verlassen. Vita hat in ihrem Buch ›Pepita‹ eine sehr zurückhaltende Darstellung gegeben, in der sie die Hauptschuld ihrer Mutter gibt, die nicht begriffen habe, daß ein Mann, der in Gallipoli Truppen befehligt hat, den Wunsch haben mußte, nach seiner Heimkehr in seinem eigenen Haus seine Autorität geltend zu machen. Lady Sackville, schreibt sie, »geriet plötzlich in Wut ... und verließ das Zimmer und kam nicht mehr zurück«.

An Vitas Darstellung der Geschichte war natürlich etwas dran. Lady Sackville konnte einen schon verrückt machen und das Zusammenleben mit ihr sehr erschweren, und sie verschlimmerte die ohnedies bereits schwierige Situation noch durch ihre Taktlosigkeit. Harold, der Weihnachten 1918 in Knole verbrachte, gab Vita dieses Beispiel:

»Gestern abend gab es eine schrecklich scharfe Auseinandersetzung. Sie begann so. Gerade als B. M. (›Bonne Mama‹, der familiäre Name für Lady Sackville) zu Bett gehen wollte, sagte sie plötzlich zu Dada: ›Hast du deinen französischen Offizieren von meiner Leidenschaft erzählt, draußen im Freien zu sitzen?‹ Worauf Dada eher ärgerlich antwortete: ›Natürlich nicht. Warum sollte ich denn? Ich glaube, sie wußten gar nicht, daß ich verheiratet bin.‹ Natürlich war es idiotisch von B. M., eine solche Frage zu stellen. Ich denke mir, sie hat irgendeine sentimentale Vorstellung von strenggesichtigen Soldaten – *vaillants et alliés* –, die um ein Lagerfeuer sitzen, mit der Silhouette eines schweigenden Wachtpostens gegen den Sternenhimmel, und über ihr Heim und ihre Kinder im lieben alten England sprechen, und wie ihr eigener finsterer Krieger mit stiller Gefühlsbewegung an seine Liebste im großen Ahnenschloß denkt und voller Liebe und zarter Phantasie von ihren wundervollen Eigenschaften spricht, dem Ton ihrer Stimme und ihren lieben persönlichen Eigenheiten.

Und Dada, den das *eau sucré* von Schulmädchen-Romantik stets nervös macht (wie die meisten Männer, wohlgemerkt, Vita) und von dem schließlich und endlich kaum anzunehmen war, daß er zwischen Anrufen über das Feldtelefon einem französischen Obersten, wie *vaillant und allié* auch immer, sein Herz ausschütten würde, kam sich allein schon bei der Vorstellung wie ein Trottel vor und antwortete gröber und rascher, als er vielleicht beabsichtigt hatte.

Wie auch immer, B. M. warf mit einem harten kleinen Auflachen den Kopf zurück und verließ, eine harte kleine Melodie summend, das Zimmer. Wir Zurückgebliebenen hatten das merkwürdige Gefühl, daß etwas ziemlich Törichtes und recht Grausames geschehen war. Ich schlüpfte hinaus und schlich mit rühmenswertem Mut in ihr Zimmer, wo sie vor sich hin schluchzte: ›Enfin, mon petit Harold, je m'en vais demain – c'est décidé – und das nach allem, was ich für Knole getan habe, und natürlich werde ich keinen Skandal machen – tu sais que je suis trop grande dame pour ça – je dirai que je veux voir l'entrée du Président Wilson.‹

Ich besänftigte sie, so gut ich konnte. Ich weiß wirklich nicht, ob sie mehr verletzt als ärgerlich ist. Jedenfalls beschloß sie dann, doch nicht wegzugehen. Aber ist das Ganze nicht recht hoffnungslos? B. M. sagt immerfort: ›Je compte pour rien maintenant. Je ne suis plus que son unbezahlte Haushälterin.‹ Arme B. M. Armer Dada! Wie glücklich der eine ohne den anderen sein könnte! Ich weiß nicht, was geschehen wird. Aber ich habe den Eindruck, daß Dada Knole für B. M. mehr oder weniger unmöglich machen möchte. Vielleicht irre ich mich, aber ich habe den Eindruck, er ist zur Einsicht gelangt, daß er mit ihr nur fertig werden kann, wenn er ziemlich grausam zu ihr ist. Ich glaube, er hat wohl recht, denn wenn er nett zu ihr ist, nützt sie das sofort aus.«

Es kam aber noch etwas anderes hinzu. Etwa seit dem Jahr 1905 hatte Lionel seine Frau zwar nützlich, aber nicht mehr begehrenswert gefunden. Zuerst war da Lady Connie gewesen, und jetzt gab es Mrs. Walter Rubens, die er zusammen mit Mr. Rubens in einem Appartement in Knole selbst zu installieren gedachte. Die Schlußszene spielte sich im Mai 1919 ab, und die unmittelbare Ursache des Bruchs schien eher läppisch. Lionel sagte, die Rubens kämen »für ein oder zwei Tage« zu Besuch. Lady Sackville gab zurück, wenn sie kämen, werde sie gehen. Sie trennten sich im Zorn. Vita, die gerade im Haus war, ging ins Zimmer ihrer Mutter, um Frieden zu stiften, stellte aber fest, daß sie diesmal endgültig entschlossen war. Sie packte zusammen und verließ am nächsten Tag mit Lutyens das Haus. Sie zog nach Brighton, wo sie während ihres restlichen Lebens wohnte. Der Grund ihres Auszugs war weibliche Eifersucht, die durch ihren heftigen Stolz kompliziert wurde, aber nicht ohne Würde war.

Dritter Teil

Vita Sackville-West

27. September [1920]

Im April [1918], als wir aufs Land zurückgekehrt waren, schrieb mir Violet und fragte an, ob sie auf vierzehn Tage zu mir kommen dürfe. Mir war der Gedanke lästig, denn ich wollte arbeiten und wußte nicht recht, wie ich sie unterhalten sollte; aber ich konnte schwerlich ablehnen. Also kam sie. Wir waren einander beide lästig. Meine Heiterkeit ging ihr auf die Nerven, und ihre Rastlosigkeit machte mich nervös. Sie fuhr, sooft sie konnte, über den Tag nach London, kam aber stets am Abend zurück, weil die Luftangriffe ihr angst machten. Ich glaube, sie war etwa eine Woche hier [in Long Barn] gewesen, als sich plötzlich alles änderte – es änderte sich weit mehr, als ich damals voraussah, es änderte sich mein Leben. Es war der 18. April. Ein lächerlicher Umstand war der Anlaß für das Ganze; ich hatte mir gerade Kleidung beschafft, wie sie damals die zum Kriegsdienst verpflichteten Landarbeiterinnen trugen, und geriet in der ungewohnten Freiheit von Kniehosen und Gamaschen in eine wilde Ausgelassenheit; ich rannte, stieß laute Rufe aus, sprang, kletterte, schwang mich über Zäune und Gartentore und fühlte mich wie ein Schuljunge, den man an einem Feiertag hinausgelassen hat; und Violet folgte mir quer durch Wiesen und Gehölz mit einer neuen, ungewohnten Sanftmut; sie sagte kaum etwas, wandte aber nicht einen Blick von mir, und ich wußte inmitten meines Überschwangs, daß die alte Unterströmung stärker denn je zurückgekehrt war und daß meine alte Herrschaft über sie sich nicht verringert hatte. Ich erinnere mich dieses wilden, zügellosen Tages. Er war einer der sprühendsten meines Lebens. Es fügte sich, daß Harold an diesem Abend nicht aus London aufs Land herauskam. Violet und ich aßen allein zusammen zu abend und gingen nach dem Abendessen in mein Wohnzimmer; eine Weile lang machten wir Konversation, aber sie kam nicht in Gang, und dann, von zehn Uhr bis zwei Uhr morgens – vier Stunden lang oder vielleicht noch länger – sprachen wir uns aus.

Violet hatte das Geheimnis meines Doppelwesens entdeckt; sie griff mich deswegen an, und ich unternahm keinen Versuch, es vor ihr oder mir selbst zu verbergen. Ich sprach mich aus, bis ich hörte, daß meine Stimme heiser wurde, und das Kaminfeuer ging aus, und alle Dienstboten waren längst zu Bett gegangen, und es war niemand mehr im Haus außer Violet und mir, und ich redete, unter Schmerzen und mit absoluter Aufrichtigkeit, mein ganzes Ich aus mir heraus, während Violet nur zuhörte – was geschickt von ihr war. Sie machte keine Bemerkungen und keine Vorschläge, bis ich fertig war – bis ich, heißt das, jeden Winkel durchstöbert und seinen Inhalt ans Licht gezogen hatte. Mir war, wie es einem zuweilen geschieht, plötzlich Einblick in mich selbst gewährt worden. Dann, nachdem ich geendet hatte, nachdem ich ihr gesagt hatte, wie alle meine Sanftheit und Weiblichkeit einzig von Harold ausgelöst würde und wie gegenüber allen anderen meine Haltung vollständig andersherum sei – dann erst brachte sie mich, noch immer mit ihrem unendlichen Geschick, auf meine Einstellung zu ihr selbst zu sprechen, wie sie es stets seit unserer Kindheit gewesen war, und sagte mir, daß sie mich immer geliebt habe, und erinnerte mich an alle möglichen Episoden im Verlauf der Jahre, bei denen ich nicht so tun konnte, als hätte ich sie vergessen. Sie war viel geschickter als ich. Ich hätte ein achtzehnjähriger Junge sein können und sie eine Frau von fünfunddreißig. Sie ging unendlich klug vor – sie erschreckte mich nicht, sie drängte mich nicht, sie gestattete mir nicht zu sehen, wohin ich ging;

auf ihrer Seite war alles ganz bewußt, aber auf meiner war es ganz einfach die Trunkenheit der Befreiung – der Befreiung einer Hälfte meiner Persönlichkeit. Sie öffnete mir eine neue Sphäre. Und für sie bedeutete es natürlich die letzte und größte Anstrengung, um die Liebe des Menschen zu erringen, den sie immer gewollt hatte, der Frau, die sie stets – wenn die Dinge zu weit zu gehen schienen – aus einer Art Angst zurückgestoßen hatte und auf die sie unsinnig eifersüchtig war – eine Tatsache, die mir nicht klargewesen war, so geschickt hatte sie sie verborgen und so begriffsstutzig war ich in bezug auf ihr Seelenleben gewesen. Sie lag auf dem Sofa, ich saß tief in den Lehnsessel versunken; sie nahm meine Hände und spreizte meine Finger auseinander, um die einzelnen Punkte zu zählen, warum sie mich liebte. Ich hatte mir von einer solchen Kunst der Liebe nichts träumen lassen. Diese Dinge waren für mich stets ganz direkt gewesen; ich hatte keine Liebe von dieser lateinischen Kunstfertigkeit gekannt, ob sie nun instinktiv oder erworben war. Ich war zutiefst verstört von der Sanftheit ihrer Berührung und dem Murmeln ihrer liebreizenden Stimme. Sie sprach meine unerweckten Sinne an; sie trug, wie ich mich erinnere, ein Kleid aus rotem Samt, das genau die Farbe einer roten Rose hatte, und mit ihrer weißen Haut und ihrem lohfarbenen Haar machte es sie zu einem höchst verführerischen Wesen. Sie zog mich zu sich herab, bis ich sie küßte – das hatte ich seit vielen Jahren nicht mehr getan. Dann war sie so klug, aufzustehen und zu Bett zu gehen; aber ich küßte sie noch einmal im Dunkeln, nachdem ich unsere einsame Lampe ausgeblasen hatte. Sie ließ sich völlig schlaff und passiv in meine Arme sinken. (Mir graut bei dem Gedanken an das Erlebnis, das hinter ihrer selbstvergessenen Hingabe lag.) Ich glaube, ich habe die ganze Nacht kein Auge zugetan – nicht, daß von der Nacht noch viel übrig gewesen wäre.

Ich weiß nicht, wie ich weiterschreiben soll; ich muß immer nur denken, daß Harold, wenn er dies je lesen sollte, so sehr leiden wird, aber ich bitte ihn, daran zu denken, daß er über einen *anderen* Menschen liest, nicht über den, den er kennt. Außerdem schreibe ich dies ja nicht zum Spaß, sondern aus mehreren Gründen, die ich erklären will. Erstens, weil ich, wie ich schon anfangs sagte, die ganze Wahrheit erzählen will. Zweitens, weil ich von keiner wahrheitsgetreuen Aufzeichnung einer solchen Verbindung weiß, und damit meine ich eine Aufzeichnung, die ohne den geringsten Wunsch niedergeschrieben ist, lasterhaften Neigungen bei möglichen Lesern entgegenzukommen. Drittens, weil ich der Überzeugung bin, daß die Geschlechter im Lauf der Jahrhunderte infolge ihrer wachsenden Ähnlichkeit mehr und mehr ineinander übergehen; weil ich überzeugt bin, daß man sehr weitgehend aufhören wird, solche Verbindungen als lediglich unnatürlich zu betrachten, und daß man zumindest ihre intellektuelle Seite, wenn auch nicht ihre physische, wesentlich besser verstehen wird. (In Rußland ist das bereits der Fall.) Ich glaube, daß dann die Psychologie von Menschen wie mir von Interesse sein und man erkennen wird, daß viel mehr Menschen meines Typs existieren, als unter dem heutigen System der Scheinheiligkeit allgemein zugegeben wird. Ich sage nicht, daß solche Menschen und die Verbindungen, die sich aus ihnen ergeben, nicht ebenso mißbilligt werden, wie es heute der Fall ist; aber ich bin fest überzeugt, daß ihre größere Häufigkeit und der Geist des Freimuts und der Offenheit, der sich mit dem Fortschritt der Welt hoffentlich ausbreiten wird, zu ihrer Anerkennung, wenn auch nur als unvermeidliches Übel, führen wird. Der erste Schritt in Richtung auf solche freimütige Unvoreingenommenheit muß durch die allgemeine Zulassung normaler, aber unzulässiger Beziehungen geschehen, durch die Erleichterung der Ehescheidung oder möglicherweise sogar durch eine Änderung des Systems der Ehe. Ein solcher Fortschritt muß notwendigerweise von den gebildeteren und liberaleren Gesellschaftsschichten kommen. Da »unnatürlich« soviel bedeutet wie »von der Natur entfernt«, kann man nur von der zivilisiertesten, weil der am wenigsten natürlichen

Gesellschaftsschicht erwarten, daß sie ein solches Erzeugnis der Zivilisation toleriert.

Ich vertrete mithin die bereits hinlänglich akzeptierte Theorie, daß Fälle von doppelter Persönlichkeit tatsächlich existieren, bei denen die weiblichen und männlichen Elemente abwechselnd vorwiegen. Ich vertrete diese Auffassung in einem durchaus unpersönlichen und wissenschaftlichen Geist und nehme für mich in Anspruch, daß ich aus einer innigen Vertrautheit mit dem Problem spreche, die ein Wissenschaftler erst nach Jahren des Studiums und indirekter Auskünfte erwerben kann, weil ich den Studiengegenstand, nämlich mein eigenes Herz, allzeit zur Hand habe und die Wahrhaftigkeit dessen, was meine eigene Erfahrung mir sagt, ermessen kann. Die Menschen pflegen, wie freimütig sie auch sein mögen, stets etwas für sich zu behalten. Ich kann vor mir selbst nichts verschweigen.

29. September [1920]

Ich glaube, Violet blieb danach noch etwa fünf Tage. Während dieser ganzen Zeit war ich in phantastisch übermütiger Stimmung. Da mir nicht klar war, wie anders als ich sie in vieler Hinsicht war, zwang ich sie, mir auf wilden Ausflügen quer durch die ganze Gegend zu folgen, und da sie wußte, daß sie mich nur ganz leicht am Angelhaken hatte, gehorchte sie ohne Widerspruch. Während dieser Tage war nur sehr wenig zwischen uns, nur eine ungeheure innere Erregung und der wachsende Wunsch, allein irgendwohin zusammen wegzufahren. Diesen Wunsch verwirklichten wir, indem wir vereinbarten, für eine knappe Woche nach Cornwall zu fahren; es war das erste Mal, daß ich Harold allein ließ, und es war ihm offensichtlich nicht recht.

Wir fuhren. Wir trafen uns in London, aßen in einem Restaurant zu Mittag und nahmen, vom Abenteuergeist erfüllt, den Zug nach Exeter. Unterwegs beschlossen wir, bis nach Plymouth weiterzufahren. Als wir in Plymouth ankamen, stellten wir fest, daß man unser Gepäck natürlich in Exeter ausgeladen hatte. Alles, was wir bei uns hatten, waren verschiedene Bände mit französischer Lyrik. Es machte uns nichts. Wir gingen zum nächsten Hotel in dem triumphierenden Gefühl, daß niemand in der ganzen Welt wußte, wo wir waren; am Empfangstisch sagte man uns, es sei nur noch ein Zimmer frei. Das schien das Schicksal bestimmt zu haben. Wir nahmen es. Wir gingen zum Abendessen – Apfelwein und Schinken – und sprachen während des Essens rasch, gehetzt, mit bebenden Stimmen; sie fürchtete sich jetzt vor mir.

Am nächsten Tag fuhren wir weiter nach Cornwall, wo wir fünf glückselige Tage verbrachten; ich fühlte mich wie entrückt oder wiedergeboren; es war wie der Neubeginn des Lebens in anderer Eigenschaft. Es war uns sehr elend zumute, als wir schließlich zurückfahren mußten, aber während der ganzen folgenden Sommermonate waren wir unablässig zusammen. Wir fuhren noch einmal auf vierzehn Tage nach Cornwall. Es war ein wundervoller Sommer. Sie strahlte. Aber ich glaubte nicht einen Augenblick lang, daß es dauern würde; in meiner Vorstellung war es ein Abenteuer, eine Eskapade. Ich sagte mir immerfort, daß sie launisch und unbeständig, daß ich ihr neuestes Spielzeug sei; sie versicherte mir das Gegenteil. Das tat sie mit einem solchen Ernst, daß es mich beinahe überzeugte; aber inzwischen haben die Jahre mich gründlich überzeugt.

Sie flirtete nicht mehr und schaffte sich, als wir nach Cornwall fuhren, den Menschen, mit dem sie zuletzt verlobt gewesen war, vom Hals. Aber es gab noch einen Mann draußen in Frankreich, im Krieg, der ihr häufig schrieb; sie kannte ihn kaum, und ich war nicht eifersüchtig. Er hieß Denzil (Denys Trefusis). Sie schilderte ihn mir als feurig – Haar wie aus Golddraht, blaue Augen, die ihm fast aus dem Kopf quollen, und geflügelte Nüstern. Ich hörte ihr nicht sehr interessiert zu. Heute hasse ich ihn mehr, als ich je irgend jemand in diesem Leben gehaßt habe oder aller Wahrscheinlichkeit nach hassen werde; und es gibt nichts, was ich ihm nicht mit dem größten Vergnügen antun würde.

Diesen ganzen Sommer lang also war sie mein – ein verrückter und verantwortungsloser Sommer der Mondnächte, unendlicher Eskapaden, leidenschaftlicher Briefe, Musik und Verse. Die Sache war zu diesem Zeitpunkt für uns nicht tragisch, denn wir hatten uns zwar leidenschaftlich gern, aber es ging nicht sehr tief – nicht wie jetzt, obwohl es sich die ganze Zeit über vertiefte; nein, die Sache war nicht tragisch, sie war eine Verzückung und neu, eine ganze Seite meines Lebens öffnete sich mir, und um nichts zu verbergen, fand ich Dinge über mein eigenes Temperament heraus, deren ich zuvor nicht sicher gewesen war. Natürlich wünsche ich jetzt, ich hätte diese Entdeckungen nie gemacht. Was man nicht weiß, fehlt einem nicht, und jetzt machen die Entbehrungen mir das Leben elend und erbärmlich. Ich sehne mich oft nach Unwissenheit und Unschuld. Ich glaube, wenn irgend etwas geschähe, das meiner Freundschaft mit Violet ein Ende machte, würde ich vielleicht die Geisteskraft besitzen, das Ganze völlig aus meinem Leben auszulöschen.

Gegen Ende dieses Sommers kam Denys auf Heimaturlaub, und ich lernte ihn kennen. Er war sehr groß und schlank und hatte das geflügelte Aussehen, das sie geschildert hatte – ich verglich ihn mit vielem, mit einem Rennpferd, einem Kreuzritter, einem Windhund, einem Asketen auf der Suche nach dem Heiligen Gral. Ich mochte ihn damals gern – welche Ironie! –, und er mochte mich. Ich konnte es mir leisten, ihn gern zu haben, denn ich war an Violets Belustigungen gewöhnt. Sogar jetzt noch sehe ich durchaus seine guten Seiten, und es waren viele; aber ich sehe sie nur, wenn ich mich in die Lage eines unbeteiligten Zuschauers versetzte, und ich sehe sie vor allem, wenn Violet ihn quält. Ich sehe, daß er ein ungewöhnlicher, sensitiver und stolzer Idealist ist, und ich erkenne, daß er durch mich Monate des Leidens durchgemacht hat und seine tiefe Liebe zu Violet um ihre Erfüllung betrogen worden ist. Er tut mir in gewissen Augenblicken leid, gerade leid genug, um zu wünschen, er hätte sein Herz an jemand anderen als Violet gehängt. Ich sehe seine Tragödie – denn er ist ein tragischer Mensch. Aber das alles mildert meinen Haß auf ihn nicht, der ganz gewiß das heftigste Gefühl ist, welches ich je erfahren habe. Ich hoffe nur, daß er ihn in vollem Ausmaß erwidert, denn er hat hundertmal mehr Grund, mich zu hassen, als ich ihn.

Er war etwa zehn Tage lang in London. Es war bereits vereinbart, daß Violet und ich in diesem Winter für einen Monat auf den Kontinent reisen würden. Im Zusammenhang damit kam es zu Szenen. Violet und ich hatten wegen irgend etwas einen Krach; sie weigerte sich, ins Ausland zu fahren; sie kam zu mir in mein Haus, und wir versöhnten uns wieder; dann hatte ich eine abscheuliche Szene mit meiner Mutter, die wütend war, weil ich wegfahren wollte; um es jedoch kurz zu machen: Wir fuhren Ende November [1918] nach Paris. Ich wollte bis Weihnachten fortbleiben!

5. Oktober [1920]

Paris ... Wir waren ungefähr eine Woche dort und wohnten in einer Wohnung im Palais Royal, die man uns geliehen hatte. Noch jetzt trübt mir der Rausch einiger dieser Stunden in Paris den Blick; andere Stunden hingegen waren, wie ich zugebe, scheußlich, weil Denys kam – der Krieg war gerade zu Ende – und ich Violet für mich wollte. Aber die Abende gehörten uns. Ich habe nie einer Seele erzählt, was ich damals tat. Ich zögere, es hier niederzuschreiben, aber ich muß es tun; an dieser Stelle sich vor der Wahrheit zu drücken wäre, als ob man sich beim Patiencelegen selbst beschwindelt. Ich verkleidete mich als jungen Mann. Das war leicht, denn ich konnte mir einen khakifarbenen Verband um den Kopf wikkeln, der in jenen Tagen etwas so Alltägliches war, daß er keinerlei Aufmerksamkeit erregte. Ich färbte mir Gesicht und Hände braun. Das muß mir gut gelungen sein, denn niemand sah mich im geringsten neugierig oder argwöhnisch an – nicht ein einziges Mal, bei den vielen Malen, die ich es tat. Meine Größe war natürlich mein Hauptvorteil. Ich sah wie ein ziemlich unordentlicher junger Mann aus, wie ein etwa neunzehnjähriger Student. Es war ein herrlicher Spaß, und zwar ganz besonders deshalb, weil immer die Gefahr bestand, daß man entlarvt wurde. Im Palais Royal war es ein leichtes, weil ich einen Schlüssel hatte und unbemerkt ein und aus gehen konnte; in Hotels war es schwieriger. Ich hatte es schon einmal in England gemacht, und etwas Kühneres habe ich wohl kaum je unternommen. Ich will es erzählen: Spät eines Abends – die verdunkelten Straßen machten mich so keck – zog ich mich in meinem Haus in London um und fuhr mit Violet im Taxi bis Hyde Park Corner. Dort stieg ich aus. Niemals habe ich mich so frei gefühlt wie in diesem Augenblick, da ich allein Piccadilly hinabging und wußte, daß meine eigene Mutter, wenn ich ihr von Angesicht zu Angesicht begegnete, mich nicht beachten würde. Ich ging vor mich hin, rauchte eine Zigarette, kaufte von einem kleinen Jungen, der mich mit ›Sir‹ anredete, eine Zeitung und wurde hin und wieder von Frauen angesprochen. So schlenderte ich von Hyde Park Corner bis zur Bond Street, wo ich mich mit Violet traf und mit ihr im Taxi nach Charing Cross fuhr. Das Erstaunliche war, wie natürlich mir das Ganze vorkam. Sogar im grellen Licht des Bahnhofs sah mich niemand zweimal an. Ich war mir nicht sicher wegen meiner Stimme, stellte aber fest, daß ich sie ausreichend senken konnte. Nun denn, ich fuhr mit Violet mit dem Zug bis Orpington, und dort fanden wir eine Pension, wo wir ein Zimmer bekamen. Die Wirtin war sehr wohlwollend, und ich erklärte ihr, Violet sei meine Frau. Am nächsten Tag mußte ich natürlich dieselben Kleider wieder anziehen und war etwas besorgt wegen des Tageslichts, aber wieder nahm niemand die geringste Notiz von mir. Wir fuhren nach Knole! – was wirklich sehr mutig war. Dort verschwand ich unauffällig in den Stallungen und kam als ich selbst wieder hervor.

Diese Entdeckung war zu gut, als daß man sie hätte vergeuden dürfen, und in Paris lebte ich praktisch in dieser Rolle. Violet pflegte mich Julian zu nennen. Wir speisten jeden Abend zusammen in Cafés und Restaurants und gingen in sämtliche Theater. Nie werde ich die Abende vergessen, da wir gemächlich durch die Straßen von Paris zu unserer Wohnung zurückwanderten. Was mich persönlich betrifft, so hatte ich mich nie in meinem Leben so frei gefühlt. Vielleicht sind wir seither nie wieder so glücklich gewesen. Wenn wir in unsere Wohnung zurückkamen, standen für gewöhnlich alle Fenster nach dem Hof des Palais Royal offen, und drunten sprühten die Springbrunnen. Das Ganze war völlig unglaubhaft – wie ein Märchen.

Es konnte natürlich nicht ewig so weitergehen, und am Ende der Woche fuhren wir nach Monte Carlo, mit einem kurzen Aufenthalt unterwegs in St.-Raphael. Das Wetter war tadellos, Monte Carlo war tadellos, Violet war tadellos. Ich führte sie, wieder als Julian, zu einem Ball aus und hatte Erfolg bei einer französischen Familie, die mich einlud, sie zu besuchen und mit ihr Bridge zu spielen, und die, glaube ich, ein Auge auf mich geworfen hatte wegen ihrer Tochter, einem reizlosen Mädchen, dem ich mit Komplimenten den Kopf zu verdrehen suchte. Sie sagten: »On voit que monsieur est valseur«, und ihr Sohn, ein französischer Offizier, erkundigte sich nach meiner »blessure«, und wir tauschten Kriegserinnerungen aus.

Zu Weihnachten fuhr ich nicht zurück. Ich fuhr erst gegen Ende März zurück, alle waren sehr böse auf mich, und mir war nach diesen vier ausgelassenen und strahlenden Monaten sehr nach Selbstmord zumute. Diese ganze Zeit ist schauerlich, ein Alptraum. Harold war in Paris, und ich war allein mit Mutter und Dada, die beide sehr zornig waren und verlangten, daß ich Violet den Laufpaß gebe. (Es hatte inzwischen eine Menge böswilligen Klatsch gegeben.) Außerdem war Denys seit einem Monat in England und drängte darauf, seine Verlobung mit Violet bekanntzugeben. Violet war wie ein gejagtes Tier. Ich hätte die Verlobung mit einigen wenigen Worten verhindern können, aber ich fand, das wäre zu empörend selbstsüchtig gewesen; Violets Mutter, ein Dämon von Weib, wollte sie unter allen Umständen sicher und wohlbehalten verheiratet wissen und hatte schon ganz London erzählt, daß sie Denys heiraten werde. Sie hatte bereits einen so schlechten Ruf wegen ihrer vielen aufgekündigten Verlobungen, daß das gerade noch gefehlt hätte. Außerdem meinten wir beide, sie würde durch eine Heirat mehr Freiheit gewinnen, denn Denys war bereit, sie unter ihren eigenen Bedingungen zu heiraten – das heißt: lediglich geschwisterliche Beziehungen.

Mir war restlos elend zumute. Ich fuhr allein nach Brighton und wohnte in einem großen leeren Haus, in dem alle Möbel mit Tüchern zugedeckt waren, lag die ganze Nacht lang wach und überlegte den ganzen Tag lang, ob ich mich nicht über die Felsklippen hinabstürzen solle. Alle fragten mich, warum ich so krank aussähe. Am fünften Tag stand Violets Verlobung in den Zeitungen; ich kaufte die Zeitung am Bahnhof in Brighton und wurde beinahe ohnmächtig, als ich es las, obwohl ich die Anzeige erwartet hatte. Nicht lange danach fuhr ich nach Paris zu Harold, der um diese Zeit bereits über die ganze Sache Bescheid wußte. Ich war schrecklich unglücklich in Paris. Als ich nach London zurückkam, erklärte Violet, nichts könne sie dazu verleiten, die Sache durchzuführen, und ich müsse sie davor retten, indem ich mit ihr wegführe; ich glaube sogar, sie verwendete Denys hauptsächlich als Hebel, um mich dazu zu bringen. Sie war inzwischen vollkommen besessen von dem Gedanken, ständig mit mir zu leben. Ich erinnere mich an den weiteren Verlauf im einzelnen nicht genau, aber ich weiß, daß ich schließlich einverstanden war. Danach waren wir beide weniger unglücklich; ich konnte es mir gestatten, sie als nach außen hin mit Denys verlobt zu betrachten, da ich ja wußte, daß sie, anstatt ihn zu heiraten, mit mir auf und davon gehen würde. Ich hatte wirklich die Absicht, sie zu entführen; wir hatten alles genau geplant. Wir wollten am Tag vor ihrer Hochzeit abreisen – nicht früher, da wir meinten, man werde uns einholen und zurückbringen. Es war natürlich nur diese Zukunftserwartung, die mich instand setzte, die Zeit ihrer Verlobung überhaupt durchzuhalten.

Dann erhielt ich etwa fünf Tage vor ihrer Hochzeit mit derselben Post drei todunglückliche Briefe von Harold, der die Gefahr gewittert hatte, denn ich hatte ihm, um es ihm mehr oder weniger schonend beizubringen (und auch weil ich während dieser ganzen Zeit selbst in einer schrecklichen seelischen Verfassung war), Briefe voller Andeutungen geschrieben. Als ich seine Briefe las, knackte etwas in mir. Ich sah Harold vor mir, so lieb und sanft und gütig und ganz auf mich angewiesen. Violet war dabei. Sie war zutiefst erschrokken. Ich erinnere mich, daß ich zu ihr sagte: »Es geht nicht, ich kann dich nicht entführen.« Sie flehte mich an mit allem, was ihr nur einfiel, aber ich blieb unerbittlich. Wir fuhren zusammen nach London; Violet war schon nahezu übergeschnappt, während ich mir Sätze aus Harolds Briefen wiederholte, um mir Kraft zu geben. Ich telegraphierte ihm, daß ich nach Paris käme; ich hatte nur einen Gedanken, nämlich so rasch wie möglich zu entfliehen und eine große Entfernung zwischen mich und die Versuchung zu legen. Ich sah Violet noch zweimal; einmal in meinem Haus in London; sie sah krank und verändert aus; und einmal am frühen Vormittag im Haus ihrer Mutter, um ihr auf dem Weg zum Bahnhof Lebewohl zu sagen. Es war noch früh am Morgen, eine scheußliche Schlumpe scheuerte gerade die Stufen vor der Haustür, ich stieg über ihren Eimer mit Seifenwasser und sah Violet im Damenzimmer. Dann fuhr ich allein nach Paris. Es war einer der schlimmsten Tage, an die ich mich erinnern kann. Während ich im Zug nach Folkestone saß, meinte ich noch immer, ich könnte es mir anders überlegen und umkehren, wenn ich wollte, denn sie hatte mir gesagt, sie werde bis zum letzten Augenblick auf mich warten und sofort kommen, falls ich auftauchte oder sie anrief. In Folkestone hatte ich das Gefühl, es werde alles immer unwiderruflicher, und versuchte, das Schiff wieder zu verlassen, aber das Fallreep wurde bereits weggezogen, und man stieß mich zurück. Ich hatte Harolds Briefe bei mir und las sie immer wieder durch, bis sie allen Sinn und Verstand verloren hatten. Die Überfahrt war mir nie so langsam vorgekommen; in meiner Erinnerung steht sie wie ein einziger Alptraum. Ich konnte nichts essen, und die Tränen liefen mir unablässig übers Gesicht. Harold holte mich an der Gare du Nord ab. Ich sagte, ich wolle sofort zurückfahren, aber er antwortete: »Nein, nein« und fuhr mich im Auto nach Versailles hinaus. Der folgende Tag war ein Sonntag, und er blieb den ganzen Tag über bei mir. Inzwischen hatte eine solche Reaktion bei mir eingesetzt, daß ich geradezu fieberhaft vergnügt war, und er hätte denken können, es sei überhaupt nichts los. Ich gab ihm das Buch, an dem ich damals schrieb (›Challenge‹), weil ich wußte, daß Violet mir das sehr übelnehmen würde, denn es handelte nur von ihr. Ich lag die ganze Nacht lang wach. Der nächste Tag war Montag, der 16. Juni [1919]; Harold mußte nach Paris fahren, und ich saß ganz benommen in meinem Zimmer, hielt meine Uhr in der Hand und sah den Zeigern zu, wie sie sich über die Stunde von Violets Trauung hinwegbewegten. Während der ganzen Zeit wußte ich, daß sie eine vorher vereinbarte Mitteilung von mir erwartete, die ich nicht schickte. Ich war damals von alldem so betäubt, daß ich nicht einmal nachdenken konnte; erst seither ist mir klargeworden, wie sich jede Minute in mich hineingebrannt hatte.

Am Dienstag abend kamen Violet und Denys nach Paris. Am Mittwoch suchte ich sie im Ritz auf. Sie trug ein Kleid, das ich nie vorher gesehen hatte, aber keinen Trauring. Ich kann nicht schildern, wie schrecklich das Ganze war – dieses Treffen und überhaupt alles. Es machte mich körperlich krank, darüber zu schreiben und darüber nachzudenken, und meine Wangen glühten. Ich hatte inzwischen Versailles verlassen und wohnte allein in einem kleinen Hotel. Dorthin nahm ich sie mit, behandelte sie brutal, liebkoste sie, besaß sie, es war mir alles ganz egal, ich wollte nur Denys weh tun, obwohl er gar nichts davon wußte. Ich habe keine Entschuldigung dafür, außer daß ich während der vergangenen Woche zuviel gelitten hatte und wirklich kaum zurechnungsfähig war. Am nächsten Tag sah ich Denys, und wir hatten ein scheußliches Gespräch. Violet sagte ihm, sie habe die Absicht gehabt, mit mir durchzubrennen, anstatt ihn zu heiraten, und sie mache sich nichts aus ihm. Er erbleichte, und ich dachte schon, er werde ohnmächtig werden. Ich beherrschte mich und sagte nicht mehr viel. Ich hatte sagen wollen: »Wissen Sie denn nicht, Sie blöder Narr, daß sie mir gehört, in jedem Sinn des Wortes?«, aber ich fürchtete, er werde sie umbringen, wenn ich das sage. An diesem Abend aß ich im Ritz, und Violet beobachtete mich aus dem offenen Fenster ihres Zimmers, während Denys im Zimmer dahinter vor sich hin schluchzte. Dieser Tag scheint einen tiefen Eindruck auf ihn gemacht zu haben, denn er kam anschließend in seinen Briefen an sie immer wieder darauf zu sprechen.

Danach fuhren sie nach St.-Jean-de-Luz, und ich fuhr mit Harold in die Schweiz und dann allein zurück nach England. Drei Wochen später kam Violet zurück. Jetzt war alles nicht ganz so schlimm. Sie hatte ein Haus auf dem Land, in Sussex, Denys kam nur über das Wochenende hinaus, und ich verbrachte die ganze übrige Woche bei ihr. Er und ich trafen nie zusammen, denn er hatte in Paris zu mir gesagt, es müsse entweder Krieg oder Frieden sein. Wir begegneten einander nur einmal, als er früher kam als erwartet; ich war gerade im Wegfahren, und Violet warf ein paar Sachen in einen Handkoffer und kam mit. Ich habe nie jemand so wütend gesehen wie ihn damals. Er war totenbleich, und seine Lippen bebten.

Ich versuchte Violet zur Rückkehr zu bewegen, denn ich fand, sie demütigte den Mann wirklich zu sehr, aber sie wollte nicht. Im ganzen jedoch stand sie auf gutem Fuß mit ihm, und ich muß sagen, daß er zu ihr freundlich und gut wie ein Engel war und vor allem die Versprechen, die er gemacht hatte, hielt, was, glaube ich, wenige Männer getan hätten. Ich glaube, dies war im ganzen die Zeit, in der Violet ihn noch am besten leiden konnte.

21. Oktober [1920]

Aber sie versuchte unablässig, mich dazu zu bringen, mit ihr wegzugehen. Lange Zeit wolle ich nicht, weil ich fand, sie habe mir mit ihrer Heirat einen üblen Streich gespielt, und weil ich Harold nicht jemand opfern wollte, der des Opfers nicht würdig war. Ich fand, sie habe auch Denys einen mehr als üblen Streich gespielt, indem sie ihn auf diese Weise heiratete, seine Liebe und treue Ergebenheit akzeptierte und ihn dabei die ganze Zeit hinterging und betrog, und für mich selbst hegte ich beinahe ebensoviel Verachtung, weil ich mich an der Täuschung beteiligt hatte; alles in allem war ich ziemlich unglücklich und angewidert von der ganzen Sache. Mein einziger Trost war, daß Harold alles wußte; und auch meine Mutter wußte Bescheid, denn ich hatte ihr an dem Abend, als ich aus Paris zurückkam, die ganze Wahrheit über mich erzählt; und wenn Violet es vorzog, nicht ebenso offen und ehrlich zu sein, wie ich es gewesen war, dann ging mich das eigentlich nichts an. Es war nicht meine Sache, mich um Denys zu kümmern und dafür zu sorgen, daß er nicht hintergangen wurde. So argumentierte ich mit mir selbst, ohne mir damit viel Genugtuung zu verschaffen.

Erst Ende August war ich bereit, mit Violet wegzufahren. Harold war noch in Paris, und ich konnte Ben und Nigel in

Knole lassen, also war die Sache vergleichsweise einfach. Wir wollten nach Griechenland fahren, denn mein Buch handelte von Griechenland, und das lieferte einen Grund; es gab auch nicht viel Opposition, außer in letzter Minute von meiner Mutter, aber ich fuhr trotzdem. Wir fuhren im Oktober los, und es war keine sehr verheißungsvolle Abreise, denn Violet wurde so schlecht, daß wir in Folkestone übernachten mußten. Sobald wir in Paris waren, war alles anders, und wir führten dasselbe Leben wie im Jahr zuvor: Cafés, Theater und »Julian«. Unsere Zuneigung zueinander hatte nicht nachgelassen, im Gegenteil, und auch meine Leidenschaft für die Freiheit dieser Lebensführung war unvermindert. Ich schlenderte auf den Boulevards umher, so wie ich damals Piccadilly entlanggeschlendert war, ich saß in Cafés und trank Kaffee und sah den Vorübergehenden zu; zuweilen sah ich Leute, die ich kannte, und überlegte, was sie wohl denken würden, wenn sie über den latschigen jungen Mann mit dem verbundenen Kopf und dem *voyou*-Aussehen die Wahrheit wüßten, und ob sie die schweigsame und spöttisch dreinblikkende Frau erkennen würden, der sie vielleicht bei einem Diner oder einem Ball begegnet waren.

Nie habe ich etwas so zu schätzen gewußt wie dieses Leben: die Heimlichkeit, das Versteckspielen, die ständigen Hintergedanken und die kecke Herausforderung gegenüber jedem Polizisten, an dem ich vorüberging.

Wir blieben nicht sehr lange in Paris, sondern fuhren nach Monte Carlo, um von dort nach Griechenland weiterzureisen. Es war herrlich, nach Monte Carlo zurückzukehren, wo wir so glücklich gewesen waren; wir standen an den offenen Fenstern unserer alten Zimmer und blickten hinaus auf die Lichter und die Nacht und das Meer, und es war wirklich einer jener Augenblicke, in denen man vor lauter Glückseligkeit kaum glauben kann, daß man am Leben ist. Aus komplizierten und lediglich praktischen Gründen fuhren wir schließlich überhaupt nicht nach Griechenland, und obwohl ich natürlich enttäuscht war, brach es mir nicht das Herz, denn es war wundervoll in Monte Carlo, und Violet war so gern dort. Eine Komplikation ergab sich allerdings, als Denys seine Ankunft in Cannes mitteilte. Violet wollte nicht hinfahren; sie wollte auf und davon gehen, aber ich meinte, wenn er nach Cannes kam in der zuversichtlichen Erwartung, sie dort zu treffen, und dann feststellte, daß sie durchgebrannt war, sei er in einem Anfall von Verzweiflung zu allem imstande. Also begleitete ich sie nach Cannes und fuhr selbst nach Paris; sie sollte Denys aufklären und ich Harold; wir trennten uns sehr ungern voneinander, wenn es auch nur – wie wir dachten – für ein paar Tage war. Wir hatten zwei Monate zusammen verbracht. Aber als ich in Paris eintraf, fand ich Harold mit einem Abszeß am Knie vor, der operiert werden mußte und ihm sehr starke Schmerzen verursachte, und ich wies jeden Gedanken daran von mir, ihm zu sagen, daß etwas nicht in Ordnung sei. Ich blieb zwei Wochen bei ihm – meine Mutter war auch da – und fuhr dann nach England, um mich um Ben und Nigel zu kümmern. Violet kehrte einen oder zwei Tage später nach England zurück, und Harold sollte nachfolgen. In der Zwischenzeit hatten Violet, Denys und ich eine wahrhaft groteske Unterredung in London, bei der er mich fragte, wieviel Geld ich haben müsse für Violets und meinen Unterhalt, wenn wir weggingen, so daß ich mir wie ein junger Mann vorkam, der Violet heiraten will und von ihrem Vater ausgefragt wird. Denys, der mich auf seinen eigenen Wunsch hin aufgesucht hatte, verhielt sich sehr still und geschäftsmäßig und sah dabei aus wie der Tod. Wir gaben uns nicht die Hand. Er wandte sich an Violet und fragte sie, ob sie auf alles verzichten und mit mir leben wolle. Sie bekam einen Schrecken und bat um eine Woche Bedenkzeit. Wir waren beide damit einverstanden und versprachen, uns an ihre Entscheidung zu halten, und er ging weg.

An dem Tag, an dem Harold heimkam, versuchte Violet, die Dinge zu überstürzen. Sie rief mich an und sagte mir, Denys habe ihr erklärt, wir müßten bis zum folgenden Abend weg sein oder könnten gar nicht reisen. Ich Törin glaubte ihr, und dies bedeutete, daß ich es Harold im Augenblick seiner Ankunft sagen mußte. Ich holte ihn am Victoria-Bahnhof ab; er lahmte stark und ging an zwei Stöcken; die Erinnerung daran durchbohrt mich noch jetzt wie ein Stich. Wir aßen im Haus seiner Eltern zu Abend, und nach dem Essen ging ich hinauf in sein Zimmer und sagte ihm, daß ich am nächsten Tag zusammen mit Violet England verließe. Er hatte einen Nervenzusammenbruch und weinte. Dann kam seine Mutter ins Zimmer, und ich sagte ihr, was ich zu tun gedachte und warum; natürlich flehte sie mich an, es nicht zu tun; sie hatte ihre Perücke abgenommen und war, obwohl es ihr nicht im geringsten bewußt war, in diesem Augenblick eine der rührendsten und bemitleidenswertesten Gestalten, die ich je erblickt habe. Ich fühlte mich dem ganzen gütigen und ordnungsliebenden Haus so fremd; ich kam mir wie ein Paria vor, und die Duldsamkeit seiner Mutter erhöhte nur noch mein Gefühl der Schande; sie schob mich nicht von sich, sondern legte beide Arme um mich und sagte, nichts, was ich tun könne, sei schlecht, sondern nur falsch und irrig. Ich kam mir besudelt vor, ich war so unglücklich und spürte meine Entfremdung von ihnen und meine Zugehörigkeit zu Violet so scharf und deutlich, daß ich nur noch irgendwohin entfliehen wollte, wo ich ihre Reinheit nicht länger beschmutzen würde. Ich verließ sie und ging in ein kleines Hotel, wo ich mir bereits ein Zimmer gemietet hatte, und saß die halbe Nacht auf und schrieb Briefe. Das Zimmer war angefüllt mit weißem Flieder, den Violet mir geschickt hatte. Am nächsten Tag suchte ich Harold auf. Er machte geltend, daß er krank sei, und bat mich, wenigstens die zwei Wochen seines Krankenurlaubs mit ihm zu verbringen. Ich begab mich zu Violet, um das zu arrangieren. Ich war so scharf und grob mit ihr, wie ich es nie mit Harold gewesen bin; ich weigerte mich absolut, an diesem Tag mit ihr abzureisen. Nach dem Mittagessen begleitete ich Harold zu ihr. Er sagte ihr, am Ende der vierzehn Tage werde er mich gehen lassen, wenn ich es noch immer wollte. Dann fuhr ich mit ihm nach Knole, und es wurde zwischen uns über die Sache nicht mehr gesprochen. Ich weiß nicht, was und wie er während dieser ganzen vierzehn Tage darüber dachte – ich weiß nicht einmal, ob er die Gefahr, daß ich ihn verlassen könnte, überhaupt ernst nahm. Außer Harold und mir waren Ben, Nigel und Dada in Knole; ich war so beschäftigt mit meinen eigenen Angelegenheiten, daß ich vergessen habe zu erwähnen, daß meine Mutter im Mai des vorangegangenen Jahres Dada und Knole verlassen hatte und nicht zurückgekehrt war. Also waren wir nur zu fünft, und mich zumindest mutete die ganze Sache ziemlich phantastisch an, nicht zuletzt die Tatsache, daß Harold nie die geringste Anspielung auf mein Weggehen machte.

Am allerletzten Tag – es war im Januar – fuhr ich mit ihm zusammen nach London, und noch immer wollte er nicht darüber sprechen, außer wenn ich ihn dazu zwang. Er kehrte nach Paris zurück und ich nach Knole, und ich überlegte, wann ich ihn, wenn überhaupt je, wohl wiedersehen würde. In Knole traf ich alle Vorkehrungen, und am folgenden Tag fuhr ich mit meinem Gepäck nach London. Violet benahm sich höchst erstaunlich. Sie sagte, sie brauche diesen Abend für sich, um mit Denys Geschäftliches zu besprechen, aber dann entdeckte ich, daß sie verabredet hatte, mit ihm ins Theater zu gehen. Warum, habe ich mir nie erklären können. Wir vereinbarten jedoch, daß wir am nächsten Tag reisen würden und ich für die Nacht noch einmal nach Knole zurückkehren würde. Violet begleitete mich zum Bahnhof, brachte ihr Gepäck mit und wollte auf der Stelle mit mir wegfahren; aber sie hatte Denys ihr Wort gegeben, daß sie an diesem Abend zu Hause sein werde, und ich erklärte ihr, sie müsse bis zum nächsten Tag warten. Sie flehte mich an, sie nicht zu zwingen zurückzukehren, und ich mußte sie beinahe gewaltsam aus dem Zug stoßen, denn sie hatte sich schon bis in mein Abteil gedrängt. Ich war noch kaum in Knole angelangt, als sie mich von einem Hotel am Trafalgar Square aus anrief und erklärte, nichts könne sie dazu bringen, zu Denys zurückzukehren, aber da mir der Gedanke unerträglich war, sie in Gott weiß was für einem Loch von Hotel zu wissen, überredete ich sie zurückzugehen. Sie wollte in den Gasthof in Sevenoaks kommen. Ich verstand damals die ganze Geschichte nicht und verstehe sie jetzt ebensowenig; aber ich muß ihr gegenüber gerecht sein und darf nicht vergessen, daß sie an jenem Abend verzweifelt versuchte, zu mir zu gelangen, und daß sie mir schon seit Tagen gesagt hatte, sie habe die schrecklichste Angst davor, daß Denys sein Versprechen brechen werde.

Am nächsten Tag holte ich sie in einem Taxi in London ab, und wir fuhren nach Lincoln.

Es war bitter kalt, aber wir waren sehr glücklich in Lincoln. Ich nahm sie mit ins Marschland, über das ich ein Buch schrieb; das war der Zweck der Fahrt nach Lincoln gewesen. Dann kamen wir zurück nach London und zum Hotel am Liverpool-Street-Bahnhof. Sie rief Denys an, der sofort kam, und sagte ihm, sie werde England am nächsten Tag verlassen. Ich war nicht dabei, aber ich sah ihn. Als wir am nächsten Morgen in der Hotelhalle mit unserem Gepäck auf ein Taxi warteten, kam er noch einmal herein. Ich bat sie, sie solle zu ihm gehen und mit ihm sprechen, aber ich weiß nicht, was er sagte. Er übergab ihr einen langen Brief, den er ihr geschrieben hatte, und sie gab ihn mir im Taxi auf der Fahrt zum Victoria-Bahnhof zu lesen; nachdem ich ihn gelesen hatte, tat ich das einzige, worauf ich ein ganz klein wenig stolz bin: Ich sagte, ich würde sie aufgeben, wenn sie zu ihm zurückkehren wolle. Sie weigerte sich aufs heftigste und erklärte, nichts könne sie dazu bewegen, nicht einmal, wenn ich sie verließe. Ich redete auf sie ein – ich drängte sie wirklich; er hatte ihr einen Brief geschrieben, der mich wirklich rührte. Ich fuhr mit ihr nach Dover und versuchte während der ganzen Fahrt, sie zu überreden. Aber sie war unnachgiebig. Das einzige Zugeständnis, zu dem sie bereit war, bestand darin, allein nach Frankreich vorauszufahren; offenbar meinte sie, daß er sich daran weniger stoßen werde. Ich brachte sie zum Schiff, sie war fest entschlossen, hatte nur eine kindische Angst vor der Überfahrt, und wir verabredeten, daß wir uns am folgenden Tag in Amiens treffen würden.

Ich blieb allein in Dover zurück, sah ihrem Schiff nach, bis es außer Sicht war, und ging zu einem kleinen Privathotel und nahm mir ein Zimmer für die Nacht. Ich aß zu Mittag, und da mir sehr trostlos zumute war, ging ich zum Bahnhof hinunter und stand dort und sah aufs Meer hinaus, und als ich mich umdrehte, sah ich Denys auf mich zukommen. Er machte ein sehr besorgtes Gesicht und trug große Autofahrer-Handschuhe. Er fragte: »Wo ist Violet?«, und ich antwortete ihm, sie sei abgefahren. Er wollte ihr nachreisen. Ich nahm ihn mit mir zurück zu meiner Pension, und er ging den ganzen Nachmittag ruhelos in meinem Zimmer auf und ab. Zuerst wollte ich ihm nicht sagen, wohin sie gefahren sei, aber da er mir drohte, er werde bei mir bleiben, bis ich Dover verließe, und er wisse, daß ich sie treffen werde, sagte ich ihm, ich führe am nächsten Tag. Er versprach, daß er mir kein Schnippchen schlagen und mir zuvorkommen werde, und wir vereinbarten, zusammen zu fahren und sie vor die Wahl zwischen uns zu stellen. Ich haßte ihn jetzt nicht im geringsten, er tat mir nur sehr leid. Wir gingen zusammen zum Postamt und sandten Telegramme an Violets Angehörige und an meine und trennten uns dann in äußerst düsterer und verbissener Stimmung.

Während der Nacht erhob sich ein Sturm auf dem Kanal, und ich spürte, während ich im Bett lag, wie das ganze Haus – das alt und vermutlich recht klapprig war – unter mir zitterte und bebte. Ich konnte nicht schlafen. Ich lag in einer Art Wach-Alptraum; ich war auf einmal überzeugt, daß das Haus in Brand geraten werde, daß der Wind es im Handumdrehen zu einem Flammenmeer aufblasen werde und daß ich, da mein Zimmer im obersten Stockwerk lag, keine Aussicht auf Entkommen hatte. Ich stand auf und blickte ins Treppenhaus hinab: auf jedem Etagen-Treppenabsatz brannten Gasflammen, die im Luftzug flackerten, und nichts kam mir wahrscheinlicher vor, als daß eine von ihnen das Haus in Brand setzen werde. Ich nahm einige Tabletten Aspirin, ging zurück ins Bett und schlief gleich darauf ein; ich hatte grauenvolle Träume und wachte einmal mit tränenüberströmtem Gesicht auf. Ich wachte immer wieder auf, bis die Morgendämmerung sich hinter den Jalousien zeigte; dann stand ich auf und kleidete mich an.

Es regnete in Strömen, und der Wind schien stärker denn je; ich ging hinaus und wurde glattweg über die Straße geblasen. Das Meer war schlammfarben und ging sehr hoch; sogar die Schiffe im Hafen schwankten heftig hin und her, und draußen vor dem Hafen warfen die Wellen Schauer von Gischt über die Kais. Einen solchen Sturm hatte ich noch nie erlebt. Ich ging zum Kanaldampfer hinunter, um eine Kabine zu reservieren, und stieß dort auf Denys, der dasselbe vorhatte. Der Anblick von uns beiden, wie wir im Büro des Zahlmeisters durch Bestechung Kabinen zu erlangen suchten, war so komisch, daß wir etwas weniger grimmig und verbissen zueinander waren. Ich weiß nicht, was Denys dachte, aber ich selbst war eher heiter und vergnügt bei dem Gedanken, in diesen Sturm und diese Unsicherheit hinauszufahren, nach den nervenzerreißenden und untätigen Stunden, die ich durchlebt hatte. War man einmal da draußen, konnte es kein Schwachwerden und keine Rückkehr mehr geben: Man konnte um eine Gnadenfrist beten, aber man würde vergebens beten; man würde nicht eine Minute lang entwischen können oder Erleichterung erhalten; man mußte sich zur anderen Seite durchkämpfen, ehe man Ruhe und Frieden finden konnte. Sehr segensreich für jemand wie mich, der mit menschlichen Angelegenheiten gekämpft hatte, die man beiseite tun oder aufschieben konnte, wenn man spürte, daß die Kraft versagte! Da draußen war einem keine Zeit gewährt, um Atem zu schöpfen oder sich zu erholen; das Schiff fuhr geradewegs unter den grauen Wellentälern durch; das Wasser schlug über ihm zusammen und lief schwärzlich von seinen Decks ab: alles war naß, unbequem und völlig unbarmherzig; der Wind knuffte einen hin und her und tobte einem ins Gesicht, Lärm und Getöse verwirrten einem die Sinne; man mußte vor allem daran denken, auf den Füßen zu bleiben und das Gleichgewicht nicht zu verlieren; alle die hübschen spitzfindigen Haarspaltereien, die einem auf dem trockenen Land zu schaffen machten, kamen einem, dem Himmel sei Dank, in dieser guten rauhen Welt der Elemente überhaupt nicht in den Sinn.

Auf jeden Fall trieb diese symbolträchtige Überfahrt Denys und mich regelrecht in ein herzliches Verhältnis – wir machten Witze über Seekrankheits-Mittel, er forderte mich heraus, ob ich mich traute zu rauchen, und als wir schließlich in Calais anlegten, lud er mich sogar zum Mittagessen im Bahnhofsrestaurant ein. Dann sagte er, er werde sich um mein Gepäck kümmern, wenn ich vorausgehen und einen Tisch besetzen wolle. Ich ging ins Restaurant, und dort kam Violet auf mich zugestürmt, kalkweiß, zitternd und geradezu hysterisch. »Guter Gott«, sagte ich, »warum bist du denn nicht in Amiens? Denys ist mitgekommen.« Sie sagte dann, sie müsse sofort verschwinden, aber in diesem Augenblick kam er herein. Wir begriffen sofort, daß sie krank und ausgehungert war – sie hatte seit vierundzwanzig Stunden oder länger nichts gegessen –, und nötigten sie, sich hinzusetzen, etwas Huhn zu essen und Champagner zu trinken. Sie sagte, sie habe alle ihre Sachen in Amiens gelassen, aber es konnte keine Rede davon sein, noch an diesem Tag mit ihr hinzufahren, oder von überhaupt etwas, außer sie ins Bett zu legen und einen Arzt zu rufen. Wir trudelten zu dritt in einer geschlossenen Droschke durch Calais, fanden ein Hotel und machten Anstalten, sie zu Bett zu bringen; aber das Bett war so schmutzig, daß wir in ein anderes Hotel umzogen. Sie war völlig gefügig in unseren Händen, und wir waren viel zu beschäftigt, Wärmflaschen, Schwamm und Seife und einen Arzt zu besorgen, als daß uns die Absurdität der ganzen Sache bewußt geworden wäre. Sie wurde noch lächerlicher dadurch, daß man Denys und mir Zimmer mit einer Verbindungstür gab, während ihr Zimmer etwas weiter weg lag. Als wir sie schließlich wohlbehalten im Bett hatten, saßen wir beide in ihrem Zimmer und strahlten sie vor Erleichterung an. Sie hatte sich inzwischen erholt und amüsierte uns mit Geschichten ihrer Abenteuer auf der Fahrt nach Amiens. Wir hatten uns beide Sorge um sie gemacht und spürten nichts als Freude darüber, daß sie wenigstens in Sicherheit war; ich zumindest weiß, daß das meine Empfindung war, und ich glaube nach Denys' Verhalten, daß er das gleiche fühlte. Das Riesenproblem, das wir drei zu lösen hatten, und alle die Schmerzen, aller Kummer und Eifersucht, die seine Lösung für uns nach sich ziehen mußte – alles das war im dreifachen Einverständnis beiseite geschoben. Wir waren froh und vergnügt, wir waren sogar übermütig, und zwar nicht auf negative, sondern auf positive Weise; es war, als sei die Zeit aufgehoben, als seien auch alle menschlichen Beziehungen aufgehoben, außer Denys' und meiner gemeinsamen Liebe zu Violet. Ich glaube, wir hegten keine Feindseligkeit gegeneinander. Wir waren Widersacher, die durchaus willens waren, einander gern zu haben, während unsere Feindschaft sich im Schwebezustand befand. Unsere Feindschaft war etwas, das von außen, nicht von innen wirkte. Wir redeten und diskutierten über alle die uns nicht persönlich betreffenden Dinge, die Denys so sehr am Herzen lagen wie mir, Musik, Dichtung, Unsterblichkeit, und die ganze Zeit über lag Violet, ein Kissen im Rücken, in einem riesigen Bett wie eine Prinzessin und hörte uns zu mit einem neckenden Ausdruck verblüffter Belustigung und schien die farcenhafte Wendung, die die Dinge genommen hatten, aufrichtig zu genießen. Das war nach dem Abendessen. Wir hatten zu dritt in ihrem Zimmer gespeist, und Denys und ich hatten sie abwechselnd bedient. Sie war an diesem Abend ganz bezaubernd und amüsant. Zu Beginn des Abendessens konnten unsere zuckenden Lippen kaum der Versuchung widerstehen, in ein *fou rire*, in ein unbändiges Gelächter, auszubre-

Violet Trefusis, Gemälde von Jacques Émile Blanche.

Oben: In Long Barn, zwei Meilen von Knole entfernt, lebten die Nicolsons von 1915 bis 1930. Hier legten sie ihren ersten Garten an.

Unten: Harold Nicolson und seine Sekretärin während der Pariser Friedenskonferenz 1919.

chen, und Violet allein rettete die Situation. Nach dem Essen waren es, wie gesagt, Denys und ich, die redeten. Ich erkannte an diesem Abend, wie gescheit er war, wie ihn lauter Dinge beschäftigten, die alles andere als schäbig, schmuddelig und unerquicklich waren; ich erkannte sogar mit Bedauern, welch gute Freunde wir unter anderen Umständen hätten sein können; und vor allem war ich gerührt von seiner naiven Freude darüber, daß Violet wieder da und sicher und wohlbehalten war; es rührte mich, weil ich dieses Gefühl teilte und es verstehen konnte.

Am nächsten Morgen ging es Violet besser, wir frühstückten zu dritt und beschafften uns dann ein Auto, um nach Boulogne hinüberzufahren. Noch immer war das brennende Thema nicht angerührt worden, außer am vorangegangenen Abend durch Denys mit einem Scherz: Er meinte, wir sollten alle zusammen nach Jamaika auswandern und Zucker pflanzen. Jetzt waren wir wieder düster, denn es war uns bewußt, daß die Diskussion nicht mehr lange hinausgeschoben werden konnte. Die Autofahrt war eine trübselige Sache. Es war ein schwärzlicher Tag, die Straße führte durch eine kahle, heckenlose, trostlos eintönige Gegend, und einmal hätten wir um ein Haar einen Zusammenstoß gehabt, und Denys sagte zu mir: »Das wäre schließlich vielleicht die beste Lösung.« Wir aßen in Boulogne zu Mittag und nahmen dann den Zug nach Amiens. Wir hatten vereinbart, unsere Angelegenheit in Amiens zu besprechen, aber im Zug, mitten in allerlei Schreibspielen, Schüttelreimen und Scherzen, schrieb Denys auf ein Stück Papier, er wisse, daß Denys fest entschlossen sei, und er werde uns in Amiens verlassen und nach Paris fahren und Violet nie wiedersehen. Im Handumdrehen war alles wieder tragisch. Mir verschlug es die Sprache, ich konnte überhaupt nichts sagen. Wir hatten noch etwa zwei Stunden Fahrt bis Amiens vor uns, und da ich das Gefühl hatte, die Fahrt würde zu schmerzhaft und peinlich werden, verließ ich die beiden und setzte mich ins nächste Abteil. Denys weinte während der ganzen Fahrt nach Amiens. In

Amiens stiegen Violet und ich aus und er ebenfalls, da er umsteigen mußte; er sah schrecklich aus, wie er davonging, und Violet und ich waren allein.

Das waren zwei böse Stunden gewesen.

Wir gingen ins Hôtel du Rhin, wo sich bereits Violets Sachen befanden. Ich glaube, mir tat Denys mehr leid als ihr. Wenn er sich nicht im Zug so plötzlich entschlossen hätte, hätte ich, wie ich beabsichtigte, sie gedrängt, mit ihm zu gehen, obwohl ich wußte, daß es gänzlich zwecklos gewesen wäre. Ich konnte ihre Gleichgültigkeit ihm gegenüber nicht verstehen, denn sogar mich bedrückte der Gedanke daran, was er litt und wie er am nächsten Tag leiden würde, wenn er auf der Rückfahrt von Paris nach London durch Amiens kommen würde und wußte, daß Violet mit mir zusammen noch dort war. Ich war so beunruhigt von dieser Vorstellung, daß ich selbst in Paris anrief, um mich zu erkundigen, wie es ihm gehe, aber man sagte mir, er sei bereits nach London abgereist.

Wir verbrachten den Tag mit der Besichtigung der Kriegsverwüstungen in Amiens und der wundervollen Kathedrale. Ich verständigte Harold durch ein Telegramm über unseren Aufenthalt, für den Fall, daß er sich Sorgen machte. (Ich wußte nicht, daß er alle meine Briefe und Telegramme nicht erhalten hatte, da er mich inzwischen in England suchte; er war in demselben Sturm wie ich über den Kanal gefahren, nur in entgegengesetzter Richtung.) Violet und ich hatten beabsichtigt, mit dem Auto an Paris vorbeizufahren – ich glaubte Harold in Paris und konnte den Gedanken nicht ertragen, tatsächlich in die Stadt hineinzufahren – und dann mit der Bahn nach Sizilien zu reisen. Wenn sie wieder ganz wohl gewesen wäre, hätten wir das wahrscheinlich noch am selben Tag getan, aber sie war noch immer elend von den Nachwirkungen ihrer Angst und davon, daß sie so lange nichts gegessen hatte; also blieben wir in Amiens. An diesem Abend, nach dem Essen, traf ihr Vater, Oberst George Keppel, in unserem Hotel ein. Er war aufgeblasen, hochfahrend, theatralisch und beeindruckte uns nicht. Er tobte und wütete gegen uns, und wir hatten die größte Mühe, nicht zu lachen. Das Ärgerliche daran war, daß er Denys telegraphisch herbeizitiert hatte und sich weigerte, uns zu verlassen, damit wir nicht entschlüpften.

Nun kommt das Ärgste. Am frühen Morgen des nächsten Tages (14. Februar 1920) trafen Denys und Harold zusammen im Flugzeug ein. Ich war höchst erstaunt, denn ich hatte natürlich geglaubt, Harold sei die ganze Zeit über in Paris gewesen und habe mehr oder weniger regelmäßig Briefe von mir erhalten. Er folgte Violet auf dem Fuße in mein Zimmer hinauf und wies mich an, meine Sachen zu packen. Es gab eine unerfreuliche Szene. Ich saß auf dem Fensterbrett, und Violet stand nahe bei mir, und wir boten zuerst Harold und dann Denys und dann beiden zusammen die Stirn. Das klingt albern und kindisch, und das war es wohl auch. Denys verhielt sich von allen am schweigsamsten; er sah Violet nur an, während sie ihn beschimpfte. Der Endeffekt war, daß wir uns weigerten, einander zu verlassen, und Harold erklärte, man werde uns aushungern, indem man uns die ganze Zeit werde bewachen lassen, bis wir nachgäben – es war alles höchst würdelos und laut und mir zutiefst zuwider, und ich war grob zu Harold und sagte eine Menge albernes Zeug, das ihn gegenüber Violet ins falsche Licht setzte, und auch das tat mir leid. Dann verließen Violet und ich zusammen das Zimmer und stießen draußen auf dem Korridor auf Denys; er lehnte gegen die Wand und sah wie ein Heiliger auf einem Kirchenfenster aus, sehr blaß und gebrechlich und goldenhaarig, während sie ihm ins Gesicht sagte, sie verabscheue ihn; und ich werde bis zu meiner Sterbestunde den Ausdruck auf seinem Gesicht nicht vergessen. Er sagte nicht ein Wort, sondern sah sie nur unverwandt an, und wenn er plötzlich in sich zusammengesunken und zu unseren Füßen gestorben wäre, so hätte es mich kaum überrascht. Dann ging ich wieder hinauf. Harold saß in meinem Zimmer und versuchte, vernünftig mit mir zu reden, und ich war weniger grob, blieb aber ganz fest. Dann sagte er etwas, wobei das ganze Zimmer sich um mich zu drehen begann. Er sagte: »Bist du sicher, daß Violet dir so treu ist, wie sie dich glauben macht? Denys hat deiner Mutter nämlich eine ganz andere Geschichte erzählt.« Ich dachte, ich verlöre den Verstand, als er das sagte. Ich rannte hinunter und stieß auf dem Treppenabsatz auf Denys. Ich hielt ihn fest und sagte: »Es tut mir leid, aber ich muß Ihnen eine sehr indiskrete Frage stellen: Waren Sie irgendwann einmal wirklich mit Violet verheiratet?« Er antwortete: »Ich lehne es ab, Ihnen das zu sagen; das ist eine Sache, die nur Violet und mich angeht.« (Ich erinnere mich an jedes einzelne Wort, das wir alle damals sprachen.) Ich packte ihn am Ärmel; ich hielt ihn fest; ich beharrte. Ich sagte: »Wenn Sie mir sagen, daß es so war, schwöre ich Ihnen, daß ich Violet nie wiedersehen werde.« Er zauderte ein wenig und sagte dann: »Darauf kann ich nicht antworten.«

Ich ließ ihn gehen; ich ging ins Restaurant, wo Violet allein an einem kleinen Tisch saß und auf ihr Frühstück wartete. Ich ging geradewegs auf sie zu und sagte (als ob mir jemand die Worte auf die Lippen gelegt hätte): »Warum hast du mir nicht gesagt, daß du mich mit Denys betrogen hast?« Ein tödlicher Schrecken sprang ihr ins Gesicht; ich habe so etwas nie wieder gesehen. Sie stammelte etwas, ich weiß nicht, was. Ich sagte: »Du hast ihm gehört.« Sie sagte: »Ja.« Ich fragte: »Wann?«, und sie antwortete: »In der Nacht, ehe wir nach Lincoln fuhren.« Und dabei wußte ich doch, daß sie noch jungfräulich war.

Ich weiß nicht, was ich dann sagte; ich weiß nur, daß ich mich von ihr losmachte, während sie mich festzuhalten suchte, und mit wilder Heftigkeit erklärte, ich würde sie verlassen. Sie folgte mir, und wir gelangten in den Salon des Hotels; aus irgendeinem Grund waren die Türen und die Holztäfelung mit Gewehrkugel-Einschüssen bedeckt. Denys war auch im Zimmer, und sie sagte immerfort alle möglichen irren Dinge zu ihm, wie »Laß mich doch erklären« oder »Sag ihr, daß es nicht wahr ist«, und ich sagte immer nur, daß ich gehen wolle. Ich war halb von Sinnen vor Schmerz und Unfähigkeit zu begreifen. Sie weinte und hielt mich so fest, daß ich mich nicht losmachen konnte, bis Denys mir half. Dann rannte ich hinauf, während er sie im Salon festhielt, und packte meine Sachen; ich war völlig blind vor Leidenschaft und Schmerzen, konnte weder nachdenken noch sprechen und dachte nur immer, daß ich um jeden Preis weg müsse. Ich ging hinunter und fand Harold bei ihr. Denys bewachte die Tür. Ich hatte gerade noch genug klaren Verstand, um ihn zu bitten, sie nicht einen Augenblick lang allein zu lassen. Als Harold herauskam, ging ich hinein, obwohl sie mich daran zu hindern suchten. Ich küßte Violet. Dann fuhr ich so rasch ich konnte mit Harold im Auto weg. Wir mußten seinen Handkoffer aus dem Flugzeug holen und hatten auf dem Flugplatz lange zu warten. Es war scheußlich, da Amiens so nahe war und wir durch die Stadt fahren mußten, um zum Bahnhof zu gelangen, aber Harold wies den Chauffeur an, die Straße zu vermeiden, in der sich das Hotel befand, und wir fuhren durch allerlei Elendsviertel. Der nächste Zug nach Paris ging erst etwa eine Stunde später.

22. Oktober [1920]

Harold aß im Bahnhofsrestaurant zu Mittag, aber ich konnte keinen Bissen hinunterkriegen. Ich sah Violets Vater, der mit demselben Zug ebenfalls nach Paris fuhr, und wußte also, daß sie mit Denys allein war, und ich haßte ihn jetzt mehr als je zuvor. Aber ich konnte über nichts klar nachdenken. Harold brachte mich in sein Hotel in Paris; mir war es gleichgültig, wohin ich ging und was aus mir wurde. Ich konnte nicht weinen. Ich erinnere mich nicht, wann wir in Paris ankamen oder was ich tat, bis es Zeit zum Abendessen war. Ich hatte den ganzen Tag lang nichts zu mir genommen, und mir war leicht schwindlig; ich ging also ins Restaurant und aß einen Teller Suppe. Nun begann die übliche Reaktion auf übermäßige Anspannung, ich begann auf Harold einzureden und Scherze zu machen, und dabei pochte die ganze Zeit über ein Hammer in meinem Kopf »Violet! Violet!«, und es war recht ähnlich wie an dem Tag ihrer Hochzeit, als ich mit Harold in Versailles war.

Wir hatten noch nicht lange im Restaurant gesessen, als ich Violet hereinkommen sah. Ich ließ Messer und Gabel fallen und ging zu ihr; es war, als ströme die Wärme in einen zurück, wenn einem eiskalt gewesen ist, denn in der ersten Sekunde vergaß ich völlig, daß etwas viel Schlimmercs als nur Entfernung uns getrennt hatte. Harold sagte, ich solle mit ihr hinaufgehen, und ich war im Salon mit ihr allein. Ich stellte mich hinter einen Stuhl, so daß sie mir nicht nahe kommen konnte; ich zitterte vor Kälte am ganzen Körper. Ich erinnere mich nicht sehr deutlich an unser Gespräch; ich entsinne mich, daß ich immer wieder sagte: »Du darfst nicht von mir verlangen, daß ich nachdenke; ich bin betäubt und habe mich noch nicht wieder erholt.« Sie redete sehr dringlich und verzweifelt auf mich ein und sagte, wenn ich sie gänzlich verließe, würde sie sich in den Fluß stürzen, und ich bin ganz sicher, das stimmte. Sie sagte außerdem, es sei alles nicht ganz so gewesen, wie ich anfänglich geglaubt hatte. Sie habe Denys nicht gehört, obwohl die Sache halb und halb in diese Richtung gegangen sei. Mich fröstelte noch immer, und ich antwortete, ich könne nicht nachdenken. In diesem Augenblick kamen Harold und Denys herein. Sie bat Harold, hinauszugehen, und Denys, er möge bestätigen, was sie mir eben gesagt hatte. Er schritt im Zimmer auf und ab und schien mit sich zu kämpfen. Dann sagte er: »Was ich jetzt sage, darf niemals über diese vier Wände hinausgehen; ich schwöre Ihnen, daß nie etwas Derartiges zwischen Violet und mir vorgefallen ist.« Ich hätte weinen können vor Erleichterung, aber es war auch so immer noch arg genug, daß sie mich bis zu einem gewissen Grad getäuscht hatte – besonders ausgerechnet an dem Abend, an dem ich arglos alle Vorkehrungen getroffen hatte, um am nächsten Tag um ihretwillen alles in der Welt aufzugeben.

Am folgenden Tag verließ sie Paris und fuhr nach Südfrankreich; sie rief mich täglich aus den verschiedenen Provinzstädtchen an, in denen sie übernachteten, und jeden Tag wurde mit der wachsenden Entfernung ihre Stimme schwächer. Es muß ein Alptraum von einer Reise gewesen sein – Denys hatte einen Nervenzusammenbruch und wurde krank, aber sie hetzte das Auto immer weiter, als sei sie von einem Dämon getrieben, und ich glaube, es war auf dieser Fahrt, daß Denys endgültig die leise Hoffnung, die er noch hegte, verlor, daß sie ihn eines Tages doch vielleicht gern haben werde.

Ich will nicht schildern, was ich durchmachte während der sechs Wochen, die vergingen, bis ich sie wiedersah. Mir blieb, wie es schien, keine Art von Qual erspart – die Qual der jammervollen Sehnsucht nach einem Menschen, zu dem ich das Vertrauen verloren hatte, die Qual der verzweifelten Liebe für einen Menschen, an den ich nicht mehr glaubte. Zuvor hatte mir immer der Gedanke neuen Auftrieb verliehen, daß sie zwar vielleicht sonst keine Moralvorstellungen hatte, aber zumindest doch, wo sie liebte, rückhaltlos und von ganzem Herzen aufrichtig sei. Bis zum heutigen Tag verstehe ich nicht, was sie veranlaßte, auch nur diesen kleinen Schritt nachzugeben. Ich glaube, es war wohl eine Mischung aus Mitleid und Gewissensbissen, da sie ja wußte, daß sie beabsichtigte, ihn am nächsten Tag zu verlassen, und sie hatte mir auch schon seit Wochen erzählt, daß er in wachsendem Maß zudringlich wurde. Wie auch immer, ich mag darüber nicht nachdenken, es ist zu schmerzhaft.

Ich blieb einige Zeit in Paris und kehrte dann nach England zurück. Violet war in Bordighera, wo sie in einer Villa und er in einem Hotel wohnte. Im März fuhr ich hinüber, um mich mit ihr in Avignon zu treffen. Ich hatte sie sechs Wochen lang nicht gesehen und fuhr ohne Aufenthalt durch. Es hätte ein gutes Wiedersehen sein müssen, aber es war es nicht. Drei Stunden nach meiner Ankunft zankten wir uns bereits, weil sie anscheinend meinte, sie könne mich dazu überreden, für immer bei ihr zu bleiben, und zornig wurde, als sie entdeckte, daß ihr das nicht gelang. Wir fuhren im Auto von Avignon nach Bordighera und zankten uns die ganze Zeit, und mir war sehr elend zumute. In San Remo dann verlor ich den Kopf und sagte, ich würde bleiben, und ein paar Tage lang waren wir glücklich. Wir fuhren nach Venedig, aber auf diese Reise kann ich nicht eigentlich mit Vergnügen zurückblicken. Sie war krank, hatte einen Anflug von Gelbsucht, eine höchst unromantische Beschwerde, und ich konnte nichts mit ihr anfangen, ganz besonders nicht, nachdem ich zurückgenommen hatte, was ich in San Remo gesagt hatte. Ich gebe zu, daß ich mich in diesem Punkt schlecht benahm. Man sollte sich den Luxus, den Kopf zu verlieren, nicht gestatten.

26. Oktober [1920]

Sie wollte allein im Ausland bleiben, aber das konnte ich nicht zulassen – sie war hilflos wie ein Kind und hätte ohne Bedenken ihren Paß, ihre Fahrkarte, ihren Schmuck und ihr Geld dem ersten besten Menschen anvertraut, der sich erboten hätte, ihr die Verantwortung dafür abzunehmen, und außerdem sah ich das Leben vor mir, das sie dann führen würde, von einem Hotel zum nächsten, gänzlich unzurechnungsfähig und schrecklich einsam, und so zerrte ich die Widerstrebende mit mir zurück nach England.

Danach begann ein sehr mißlicher Sommer; wir nahmen es einander bitter übel, daß wir beide offiziell mit einem anderen Menschen zusammenlebten, und unsere kurzen und vergleichsweise seltenen Zusammenkünfte waren angefüllt von heftigen Streitereien; außerdem ging der Umstand, daß wir keinen Ort hatten, wo wir friedlich ein wenig beisammen sein konnten, uns beiden auf die Nerven; das kam zu der immer neu aufreißenden Wunde des Abschiednehmens hinzu und machte uns noch gereizter gegeneinander. Ich habe eine wirre Erinnerung an Stunden, die wir in den Schreibzimmern verschiedener Londoner Hotels verbrachten, wo wir uns Kaffee bestellten, damit wir dort ein Weilchen bleiben konnten; in Restaurants, wo wir das Mittagessen so lange wie möglich hinzogen, denn auch ein Restaurant war ein Ort, wo man sitzen und reden konnte; im Theater, denn auch dort hatten wir Sessel und ein Dach über dem Kopf. All dies trug zu unserem Unbehagen und unserer Unzufriedenheit bei. Zuweilen trafen wir uns in der Nationalgalerie, zuweilen in der Wohnung einer Freundin; aber wo immer es war, spürten wir die Schmuddligkeit und Demütigung der ganzen Sache, denn wir hingen viel zu sehr aneinander, als daß die Aufregung über Gefahren und Schwierigkeiten uns im geringsten amüsiert hätte. Wir dürsteten viel zu sehr danach, ununterbrochen zusammenzusein. Sie kam sehr selten zu mir hinaus aufs Land, und wenn sie kam, war der Widerstreit zwischen ihr und dem Haus lächerlich und peinlich. Die ländliche Gegend schien sich absichtlich in Zärtlichkeit und Zufriedenheit zu kleiden, während sie das Haus und den Garten als einen Feind empfand und nur noch heftiger und ruheloser wurde und ich verwirrt und unsicher zwischen der Personifikation meiner beiden Leben stand. Wenn ich von der einen zur anderen überging und sie dabei gesondert und getrennt hielt, hatte ich die Sache noch halbwegs in meiner Gewalt; aber wenn sie zusammentrafen, gleichzeitig waren, dann war es mir unmöglich, sie miteinander zu vereinbaren. Mein Haus, mein Garten, die Wiesen und Harold, das waren die Schweigenden, die nur durch ihre Eigenschaften der Reinheit, der Einfachheit und des Vertrauens für sich sprachen; und auf der anderen Seite Violet, die wild und zügellos um mich kämpfte, sich zuweilen hart und verachtungsvoll gab und rücksichtslos über diese sanften, wehrlosen Dinge hinwegstürmte, dann aber auch wieder bemitleidenswert und tragisch war, völlig von mir abhängig und im Handumdrehen durch irgendein grobes Wort von mir völlig niedergeschlagen und besiegt, bis ich wirklich nicht mehr wußte, wo die Wahrheit lag. Ich hatte sie noch kaum an der Stelle getroffen, an der sie verletzlich war – nämlich in ihrer Liebe zu mir –, und ihre ganze Härte und Erbarmungslosigkeit verschwanden, und sie war mir auf Gnade oder Ungnade ausgeliefert. Kein Bitten, kein Flehen, kein gutes Zureden berührte sie auch nur; ich besaß eine einzige Waffe, dic sic verstand.

Dies waren sehr grausame Wochen, in denen wir anscheinend nichts anderes im Kopf hatten als den Wunsch, uns gegenseitig etwas auszuwischen oder uns bei etwas zu ertappen. Die Episode in Amiens hatte begreiflicherweise alles Vertrauen auf meiner Seite zerstört, und das zeitweilige Absterben der Möglichkeit unseres Zusammenlebens trieb sie in die gewohnte verbitterte Verzweiflung. Sie versuchte wieder, mich dazu zu bringen, mit ihr auf und davon zu gehen, indem sie mich glauben machte, Denys drohe, er werde sein Versprechen ihr gegenüber brechen; aber ich war jetzt vorsichtiger und argwöhnischer und zwang sie, ehe ich etwas versprach, an Denys zu schreiben, und seine Antwort auf ihren Brief bewies ganz eindeutig, daß er keinen Versuch gemacht hatte, seine Versprechungen zu brechen, und auch keine solche Absicht hatte.

Es gab da eine seltsame Zeit, als Denys allein nach Devonshire fuhr und ihr von dort täglich Briefe schrieb, in denen er ihr sagte, daß er sich nichts mehr aus ihr mache. Als er nach London zurückkehrte, weigerte er sich tatsächlich lange Zeit, ihr auch nur unter die Augen zu treten, und sie verbrachte diese Zeit bei mir, hauptsächlich in Hindhead – Harold war in Paris –, aber sobald Denys mit ihr zusammenkam, begann natürlich alles wieder von vorn. Er liebte sie viel zu sehr, als daß die Sache auf diese Weise hätte sterben können. Ich erinnere mich an einen Abend, als sie draußen bei mir war und er sie anrief und bat, sofort zu kommen; es war schon nach dem Abendessen, ich holte den Wagen aus der Garage und fuhr sie zum Bahnhof, aber der letzte Zug war schon weg, und so fuhr ich sie weiter bis nach London und zu dem Hotel, wo Denys auf sie wartete, und ging selber zu einer mir bekannten Pension, wo ich das Zimmer von jemand bekommen sollte, der gerade verreist war; ich hatte überhaupt nichts für die Nacht mitgenommen und brauchte eine Ewigkeit, bis ich etwas fand, worin ich schlafen konnte. Ich wagte natürlich nicht, zum Haus meiner Mutter (in der Hill Street) zu gehen, denn es war schon nach Mitternacht. Der ganze Sommer bestand aus solchen Episoden. Wir waren nicht glücklich – wie hätten wir es auch sein können? Einmal waren wir fünf Tage lang glücklich, als wir eine Autofahrt machten; wir fuhren von Hindhead nach Rye, und das Ganze war sehr geglückt, aber es entschädigte uns nicht für das Elend, die Eifersucht und die Unruhe, die wir zu anderen Zeiten durchmachten. Auch andere Menschen waren elend und unglücklich; ich meine Denys, der sich die Schwindsucht holte und zur Kur nach Holland gehen mußte, wo Violets Mutter ein Haus besaß, und natürlich mußte Violet auch hinfahren, auf fünf Wochen. Während dieser ganzen fünf Wochen stritten und zankten wir uns nicht brieflich, und als sie zurückkam, war es wie zwei Flammen, die sich mit einem Auflodern vereinigen. Sie traf in London auf einem Bahnhof ein, auf dem ich sie nicht erwartete, und fuhr sofort quer durch ganz London zu dem anderen, wo ich auf sie wartete, und wir fuhren zusammen in ihr Haus auf dem Land, wo wir vier völlig wolkenlose Tage verbrachten.

28. März [1921]

Ich schreibe jetzt im Licht späterer Ereignisse und inmitten großen Unglücks, das ich vor dem armen Harold, der ein wahrhafter Engel auf Erden ist, zu verbergen suche. Es ist möglich, daß ich Violet nie wiedersehen werde oder daß ich sie noch einmal sehe, ehe wir getrennt werden, oder daß wir in künftigen Jahren einander als Fremde begegnen werden; es ist auch möglich, daß sie nicht wird weiterleben wollen; in jedem Fall ist es indirekt durch mich dazu gekommen, während ich selbst wohlbehalten, gesichert und, außer in meinem Herzen, unversehrt bleibe. Die Ungerechtigkeit und das Mißgeschick des Ganzen bedrückt mich zu jeder Stunde; ich habe ein schauerliches Gefühl von Verhängnis und Untergang – Violets Untergang, den sie selbst beständig vorausgesagt hat.

Vierter Teil

Nigel Nicolson

Ein wesentlicher Punkt muß nunmehr erklärt werden, und ich möchte es gleich zu Beginn tun. Vita hat ihre Veranlagung sehr freimütig geschildert: Sie wurde körperlich mehr von Frauen als von Männern angezogen, und dies blieb so ihr ganzes Leben lang. Sie war keineswegs frigid, aber der »normale« Liebesakt erschien ihr viehisch und abstoßend. In ihrem Roman ›Grand Canyon‹ von 1942 gibt sie dieser Empfindung Ausdruck: »Man fragt sich, wie sie es über sich brachten, den grotesken Akt zu vollziehen, der notwendig ist, um Kinder zu zeugen.« Als sie noch ein Kind war, hatte der Sohn des Wildhüters in Sluie sie einmal mit handgreiflicher Deutlichkeit in den körperlichen Unterschied zwischen Knaben und Mädchen eingeweiht, und sie war schrecklich schockiert davongelaufen. Die anspruchsvolle Verwöhntheit ihrer Mutter und die Abneigung ihres Vaters, irgendein intimes Thema mit ihr zu erörtern, hatte ihre sexuelle Isolation vertieft. Mit Rosamund stolperte sie gleichsam in einer Art argloser Unschuld in die Liebe und ins Bett. Anfänglich bedeutete ihr dies kaum mehr als das Kuscheln und Hätscheln eines Lieblingshundes oder eines Kaninchens, und später betrachtete sie die Affäre mehr als unartig und ungehörig denn als pervers und gab sich große Mühe, sie vor ihren Eltern und vor Harold zu verbergen, weil sie fürchtete, man werde Rosamund das Haus verbieten, wenn es herauskäme. Sehr viel mehr als das war es nicht. Sie hatte keine Vorstellung von irgendeiner moralischen Unterscheidung zwischen homosexueller und heterosexueller Liebe; beides war für sie »Liebe« ohne Einschränkung oder nähere Bestimmung. Als sie Harold heiratete, nahm sie an, die Ehe sei Liebe mit anderen Mitteln, und eine Zeitlang funktionierte dies auch.

Allein schon meine Existenz und die meines Bruders liefern den Beweis hierfür, und ihre Briefe und Tagebücher legen reichhaltiges Zeugnis dafür ab, daß sie während der ersten Jahre ihrer Ehe sexuell übereinstimmten. Nach 1917 wurde es allmählich deutlich, daß ihre Freude aneinander im Abklingen war. Lady Sackville erwähnt in ihren Tagebüchern, daß sie mit Vita offen darüber gesprochen habe. (»Sie erwähnt, daß H. körperlich so kalt sei.«) Als ich selbst heiratete, machte mein Vater mich in aller Form warnend darauf aufmerksam, daß man von der körperlichen Seite der Ehe nicht erwarten könne, daß der Spaß daran länger als ein oder zwei Jahre vorhalten würde, und in einem Rundfunk-Gespräch sagte er einmal: »Das ›Verliebtsein‹ dauert nur kurze Zeit, von drei Wochen bis zu drei Jahren. Es hat mit Eheglück wenig oder nichts zu tun.« So begannen sie gleichzeitig und ohne ihre Liebe zueinander irgendwelcher großen Belastung auszusetzen, ihr Vergnügen bei Menschen ihres eigenen Geschlechts zu suchen, und Vita zumindest erschien dies durchaus natürlich, denn sie kehrte einfach zu ihrer anderen Form von »Liebe« zurück. Ehe und Geschlechtsleben konnten zwei völlig getrennte Dinge sein. In einem Brief, den sie Harold 1960, zwei Jahre vor ihrem Tod, schrieb, sagte sie:

»Als wir heirateten, warst Du älter als ich und wußtest viel besser Bescheid. Ich war sehr jung und sehr unschuldig, ich wußte nichts von Homosexualität. Ich wußte nicht einmal, daß es so etwas gab, weder zwischen Männern noch zwischen Frauen. Du hättest es mir sagen sollen. Du hättest mich warnen sollen. Du hättest mir sagen müssen, wie es mit Dir selbst stand, und mich warnen sollen, daß das gleiche wahrscheinlich auch mir passieren werde. Es hätte uns viel Kummer und viele Mißverständnisse erspart. Aber ich wußte einfach nicht Bescheid.«

Wenn sie sagte: »Ich wußte einfach nicht Bescheid«, muß sie damit gemeint haben, daß sie nicht wußte, wie stark und gefährlich eine solche Leidenschaft sein kann, bis Violet an die Stelle von Rosamund trat. Natürlich wußte sie, daß »es so etwas gab«, aber sie gab ihm keinen Namen und empfand keine Schuld deswegen. Zur Zeit ihrer Eheschließung wußte sie vielleicht nicht, daß Männer für andere Männer dieselben Gefühle hegen konnten wie sie für Rosamund, aber als sie diese Entdeckung bei Harold machte, war es für sie kein großer Schock, denn sie hatte die romantische Vorstellung, daß es völlig natürlich und gesund sei, wenn »Leute« einander liebten, und das Bedürfnis, einander zu berühren und zu küssen, war für sie einfach die körperliche Ausdrucksform der Zuneigung, wobei es keinen Unterschied machte, ob es eine Zuneigung zwischen Menschen desselben Geschlechts oder des anderen war.

Es war ein Glück, daß beide so veranlagt waren. Wäre es nur bei einem von ihnen der Fall gewesen, so wäre ihre Ehe wahrscheinlich zusmmengebrochen. Violet zerstörte ihre körperliche Zusammengehörigkeit nicht; sie lieferte lediglich die Alternative, nach der Vita unbewußt suchte im Augenblick, da ihre körperliche Leidenschaft für Harold und die seine für sie sich abzukühlen begannen. In Harolds Leben gab es zu dieser Zeit keine männliche Violet, was ein Glück für ihn war, denn seine Liebe zu Vita hätte möglicherweise zwei Rivalen gleichzeitig nicht überlebt. Ehe er Vita kennenlernte, war er mit einem anderen Mädchen namens Eileen Wellesley soviel wie verlobt gewesen. Er wurde nicht dadurch in die Homosexualität getrieben, daß Vita ihn zeitweilig verließ, denn sie war stets in ihm latent vorhanden gewesen, aber seine Einsamkeit mag die Entwicklung dieser Neigung gefördert haben, denn bei seinem ausgeprägten Pflichtgefühl (das viel stärker war als bei Vita), empfand er es als weniger treulos, in ihrer Abwesenheit mit Männern zu schlafen als mit anderen Frauen. Als er in Paris auf dem trokkenen saß, verkehrte er, wie er Vita einmal gestand, »mit ziemlich miesen Leuten der *demimonde*«; damit könnte er junge Männer gemeint haben. Als sie zu ihm zurückkehrte, war daran kein Zweifel mehr. Lady Sackville vermerkte in ihrem Tagebuch: »V. beabsichtigt, sich H. gegenüber platonisch zu verhalten, und er nimmt es gefügig wie ein Lamm hin.« Harold und Vita hatten danach nie wieder ein gemeinsames Schlafzimmer.

Harold hatte eine ganze Reihe von Verhältnissen mit Männern, die ihm geistig ebenbürtig waren, aber das körperliche Element war bei ihnen ganz sekundär. Er war nie ein leidenschaftlicher Liebhaber. Das Geschlechtsleben war für ihn etwas Beiläufiges und Nebensächliches und bereitete etwa soviel Vergnügen wie der rasche Besuch einer Gemäldegalerie zwischen zwei Zügen. Seine asexuelle Liebe zu Vita im späteren Leben hatte ihr Gegengewicht in der Zuneigung zu seinen männlichen Freunden, von denen einige ihn zeitweilig anzogen, denen er aber niemals verfallen war. Es gab in seinem Leben keinen Augenblick, an dem die Liebe zu einem jungen Mann für ihn zu einer solchen Besessenheit wurde, daß sie seine Arbeit beeinträchtigte, und er hatte keine Affären, die sich nur im entferntesten mit denen Vitas vergleichen ließen. In ihrem Verhalten spiegelten sich ihre sehr verschiedenen Persönlichkeiten. Sein Leben war zu wohl geregelt, als daß es von Angelegenheiten des Herzens hätte in Mitleidenschaft gezogen werden können, während sie sich stets von ihnen fortreißen ließ.

Er sah in Vita die Gefährtin für sein ganzes Leben. Ein jeder brachte dem anderen als Mitgift neue Interessen (er die französische Literatur, sie die einheimische englische Baukunst), und andere, wie die Gartenkunst, entdeckten sie zusammen. Ihre rasche Verfertigung von Romanen und Gedichten ermutigte ihn dazu, ebenfalls zu schreiben, aber nicht im Wettbewerb, als ihr Rivale, denn Stil und Themen ihrer Bücher waren völlig verschieden und Eifersucht war eine Behinderung, die er zu keiner Zeit kannte. Als ihr erster Roman ›Heritage‹ 1919 erschien und ungewöhnlichen Anklang fand, schrieb er ihr: »Liebste, nun reicht's aber. Der Sekretär des Marlborough-Clubs, ein ansonsten intelligenter und durchaus höflicher Mann, hat eben zu mir gesagt: ›Übrigens, sind Sie irgendwie mit dem Nicolson verwandt, dessen Frau ›Heritage‹ geschrieben hat?‹ Also jetzt paß mal auf: Ich habe nichts dagegen, daß ich Hadschi bin (sie nannte ihn seit etwa dieser Zeit bei diesem Namen) oder daß du Vita bist; oder daß ich Dein Mann bin. Ich würde es mir von törichten Leuten sogar gefallen lassen, daß sie mich ›Vitas Mann‹ oder ›V. Sackville-Wests Mann‹ nennen. Ich würde es mir vielleicht (aber da bin ich nicht sicher) sogar gefallen lassen, ›dieser Bursche Nicolson, dessen Frau ›Heritage‹ geschrieben hat‹, genannt zu werden. Aber ich lasse nicht zu, daß man *mich fragt*, ob ich ›zufällig (zufällig, wohlgemerkt) mit *dem* (stell dir nur vor, *dem*) Nicolson verwandt bin, dessen Frau‹ usw. . . .«

Weiter ging es nicht. Seine Freude über ihren literarischen Erfolg war ganz ungeheuchelt. Dasselbe galt für sein Mitempfinden mit der romantischen Seite ihres Wesens. Er liebte das ländliche England ebensosehr wie sie und teilte ihr sehnsüchtiges Verlangen nach Orten und Gegenden im Ausland, wo sie allein und für sich, ohne Komfort, in den Ferien oder auch ständig leben konnten. Sie erwogen allen Ernstes, eine Burgruine in den Abruzzen zu kaufen, dann eine andere auf einer winzigen Insel namens Giglio im Tyrrhenischen Meer oder die Insel Herm, die zu den Kanalinseln gehört, und einmal, auf der Höhe von Vitas Affäre mit Violet, war aller Kummer vorübergehend vergessen durch die aufregende Nachricht, daß die Ruine von Schloß Bodiam, die sich so unerwartet aus den Hopfenfeldern des Weald von Sussex erhebt, zum Verkauf stand. Aber einstweilen blieben sie zufrieden mit Long Barn, dem ruhenden Pol ihres zermürbenden Lebens, dem Wahrzeichen ihrer Ehe.

Harold ließ schon bald alle Erwartung fahren, daß Vita

sich für seine diplomatische Laufbahn interessieren werde. Sie freute sich, ohne Einzelheiten zur Kenntnis zu nehmen, daß er gut vorwärtskam, und gab Komplimente, die sie hörte, an ihn weiter, bemerkte aber kaum, daß er schon mit vierunddreißig Jahren die hohe Auszeichnung eines Kommandeurs des St.-Michaels- und St.-Georgs-Ordens erhielt. Ihre Unkenntnis der Außenpolitik war abgrundtief, und sie gab sich nicht die geringste Mühe, auch nur soviel wie ein flüchtiger Zeitungsleser von den Krisen zu verstehen, die einen jeden Arbeitstag Harolds erfüllten, und sie sprachen nie über diese Dinge, wenn er abends nach Hause kam. Eine neue Krise bedeutete für sie lediglich, daß er im Außenministerium Überstunden zu machen hatte oder nach Lausanne oder Prag geschickt wurde. Die mittlere Phase der Violet-Affäre fiel zeitlich mit der Pariser Friedenskonferenz zusammen, auf der Harold sich in nahezu täglicher Beratung mit den großen Staatsmännern der Welt wie Lloyd George, Clemenceau, Präsident Wilson und A. J. Balfour befand, und seine Schilderung dieser Zeit in seinem Buch ›Friedensmacher‹ ist eine bittere und quälende Lektüre, wenn man weiß, welches Drama sich gleichzeitig in seinem Privatleben abspielte. In seinen Briefen an Vita nahm er nur selten auf politische Ereignisse Bezug, da er wußte, daß sie sie langweilen würden, aber hier und dort erhascht man doch einen gelegentlichen kurzen Blick:

»Hier braut sich ein gewaltiges Gewitter gegen den Premierminister [Lloyd George] zusammen. Es ist alles wegen dieser Kleinasien-Sache, und ich habe meine Schwierigkeiten, mein kleines Ruderboot zwischen diesen grimmigen Dreadnought-Schlachtschiffen hindurchzusteuern. Sogar A. J. B. [Balfour] ist wütend: ›Diese drei allmächtigen, all-unwissenden Männer, die da sitzen und ganze Erdteile aufteilen, und nur ein Kind sitzt dabei, um für sie Protokoll zu führen.‹ Ich hege den unbehaglichen Verdacht, daß er mit dem ›Kind‹ mich meint.« (17. Mai 1919)

»Ich habe wirklich das Gefühl, daß dieser verdammte brutale Schikanier-Frieden das letzte Aufflackern der alten Tradition ist und daß wir jungen Menschen wieder neu aufbauen werden. Hoffentlich.« (1. Juni 1919)

Auf solche Bemerkungen ging sie nie ein. Als Harold nach der Unterzeichnung des Versailler Friedensvertrages in den Stab von Sir Eric Drummond bei dem eben entstehenden Völkerbund versetzt wurde, wußte Vita nicht einmal, was der Völkerbund war.

Mein Vater war eine sanfte Natur. Hätte er im ersten Weltkrieg mitgekämpft, so wäre er vielleicht, wie Lord Sackville, als ein etwas anderer Mensch zurückgekehrt; aber sein Charakter blieb so rund und geschmeidig wie ein Gummiball. Er war niemals unschlüssig oder leichtfertig. Er nahm seinen Beruf, zuerst den diplomatischen, danach den schriftstellerischen, sehr ernst und war während seines ganzen Lebens ein fleißiger Arbeiter, aber seine Elastizität hatte etwas von einem jungen Hund, sie war unbekümmert und verspielt, und er neigte dazu, unangenehmen Wahrheiten aus dem Wege zu gehen. So wie er in seinen beiden frühesten Biographien die Homosexualität Verlaines und den Masochismus Swinburnes herabdämpfte, so hoffte er in seiner eigenen Lebenskrise, sie werde von selbst verschwinden, wenn er sich scherzend über sie hinwegsetzte. Sein Sinn fürs Komische, seine literarischen Arabesken, seine Fähigkeit, auch den Standpunkt des anderen zu verstehen und zu würdigen, milderten seine Empörung und schwächten ihre Durchschlagskraft. Auf einen Brief mit milden Vorwürfen für Vita folgte stets sogleich ein zweiter oder ein Telegramm, das sie anwies, den Brief nicht zu beachten. Er schlug vor, sie sollte Violet zu Weihnachten die Gedichte der Sappho schenken – »ich glaube, man bekommt sie ganz billig in der Tauchnitz-Ausgabe«. Er lud Violet ein, wenn sie nach Paris komme, in seiner Wohnung zu wohnen. Sein Kummer über Vitas Verhalten wechselte ab mit verwirrender Duldsamkeit, das »Komm sofort zurück« mit »Habt viel Spaß«, Haß auf Violet mit Mitgefühl für ihre Zwangslage. Er konnte an Vita schreiben: »Ich kann wirklich nicht finden, daß man etwas so Tiefes und Zwingendes wie ihre Liebe zu Dir unnatürlich oder erniedrigend nennen kann.« Folglich erfuhr Vita nie, wie sehr ihm das Ganze gegen den Strich ging, und erriet ganz richtig, daß er, was immer sie auch tun mochte, ihr immer verzeihen werde. Sie hielt seine Schwermut zum Teil einfach für unwirklich oder zumindest doch sprunghaft und launenhaft, denn sie wußte, daß er wußte, sie werde am Ende doch stets zu ihm zurückkehren. So heißt es in einem seiner böseren Briefe:

»Ich habe Dich nie so sehr geliebt wie während der letzten Monate, als Du mir entglitten bist. Violet hat Dir auf ihre schlaue Art den Gedanken eingegeben, ich sei unromantisch. Ach du lieber Gott, wie soll denn ein Staatsbeamter in mittleren Jahren (er war damals einunddreißig!) mit einer so durchtriebenen Anschuldigung fertig werden? Wenn ich reich wäre, verstehst Du, dann hätte ich einen Kammerdiener und ein Privatflugzeug und einen Gardenienstrauch, und das Ganze wäre höchst byronisch; aber da ich weder reich noch erfolgreich bin, kommt nur der arme kleine Hadschi dabei heraus. Ich wünschte, Violet wäre tot. Sie hat etwas vom Strahlendsten, was es je gegeben hat, vergiftet. Sie ist wie eine wilde Orchidee, die in den Winkeln des Lebens schimmert und stinkt und einen süßlichen Leichengeruch in die frische Morgenluft entströmt. Liebste, sie ist böse, und ich bin es nicht.

Ach, meine Liebste, was ist es denn, das Dich veranlaßt, sie über mich zu stellen? Wir schienen doch, Du und ich, Hand in Hand durchs Hügelland zu laufen, und jetzt wandere ich allein und ziemlich verängstigt im Nebel herum. Was ist es denn? Es könnte Deine verdammte Sackville-Verrücktheit sein oder vielleicht irgendeine Art von George-Sand-Nummer, oder vielleicht liegt es daran, daß ich einfach ein schlechter, nutzloser, unüberzeugender und unromantischer Ehemann bin? Ist es, weil ich nicht erotisch genug bin? Daß ich an solche Dinge überhaupt auch nur denken kann! Und gegen mich habe ich diese kleine krumme, verklemmte, erotische, unverantwortliche, unabänderliche und uferlose Person. Ich hasse sie nicht. Nicht mehr als ich Opium hassen würde, wenn Du es nehmen würdest.« (10. September 1918)

Auf diesen Brief folgten am selben Tag noch zwei weitere, in denen er ihr schrieb, sie solle den ersten nicht beachten, »denn ich schrieb ihn in deprimierter Stimmung. Im Regenwetter gerate ich in solche kalten Panikzustände. Ich bin in Wirklichkeit nicht im geringsten deprimiert.«

Er war geängstigt von dem Gedanken, sie könne glauben, er sei zu häuslich, zu gezähmt, zu gefahrlos für sie; sie könne das Gefühl haben, »daß Du deine flammende Jugend auf einen Hilfspfarrer verschwendest«. Er begriff, daß sie »ein Sicherheitsventil für ihren Zigeunertrieb« brauchte, die Möglichkeit, gelegentlich dem »Joch« der Ehe zu entfliehen. Das stimmte. Vita hatte Wanderlust. Das Verlangen, nicht gestört zu werden, nicht zur Verfügung stehen zu müssen, war für sie so wirklich und so schmerzhaft, wie Liebe oder Eifersucht es waren. Sie sehnte sich nach neuen Orten, wo niemand von ihr verlangte, daß sie das Mittagessen anordnete oder Haushaltsrechnungen bezahlte oder Beschwerden entgegennahm. In gewissem Sinn besaß sie in Long Barn alles, was ihr romantisches Herz sich wünschte:

> Mein Angelsachsen-Weald! Mein kühler, unverstellter Weald!
> Lieber Gott! Mein Herz, mein allerinnerstes Herz,
> Das in fremden Ländern spielt und streunt,
> Kehrt stets zurück und findet seinen inneren Frieden,
> Sein Schwingen der Wahrheit, sein Maß der Bändigung

Hier in den Wiesen und Hainen, den Pfaden und Wäldchen.

Orchard and Vineyard, 1921

Aber sie konnte auch aufbegehren gegen die Sanftheit der englischen Landschaft, in der die Hügel kleine Hügel, die Seen kleine Seen und die Sterne des Nachts kleine Sterne sind. In solchen Augenblicken erschien ihr die ganze Landschaft als ein scheußlicher Kompromiß, ebenso wie die selbstgefällige und blasierte Gesellschaft, und sie sehnte sich nach einem härteren, grausameren Klima und einem stürmischen Volk, sehnte sich danach, den Dreck »dieser ekelhaften grauen Gegend« von den Schuhen zu schütteln.

In ihrem Buch ›Heritage‹ schrieb sie: »Heiterkeit des Geistes und Turbulenz des Handelns sollten die Summe des männlichen Lebens ausmachen«; und im Charakter der Heldin des Romans, der aus dem südenglischen Kent stammenden Zigeunerin Ruth, entwarf sie ein Selbstbildnis. Ruths Liebhaber sagt: »Was soll ich glauben – daß sie mit einer Doppelnatur gestraft ist, die eine grob und zügellos, die andere zart, konventionell, praktisch, mütterlich, verfeinert? Liegt es vielleicht an den verschiedenen, einander feindlichen Strähnen ihrer Herkunft, dem südlichen und dem nördlichen Erbe?« Vita war überzeugt, daß das spanische Blut in ihren Adern noch stärker rinne als in denen ihrer Mutter. Sie meinte, es sei von beiden die heftigere Strähne, die Quelle ihrer schöpferischen Begabung; aber sie gab auch zu, daß es wild und unzurechnungsfähig war und mit der Stabilität, die sie ebenfalls begehrte, im Widerstreit lag. Violet war das Mittelmeer in ihr; Harold war Kent. Sie empfand für seine Geduld eine Mischung von Bewunderung und Mitleid. Sie hätte es gern gehabt, wenn er sie beim Haar gepackt und zurückgerissen hätte, wie ein Spanier es getan hätte, aber sie liebte ihn, weil er sich weigerte, eben dies zu tun. Sie hatte in Violet ein faszinierendes und leidenschaftliches Mädchen gefunden, das die Abenteuerlust ihres Geistes in ihr wachrief, ihren Haß auf die Gemütlichkeit des häuslichen Lebens und ihre Angst, daß ihre Jugend vorübergehen könne, ehe sie sie gelebt, und zwar kühn und verwegen gelebt hatte.

»Frauen«, schrieb sie an Harold, »sollten dieselbe Freiheit haben wie Männer, wenn sie jung sind. Das gegenwärtige System ist verrottet und lächerlich; es betrügt einen ganz einfach um die Jugend. Für die Viktorianer war es in Ordnung. Aber unsere Generation entledigt sich der Schmetterlingspuppe, und die nächste wird sie ganz abgeworfen haben. Die Jugend der Frauen sollte ebenso wie die der Männer so von Freiheit übersättigt sein, daß sie schließlich allein schon den Begriff der Freiheit hassen.« (1. Juni 1919)

In regelmäßiger Wiederkehr schämte sie sich dieser Gedanken. Wenn Harold sie fragte: »Was ist mit dir geschehen?«, konnte sie ihm ehrlicherweise keine Antwort geben oder nicht ehrlich antworten. Uns, ihren Kindern gegenüber, verspürte sie eine distanzierte Zuneigung. Babies waren eine Unterbrechung, eine Mahnung an Pflicht, an ihren Platz in der Familie, sie erinnerten sie in ihrer Unschuld an ihre eigene Schuld, erinnerten sie sogar an Schwangerschaft und Entbindung, die sie jetzt unter Violets Einfluß als widerwärtig empfand. Aber Violet konnte zu keiner Zeit ihre Liebe zu Harold erschüttern:

»Ach, Hadschi, ich könnte niemals jemand verletzen, der so zartfühlend und empfindsam und engelsgleich und liebevoll ist, wie du es bist – ich weiß immerhin, daß ich dir weh getan habe, aber ich könnte nichts tun, um dich ganz schrecklich und unwiderruflich zu verletzen. Wie fest du doch mein Herz in deiner Gewalt hast; niemand sonst könnte es so in seinem Griff halten. Ich liebe dich mehr als mich selber, mehr als das Leben, mehr als die Dinge, die ich liebe. Ich gebe dir alles – wie ein Opfer. Ich liebe dich so sehr, daß ich dir deswegen nicht einmal grolle.« (8. Juni 1919)

»Du bist mir in jedem einzelnen Punkt entgegengekommen und hast mich verstanden. Das ist es, was mich durch sämtliche Stürme an dich bindet und dich so unabänderlich zu dem einen Menschen macht, dem ich vertraue und den ich liebe. Ach, Hadschi, was mehr kann ich noch sagen? Ich weiß, der äußere Anschein und die Tatsachen stehen so hoffnungslos im Widerspruch zueinander. Aber wenn ich sage, ich liebe dich, so ist es wahr, wahr, wahr. Du bist das Beste und Geheiligteste und Zarteste in meinem Leben.« (1. November 1919)

Ich höre ihre unverkennbare Stimme über mehr als fünfzig Jahre hinweg. Ehe sie sich stählte, um ihm die ganze Wahrheit über Violet zu sagen, war die Täuschung eine einzige Marter für sie. Bei ihrer Rückkehr von der ersten Reise nach Cornwall schrieb sie dieses kleine Gedicht:

Ich wünschte, du hieltest mich für treulos, indes ich
In meinem Herzen meine Unschuld von Sünde zu
  unterscheiden wüßte;
Das könnte ich ertragen; nicht ertragen kann ich,
  daß du
Mich treu glaubst, wenn ich doch treulos bin.

Als sie es ihm schließlich sagte, erwartete sie, daß er ihr Kraft geben werde. Das Opfer ihrer Liebesaffäre mußte sie aus ihr erretten:

»Hadschi, mein Liebster, es gibt nur noch eines, woran ich unerschütterlich glaube, und das ist deine tiefinnerste, unbedingte Güte. Ich weiß nicht, was mit mir geschehen wird und was aus mir werden wird, und ich klammere und klammere mich ganz einfach an den Gedanken an dich. Du bist mein einziger Anker. Ich hasse mich selbst. Ach, ich verzehre mich danach, bei dir zu sein. Mir ist wie einem Ertrinkenden zumute, der weiß, daß sich irgendwo auf dem Meer ein absolut sicheres Boot befindet, und wenn die Ruderer nur lange genug durchhalten, werden sie mich erreichen. Hadschi, ich habe zuweilen solche Angst.« (25. Mai 1919)

Anfänglich hielt sie die Spaltung ihres Selbst für »so sauber«. Sie könne Harold lieben, meinte sie, und in Violet »verliebt« sein. Dann wurde ihr bewußt, daß sie ganz und gar nicht sauber war, denn sie wurde von der Strömung weggeschwemmt, während er einsam und unglücklich am Ufer zurückblieb. Sie schämte sich so sehr, daß sie aufhörte, ihm zu schreiben, und sagte ihm als Antwort auf die Vorwürfe seines gebrochenen Herzens, sie empfinde es als »unanständig«, ihm zu schreiben, während sie mit Violet zusammen sei: eine Art *pudeur* hindere sie, ihre beiden Leben miteinander zu vermischen. Harold bewahrte sie vor der Vereinsamung, indem er ihr täglich schrieb, selbst wenn er keine Antwort erhielt, indem er an seiner zärtlichen Liebe für sie festhielt, selbst wenn er fand, daß sie grausam zu ihm sei, indem er ihr vertraute, auch als er wußte, daß er ihr nicht trauen konnte. Es war nicht »sein« Kampf, sondern »ihrer beider« Kampf. Er dachte nie daran, sie zu verlassen, nur daran, ihr den Weg zurück zu weisen. Langsam, allmählich ging sie darauf ein, aber die qualvolle Prüfung dauerte drei volle Jahre.

Violet Keppel litt unter solchen Treuekonflikten nicht. Vita und Harold hatten fünf Jahre Eheglück hinter sich, als die Affäre begann. Anders Violet. Als sie heiratete, geschah es unter der Bedingung, die Beziehung müsse fortdauern dürfen. Ihre Ehe war ein Ansporn zur Untreue; für Vita war die Ehe das einzige, was ihr Zügel anlegte. Violet anerkannte keinerlei Verantwortlichkeiten und war folglich von beiden die Verwegenere und Rücksichtslosere; sie war die Anführerin ihrer »Schulschwänzerei«, die heftiger darauf bestand, daß sie alle ihre Bande zerschnitten. Ihr Charakter war der stärkere, und sie verwendete diese Stärke nicht, um zu beherrschen, sondern um zu verführen. Sie verwandelte Vitas Unterwerfung unter sie in ihre eigene Unterwerfung unter Vita. Sie war anziehend im buchstäblichen Sinn des Wortes: Sie zog Menschen, Männer und Frauen, hinter sich her. Sie war glänzend begabt und über die Maßen gerissen und raffiniert, liebte alles Schöne, besaß alle Eigenschaften, die Vita am meisten bewunderte und von denen sie viele mit ihr gemeinsam hatte. Violet verhöhnte und verspottete sie, forderte sie heraus, die Exzesse ihrer gemeinsamen Phantasievorstellungen in die Tat umzusetzen, und blieb ihr zugleich in der Liebe unterwürfig. Sie war ein echter Rebell; sie war sich von früher Jugend an der Scheinheiligkeit der Gesellschaft bewußt, in der sie aufgewachsen war, und verlangte danach, sie zu schockieren, indem sie in aller Offenheit den Kodex verletzte, gegen den die Gesellschaft nur insgeheim verstieß. Sie gedachte der Welt zu zeigen, was Liebe wirklich bedeutet, was Opfer bedeutet, was moralischer Mut ist und wie seicht die Konventionen sind, die das langweilige Leben der großen Mehrzahl beherrschen. Sie wollte die Gußform der Achtbarkeit aufbrechen, die ihre Geliebte gefangenhielt. Vita nannte sie Luschka; sie nannte Vita Mitja*; sie änderten sogar ihre Namen, damit sie zu ihrer Rebellion besser paßten:

»Die Tatsache bleibt bestehen, meine schöne romantische Mitja, daß unsere Skrupel unserer Temperamente nicht würdig sind. Denk doch nur an das Leben, das wir zusammen haben könnten, ein Leben, das ganz ausschließlich dem Streben nach Schönheit gewidmet wäre. Was haben wir mit dem ordinären, geschwätzigen, schäbigen, schmuddligen Leben von heute zu schaffen? Was kümmern uns die praktischen kleinen *soignées* Beschäftigungen

* Mitja = männlicher Vorname (s. F. M. Dostojewski ›*Die Brüder Karamasow*‹) [d. Ü.]

unserer Zeitgenossen? Du weißt, daß wir anders sind – Zigeuner in einer Welt des kleinen Landadels. Sie haben Dir Deinen grünen Wagen weggenommen und ihn niedergebrannt, sie haben Deine Töpfe und Pfannen weggeworfen und Deine halbgeflickten Rohrstühle. Sie haben Dir die aufgerollten Ärmel heruntergekrempelt und Dich bis zum Hals zugeknöpft. Sie haben Dich gezwungen, unter einem Dach der Selbstachtung zu schlafen ohne Ritzen, die die Sterne hereinlassen. Aber mich haben sie noch nicht erwischt! Komm! Komm hinweg! Ich warte auf Dich an der Wegkreuzung.« (15. September 1918)

»Wieder einmal bist Du weggegangen und hast mich verlassen – verlassen um Brightons willen, des harten, mechanischen, ordinären Brighton, und der Freuden der Häuslichkeit, *la rentrée au bercail*, des vorschriftsmäßigen behaglichen Familienlebens. Mein wildes Naturkind, meine Mitja, die sich den Teufel um alles schert, gibt es nicht mehr, Mitja ist von Vita verjagt worden, einem sanften, liebevollen, rücksichtsvollen, netten Wesen, das seinen Ehegemahl, seine Mutter und seine Kinder ganz ungebührlich gern hat... Es ist die Ungereimtheit des Ganzen, die mir so gegen den Strich geht. Es ist, als ob man den Walkürenritt auf einer Piccolo-Flöte und einer Groschentrompete spielt; es ist, als ob man die ›Nachtwache‹ ins Zimmer der Haushälterin hängt; es ist wie ein Panorama der Dolomiten, das auf die Rückseite einer Speisekarte gemalt ist. Und dann meine Eifersucht. Die ganze Zeit über sehe ich, wie anders es sein könnte – der wilde Falke und der windgepeitschte Himmel. Ich sehe Dich vor mir, strahlend und unerschrocken, ein Wanderer in fremden Ländern, in der unverletzlichen Keuschheit der erleuchteten Eingebung.« (22. Oktober 1918)

»Sechzehn Nächte lang habe ich erwartungsvoll auf das Öffnen meiner Tür gelauscht, auf das geflüsterte

›Luschka!‹, als Du in mein Zimmer tratest, und heute nacht bin ich allein. Wie soll ich schlafen können? So kann es nicht weitergehen. Wir müssen ein für allemal unseren Mut in beide Hände nehmen und zusammen fliehen. Was für eine Art Leben können wir denn jetzt führen? Deines eine niederträchtige und erniedrigende Lüge gegenüber der Welt, gesetzlich an jemand gebunden, aus dem Du Dir nichts machst [Harold!], unablässig mit ihm zusammen. Und ich, die ich mir nicht das geringste aus irgend jemandem mache außer aus Dir, ich bin zu einem sinn- und zwecklosen Dasein verurteilt.« (22. Juli 1918)

»Mitja, glaubst Du vielleicht, ich werde noch mehr von meiner kostbaren Jugend damit vergeuden, darauf zu warten, daß Du Dir endlich ein Herz faßt, um durchzubrennen? Ich nicht. Der Teufel soll die Welt holen und sich um die Folgen kümmern.« (24. August 1918)

»Der Himmel bewahre mich vor Kleinheit und Annehmlichkeit und Glattheit. Gib mir große grelle Laster und große grelle Tugenden, aber bewahre mich vor den säuberlichen kleinen neutralen Zweideutigkeiten. Sei verrucht, sei tapfer, sei betrunken, sei verwegen, sei ausschweifend, sei despotisch, sei ein Anarchist, sei eine Suffragette, sei was Du willst, aber um Himmels willen sei es nach Herzenslust. Lebe aus dem vollen, lebe leidenschaftlich, lebe schrecklich. Laß uns leben, du und ich, wie nie zuvor jemand gelebt hat.« (25. Oktober 1918)

Ihre täglichen Briefe, spontan geschrieben, unverbessert, mit Bleistift hingeschmiert, ohne Datum und ohne Adresse (Vita bewahrte sie glücklicherweise in ihren Umschlägen mit dem Poststempel auf), ohne Anfang (wie zwei Vertraute, die miteinander telefonieren) und ohne Schluß, mit Ausnahme eines gelegentlich riesigen L, über eine halbe Seite hingehauen, versetzten sowohl die Schreiberin wie die verstörte

Frau, an die sie gerichtet waren, in einen Rausch. Vitas Antworten sind nicht erhalten; sie wurden von Denys vernichtet. Aber man kann sich ihre Reaktion auf dieses beharrliche Getrommel vorstellen, denn ihre Taten belegen sie.

Der beste Beleg der Gefühle, die Vita für Violet hegte, ist in ihrem Roman ›Challenge‹ enthalten, der von Violet handelt und ihr gewidmet ist. Sie begann die Niederschrift im Mai 1918, wenige Tage nach ihrer Rückkehr aus Cornwall, und schloß sie in Monte Carlo im November 1919 ab. Der Roman wurde in England nie veröffentlicht. Vitas und Violets Eltern bestanden beide (sehr zu Violets Zorn) auf seiner Unterdrückung, da das Porträt Violets zu leicht erkennbar war und sie einen Skandal befürchteten. Aber er kam im Jahr 1924 in den Vereinigten Staaten heraus, und das Manuskript befindet sich bei mir in Sissinghurst. Während Vita das Buch schrieb, lebte sie ihr Leben auf zwei Ebenen, der tatsächlichen und der fiktiven, und in dem Maß, in dem ihre Liebe zu Violet heftiger wurde, geschah dasselbe mit der Liebe zwischen Julian und Eva im Roman, und ganze Episoden, Gespräche und Briefe wurden aus der Wirklichkeit ins Buch übertragen. Vita las jeden Abend dem Modell der Eva die Seiten vor, die sie während des Tages geschrieben hatte, und Violet liebte dieses Spiel: Sie sonnte sich in den fabelhaft romantischen Situationen, in denen sie ihr fiktives Selbst antraf, schlug besondere, zusätzliche Züge zu der dramatischen Entwicklung und ihrem eigenen Abbild vor und fügte hie und da dicke Brocken eigener Erfindung ein.

Es ist die Geschichte eines reichen jungen Engländers namens Julian, der in einer kleinen Republik an der griechischen Küste lebt; er wiegelt die Bewohner der vor der Küste gelegenen Insel Aphros zu einer Revolte auf und wird ihr illegaler Präsident. Dort stößt seine Kusine Eva zu ihm, ein schönes, launenhaftes und unberechenbares Mädchen, das für alle anderen Freier nur Verachtung übrig hat, und sie werden ein glückliches Liebespaar, bis ihre Eifersucht auf Julians Verpflichtung gegenüber Aphros Eva dazu verleitet, ihn zu verraten. Eva will Julian ganz und gar für sich allein, und der Teufel soll alle Konventionen und seine politische Überzeugung holen:

»Für mich gibt es Liebe auf keine andere Art. Ich bin aufrichtig, es gibt für mich nur ein einziges Ziel. Meine Liebe ist selbstsüchtig. Ich würde mit Freuden und ohne zu überlegen für dich sterben, aber ich würde meinen Anspruch auf dich nichts und niemandem opfern. Meine Liebe ist maßlos und geht über alle Grenzen hinaus. Ich stelle riesige Forderungen ... Freiheit, Julian, Abenteuer! Die Welt liegt vor uns, damit wir sie durchstreifen, wie es uns gefällt! – Versetz der Wohlanständigkeit einen Nasenstüber, zieh ihr hinterrücks den Stuhl weg, auf den sie sich setzen will!«

Julian ist Vita; Aphros bedeutet Harold, den Nebenbuhler um Evas Liebe; Eva ist Violet, getreu bis in die Klangnuancen ihrer Stimme, die Art, wie sie ihr dunkles Haar zurückwirft, »turbulent, trotzig, die Gefahr herausfordernd und dann voll kindischer Angst, wenn die Gefahr sie einholt, hinreißend bereit zu allem, erfinderisch, enthusiastisch, aber im innersten Herzen stets in sich gekehrt ... Sie lebt, aus freier Wahl, unablässig in einem Sturm von Aufregung und Mißhelligkeiten.« – »Sie war verwöhnt, köstlich, erlesen, witzig, feurig, mutig, nicht zu fassen, aufreizend, quälend, ein Geschöpf, das seit seinem dritten Lebensjahr Huldigung und Schutz für sich erpreßt hatte.« – »Konnte man Eva einen Vorwurf machen wegen ihrer Grausamkeit, ihrer Selbstsucht, ihrer Mißachtung der Wahrheit? Mußte man ihr, die nicht böse, sondern nur fremdartig war, nicht alles verzeihen um der edleren, ferneren Flamme willen? War der Maßstab der Kardinaltugenden der wahre, echte und letztlich gültige Maßstab?«

»Julian sprang auf. Er packte Eva beim Handgelenk.
›Zigeunerin!‹
›Komm mit mir, Zigeuner‹, flüsterte sie.
Ihr duftendes Haar flatterte um ihn, und ihr Antlitz mit seinem weichen lieblichen Mund blickte zu ihm auf.
›Weg von Aphros?‹ sagte er und verlor den Kopf.
›Durch die ganze Welt!‹
Plötzlich fegte die volle Kraft ihrer wilden, bedenkenlosen Verführung ihn hinweg.
›Überallhin, wo du willst, Eva.‹
Sie triumphierte, ganz nahe bei ihm und von zügelloser Wollust.
›Du würdest Aphros mir zum Opfer bringen?‹
›Alles, was du verlangst‹, sagte er tollkühn.
Sie lachte und tanzte davon, indem sie die Hände nach ihm ausstreckte.
›Tanzt du die Sarabande mit, Julian?‹«

»Vagabundin«, sagte Julian an anderer Stelle, »soll denn das Leben ein einziger langer Karneval sein?« – »Und eine einzige lange Aufrichtigkeit«, antwortet Eva. »Du wirst vor aller Welt mir gehören, und ich werde um ihre Mißbilligung buhlen.«

Der Roman ›Challenge‹ (Herausforderung) ist Vitas Verteidigungsschrift ihrer selbst und Violets. Vita war 1918 sechsundzwanzig Jahre alt, Violet vierundzwanzig. Waren sie zusammen, so berührten ihre Füße kaum die Erde. Die Lüfte trugen sie, hoch und ekstatisch, der Sonne entgegen, und sie atmeten die dünne Luft der obersten Weltgegend. Violet erschien ihr als ein der Legende entstiegenes Geschöpf, das nicht von Vorfahren abstammte, vorgängerlos, noch nie dagewesen, unvergleichlich, unübertreffbar, heidnisch. Ihr fleischliches Band war so zwingend, daß es beinahe zu einer geistigen, nicht einer körperlichen Notwendigkeit wurde und eine so enge, bebende Intimität erheischte, daß außerhalb nichts für sie existierte. Es fegte ihre sorgfältige Erziehung hinweg, die persönliche wie die ererbte, und ersetzte den einen Stolz durch den anderen. Sie liebten einander inbrünstig, mit einer verzehrenden Flamme, die ihre Liebe reinigte und läuterte und aus ihr alles heraussengte außer der ureigensten, unveräußerlichen, idealen Leidenschaft. Ehe bedeutete daneben nichts; Ehe war nur für Ehemänner und Ehefrauen. Als Eva schließlich Julian verrät, besteht seine letztliche Beleidigung darin, daß er ihr die Heirat anbietet. Und sie, stolz bis zum Ende, ertränkt sich. Es erinnert sehr stark an ›Hinter der Maske‹, das Vita als Kind schrieb.

Ich will nun auf den zweiten Teil von Vitas Autobiographie zurückkommen und einige der von ihr weggelassenen Einzelheiten einfügen.

Ihre Wiederentdeckung Violets in Long Barn am 18. April 1918 ist in ihrem Tagebuch lediglich mit den Worten ›Was für ein ereignisreicher Tag!‹ verzeichnet, und die Schilderung ihrer anschließenden gemeinsamen Ferien in Polperro in Cornwall ist ebenso zurückhaltend. Sie fuhren zweimal hin; das Häuschen, in dem sie wohnten, gehörte dem Romanschriftsteller Hugh Walpole. Aus einem von Violets späteren Briefen, in dem sie sich schmerzlich daran erinnert, wie glücklich sie damals gewesen waren, läßt sich das Bild wiederherstellen:

> »Hugh Walpoles kleines Zimmer mit dem Meer, das fast gegen seine Mauern schlug, das unermüdliche Geschrei der Möwen, die freundlichen Bücher, die noch freundlichere Atmosphäre, die vollständige Freiheit des Ganzen. Und ich war die Deine, gehörte Dir, damit Du Dich über mich beugen und mich küssen konntest, wie die Laune es Dir gerade eingab. Und zuweilen liebten wir einander so sehr, daß wir überhaupt keine Worte mehr hatten und es zufrieden waren, einander in den Augen nach dem Geheimnis zu forschen, das kein Geheimnis mehr war.« (10. Juli 1919)

Lady Sackville hegte keinerlei Argwohn (»Sie sind hinausgefahren, um sich die Frühlingsblumen anzusehen«), und Harold schrieb Vita am Tag ihrer Abreise sechs Briefe, deren Zahl allein schon andeutet, wie leicht ihm ums Herz war (im Büro, vor dem Abendessen in seinem Club, während des Essens, nach dem Essen und so fort), und in einem dieser Briefe zeichnete er Karikaturen von Violet, wie sie das einfache ländliche Leben genießt, im Wasser planscht, beim Garnelenfang, beim Kochen, zu Fuß wandernd, ihre teuren Mayfair-Kleider bis zu den Knien hinaufgekrempelt. Aber beide, Vita und Harold, gestanden sich ein, daß etwas Ernsteres dahintersteckte; das geht aus einem Brief hervor, den sie ihm kurz vor ihrer Abreise schrieb:

> »Ja, die Wanderlust hat mich erwischt, und zwar ziemlich schlimm. Ich möchte mit Dir wegfahren, irgendwohin, wo uns keine Briefe folgen können und niemand weiß, wo wir sind. Es ist ganz unsinnig. Ich habe alles, was ich möchte – Dich, zwei kleine Buben, ein Häuschen, Geld, Blumen, einen Bauernhof. Ich weiß natürlich, daß Du es auf Violet zurückführen wirst, aber da irrst Du Dich. Ich möchte frei sein mit Dir, und das kann ich erst haben, wenn der Krieg vorüber ist. In der Zwischenzeit habe ich das Gefühl, daß Menschen wie Violet mich vor einer Art intellektueller Stagnation, einer trägen Selbstgefälligkeit bewahren können. Also sei nicht eifersüchtig auf Violet, mein liebes Dummerchen.« (27. April 1918)

Nach Vitas Rückkehr malte William Strang das Porträt von ihr, das diesem Buch vorangestellt ist, während Violet in seinem Atelier dabeisaß und keinen Blick von ihr wandte. Welcher Unterschied zu dem Laszlo-Porträt! Hier ist Vita nicht mehr die dämmrig-dunkle Schönheit, sondern ein elisabethanischer Jüngling, gerade, aufrecht und hochfahrend, die Hand an der Hüfte, der einen Augenblick lang ausruht, ehe er sich aufs Pferd oder auf eine Pinasse schwingt. ›Julian‹

begann in jenem Herbst in London, Julian, der bandagierte Unteroffizier, der sein Mädchen von der Ebury Street nach Piccadilly und hinaus nach Knole begleitet, Julian, der ein zweites Leben gleichen Abenteuers in ›Challenge‹ lebte. »Julian!« schrieb Vita in ihr Tagebuch. »Ach, der regennasse dunkle Abend an der Hyde Park Corner! Dies ist das *beste* Abenteuer!« Aber die Gefahr, in der sie waren! Denn obgleich Vita ihre Vermummung für undurchdringlich hielt, war Violet doch sie selbst, ein vornehmes, elegantes Mädchen der guten Gesellschaft, ein wenig wirrköpfig zwar, wie man allgemein meinte, aber doch nicht verderbt und lasterhaft, und hier tauchte sie nun in Gesellschaft dieses anrüchigen Jungen an öffentlichen Orten auf, wo sie oder gar beide jeden Augenblick erkannt werden konnten! An dem Tag, an dem ihr anerkannter Verehrer Denys Trefusis zurück an die Front ging, schrieb Violet an Vita:

> »Du könntest alles mit mir machen – oder vielmehr, Julian könnte es. Ich liebe Julian über alles Maß, besitzgierig, grenzenlos. Für mich bedeutet er die ganze Emanzipation, die ganze Freiheit, Jugend, Ehrgeiz, Errungenschaft. Er ist mein Ideal. Es gibt nichts, was er nicht vollbringen kann. Ich bin mit Leib und Seele seine Sklavin. Schauerlicher Gedanke, was für Freunde Denys und Julian wären! Sie stünden in offenem Wettbewerb um Luschka.« (14. Oktober 1918)

In Wahrheit standen sie bereits im Wettbewerb. Beide waren hoffnungslos in Violet verliebt. Ihrem Charakter nach waren Denys und Vita einander nicht unähnlich. »Es war unmöglich, wohlerzogener, rassiger, kühner auszusehen«, schrieb Violet in ›Don't Look Round‹. »Er war schlank und elegant und mußte, ob er wollte oder nicht, seiner Erscheinung einen dramatischen Akzent geben. Unerschrocken und rebellisch, hatte er ein abenteuerliches, aufregendes Leben geführt und war nach Rußland durchgebrannt, als er fast noch ein Schuljunge war.« Von dort war er bei Kriegsausbruch zurückgekehrt und befehligte jetzt eine Kompanie an der Westfront. Als er das ›Military Cross‹, eine hohe englische Tapferkeitsauszeichnung, erhielt, nahm er den Orden beinahe mit Verachtung entgegen. Und als Violets Schwester Sonia ihm zum ersten Mal begegnete, »hatte er die geflügelten Nüstern eines Kreuzritters und einen hellen kalten Blick, der, ohne sich zu beeilen, wie ich spürte, dem Feind Maß nahm« (›Edwardian Daughter‹, 1958). Vita andererseits war sofort von ihm eingenommen. »Ich kann dir gar nicht sagen, wie gern ich ihn habe«, schrieb sie an Harold. »Wirklich, ganz wirklich. Er ist sehr gescheit.« Violet warf sofort die Angel nach ihm aus, wie sie in ihrem Buch eingesteht: »Niemals habe ich so schwer gearbeitet. Endlich begann er zu reagieren und erklärte mir genauestens, daß er ebenso wie Julian (hier handelt es sich um Julian Grenfell, der ebenfalls in sie verliebt war und im Krieg fiel) ein Gegner der Ehe sei.« Dies war die launenhafte und unberechenbare Seite von Violets Charakter; man könnte ihr auch einen schärferen Namen geben. Sie war durchaus imstande, sich zielstrebig zu bemühen, die Liebe eines stolzen Mannes zu erobern, während ihre eigene restlos anderwärts festgelegt war. Denys war ihr vor allem wichtig als ein geköderter Angelhaken, als Rivale, mit dem sie Vita sticheln und quälen konnte.

Im Herbst 1918, zwei Wochen nach dem Waffenstillstand, machten Vita und Violet Monte Carlo zum Schauplatz ihrer Liebe. Es war nicht einfach, Reise-Erlaubnis nach Frankreich zu erhalten, und ausgerechnet Harold mit seinen besonderen Beziehungen im britischen Außenministerium war es, der sie beschaffte. Er fand, daß Vita einen Ferienurlaub brauche und meinte, »es wäre nett für dich, wenn Violet dich begleitete«. Er kann sich nicht in völliger Unwissenheit über das, was sich abspielte, befunden haben, denn inzwischen fütterte Lady Sackville ihn mit ihren Befürchtungen, aber er glaubte, die Ferien würden nur etwa vierzehn Tage dauern. Sie dauerten indessen vier Monate. Sobald sie in Paris eingetroffen waren, begann Violet Vita Versprechungen abzufordern, daß sie auf unbeschränkte Zeit bei ihr bleiben werde, und drohte, sie werde sich umbringen, wenn sie nicht einwillige, und diese Szenen wiederholten sich, wann immer Vita zu entfliehen versuchte. Aber Vita versuchte es nicht sehr energisch. Sie erlebte in Monte Carlo während »dieser wilden und strahlenden Monate« eine Wiederholung des Glückstaumels, den sie mit Rosamund in Florenz erfahren hatte, mit dem zusätzlichen Reiz, daß ihre Abwesenheit jetzt unerlaubt war und sie für ihre Freiheit zu kämpfen hatten. Sehr rasch ging ihnen das Geld aus. Sie zogen aus dem Hotel Bristol in das weniger teure Hotel Windsor um, saßen aber um die Mitte Dezember ohne einen Pfennig da (»Wir haben zusammen fünfzig Centimes«, sagt Vita in ihrem Tagebuch) und waren genötigt, ihren Schmuck zu verpfänden, um die Hotelrechnung zu bezahlen und genug Geld aufzutreiben, um, allerdings erfolgreich, im Kasino zu spielen. Harold schickte ihnen telegraphisch 130 Pfund. Sie verbrachten ihre Tage mit Lesen, der Niederschrift von ›Challenge‹, Tennisspielen, Spaziergängen im Hügelland und im Garten des Château Malet, die Abende am Spieltisch.

Weihnachten kam, und Harold verbrachte es unglücklich in Knole mit Versuchen, zwischen den streitenden Sackvilles Versöhnung zu stiften. Zu Beginn des neuen Jahres begann er sich wirkliche Sorgen zu machen und wurde zum ersten Mal ärgerlich, besonders als Vitas Briefe beinahe aufhörten:

> »... aber ich weiß ja, wie außerordentlich viel Du zu tun hast und wieviel von Deiner Zeit draufgeht, Tennis zu spielen und mit Deiner dreckigen kleinen Freudin zu schwatzen. Zuweilen bereitet mir die Sehnsucht nach Dir regelrechte Folterqualen, und die kleinste Kleinigkeit verursacht mir eine *crise de jalousie*, und zwar bin ich nicht eifersüchtig darauf, daß Du andere Menschen liebst (Du weißt, daß ich in dieser Hinsicht ganz ruhig bin), sondern eifersüchtig ganz einfach darauf, daß Du mit anderen Leu-

ten zusammen bist *dont je ne connais pas la puissance sur ton cœur.*« (8. Januar 1919)

Vita antwortete ihm mit ihrem »Unanständigkeits«-Argument, das freilich ganz hohl war; denn wenn es unanständig war, Harold zu schreiben, während sie mit Violet zusammen war, war es dann nicht noch unanständiger, Violet zu schreiben, während sie bei Harold war?

»Es ist abscheulich von mir, daß ich Dir nicht schreibe. Ich weiß es. Glaube nicht, daß es Gleichgültigkeit oder Vergeßlichkeit ist – das ist es nicht. Aber wie ich Dir schon so oft gesagt habe, wenn wir darüber sprachen, es fällt mir so schwer, Dir zu schreiben, wenn ich mit Violet zusammen bin. Es kommt mir so unanständig vor. Ach, versuch, versuch, versuch doch, das zu verstehen.« (11. Januar 1919)

Aber sie wollte noch immer nicht heimkommen. Dies war der Augenblick ihrer größten Grausamkeit; er war schlimmer als Amiens, denn in Amiens machte sie zumindest nicht den Versuch, die Wahrheit zu verheimlichen. Harold mietete eine Wohnung in Paris, um sie zurückzulocken, holte ihr Tafelsilber und einige ihrer besonders persönlichen Dinge aus Long Barn herüber, stellte zwei Dienstboten ein und schrieb ihr, alles sei bereit. Er erwartete sie am 1. Februar, denn sie hatte ihm versprochen zu kommen. Im letzten Augenblick sagte sie ab mit der Begründung, Violet sei zu krank und elend, als daß man sie allein lassen könnte. Er schrieb ihr einen Brief, der für mein Gefühl der herzzerbrechendste ihrer ganzen Korrespondenz ist – herzzerbrechend, weil er so großherzig ist.

»Heute morgen wachte ich so glücklich auf im Gedanken, daß Du vielleicht in ebendiesem Augenblick in den Zug steigst, um zu mir zu kommen. Ich holte meinen großen Koffer hervor und begann zu packen, um in *unsere* Wohnung umzuziehen, wo wir wieder zusammensein und gemeinsam am Kaminfeuer sitzen würden. Ach Gott, wie weh es mir tut, auch nur daran zu denken. Und dann brachte man mir Deine beiden Briefe – zusammen mit dem von Violet. Arme Vita. Armer Hadschi. Arme, *arme* Violet. Schließlich, was bedeutet unser Schmerz im Vergleich zu dem ihren? Es gehört sich nicht, daß Menschen so leiden müssen. Meine Enttäuschung ist schrecklich. Ich bin ganz krank davon. Aber unsere Liebe ist etwas Ewiges, wie das Meer und der Wein, und was ist daneben schon die Zeit, ein paar Tage, ein paar Wochen? Und was hat aller Klatsch zu bedeuten im Vergleich mit Violets Leiden? Ich habe ihren Brief vernichtet. Er war so traurig. Ich werde ihr schreiben. Wie gern ich sie dafür habe, daß sie Dich so liebt, Liebste – es ist das Beste, was sie je getan hat.«

Er fügte eine Nachschrift an:

»Da Du eine Frau bist, wirst Du, wenn Du diesen Brief gelesen hast, sagen: ›Nun ja, er kann mich nicht sehr lieben, sonst hätte er einen größeren Wirbel geschlagen.‹ Guter Gott! Einen größeren Wirbel. Wo mein Herz sich doch anfühlt wie eine *pêche Melba*.« (1. Februar 1919)

Zwei Tage später schrieb er ihr:

»Du mußt nicht glauben, daß ich dauernd unglücklich sein werde. Ich fühle mich nur heute so zerschmettert und wund und traurig. Aber das ist natürlich kindisch; Enttäuschung ist schließlich eine sehr vorübergehende Sache und nichts im Vergleich zur tragischen und hoffnungslosen Lage der armen Violet. Aber die Sonne ist aus Paris verschwunden, und es ist eine kalte, graue und nichtssagende Stadt, in der sich irgendwo eine Konferenz abspielt. Ich spüre, daß Du mir entgleitest, Du, die Du mein Anker,

> meine Hoffnung und mein ganzer Friede bist. Liebste, Du weißt nicht, mit welcher Hingabe und Treue ich Dich liebe. Was Du auch tust, es kann niemals falsch oder unrecht sein. Ich liebe Dich auf eine verrückte Art gerade *wegen* all dieser Dinge.« (3. Februar 1919)

Er hätte natürlich sofort den Nachtzug nach Monte Carlo nehmen sollen, wenn auch nur, um den zunehmenden Klatsch zu ersticken. Ganz London, ganz Paris summte von Gerüchten. Es erschien zwar nichts darüber in den Zeitungen, aber Vita und Violet waren beide sehr bekannt, und hier ging es um etwas völlig Neues: Das Unaussprechliche war aussprechbar geworden. Lady Sackville fand ein geradezu perverses Vergnügen darin, ihre Tochter gegen »diese Giftschlange«, »diese sexuell Pervertierte« zu verteidigen; sie schrieb an ihre sämtlichen Freunde, Vita sei behext, und streute damit die Nachricht, die sie unterdrücken wollte, noch viel weiter aus.

Die betrüblichste Seite der Sache war für sie Vitas naturwidrige Vernachlässigung ihrer Kinder. Ben war damals vier, ich zwei Jahre alt: wir waren viel zu klein, um zu begreifen, was sich abspielte, und bereits daran gewöhnt, den größten Teil der Zeit in Kinderzimmern unter der Obhut einer Kinderfrau zuzubringen. Es wäre hübsch, wenn ich an dieser Stelle einen rührenden Ton anschlagen und erzählen könnte, wie unsere Kinderbriefe die Mutter heimholten, aber es wurden keine solchen Briefe geschrieben, denn wir konnten noch nicht schreiben. Wir waren in Knole untergebracht, und als Lady Sackville unsere Kinderfrau entließ und gleichzeitig die Wasserrohre einfroren, wurden wir in ein Hotel in Eastbourne geschickt, wo es uns (wie ihr Tagebuch besagt) großartig gefiel, dann zu Harolds Eltern, den Carnocks, in Cadogan Gardens in London, und schließlich in ihr eigenes Haus in Brighton, das Lutyens gerade in verschwenderischem Stil umbaute. Sie begann jetzt, ärgerliche Telegramme nach Monte Carlo zu schicken; so am 26. Februar 1919:

»Komm sofort zurück; Katie Carnock und ich können keine weitere Verantwortung für die Jungen übernehmen.« Vita antwortete, es sie ihr völlig unmöglich, vor dem 15. März zurückzukommen, da sie keine Plätze im Zug bekommen könne. Das klang nicht echt. Aber am 15. März kam sie dann tatsächlich zurück und schilderte Harold unser rührendes Wiedersehen in Brighton:

> »Ben spielt im Badezimmer, und hin und wieder höre ich ihn sagen: ›Sag Mammi, sie soll kommen‹; dann vernimmt man ein Scharren und Schlurfen, und ich höre etwas emsig einhertrotten, wie das Weiße Kaninchen in Alice im Wunderland, das vor sich hinmurmelt: ›Sag Mammi ... Sag Mammi ...‹, und klebrige Finger zupfen mich, ich soll kommen und den wunderbaren Ben betrachten. Ich entdecke an Nigel nicht die geringste Ähnlichkeit mit irgend jemand. Wenn ich ihn frage, ob er mich liebt, sagt er auf geistesabwesende Art ›Darling‹ zu mir. Er ist äußerst höflich, sogar zu Ben und leblosen Gegenständen wie hölzernen Enten und Kühen, zu denen er ›Bitte‹ sagt. Ben ist durchaus nicht der Verbrecher, auf den wir uns hatten gefaßt machen sollen; er ist genauso lieb und gut wie immer. Sie sind beide absolute Lieblinge.« (22. März 1919)

Zweck dieses Briefzitats ist nicht zu zeigen, was für Lieblinge wir waren, denn das waren wir ganz bestimmt nicht, sondern wie gern sie uns im Grund hatte.

Vita erhielt Harolds Verzeihung, wurde von ihrer Mutter ausgescholten und von Violet unablässig weiter verfolgt. Ihre Geschichte erhielt jetzt eine neue Wendung durch Violets Verlobung mit Denys Trefusis. Sie wurde am 26. März 1919 bekanntgegeben, und die Keppels und Sackvilles seufzten auf vor Erleichterung; sie erzählten strahlend jedermann, es habe nie irgendeinen Grund zur Sorge gegeben, denn Violet liebe Denys ebensosehr, wie Vita Herold liebe.

Wenn sie nur Violets von panischer Angst erfüllte Briefe hätte lesen können, wie diesen vom 21. März 1919:

»Es ist so scheußlich, Mitja, unablässig mit jemand zusammenzusein, für den man nicht zwei Pfifferlinge gibt, einem unglaublich grimmigen und schweigsamen Jemand, bei dem ich das dunkle Gefühl habe, er will mich nur aus Rache heiraten. Wir stehen nicht einmal auf freundschaftlichem Fuß. Ich habe das Gefühl, daß etwas Unerbittliches an ihm ist. Wir reden überhaupt nicht miteinander, und die ganze Zeit über denke ich gequälte Gedanken an Dich. Mir tut alles weh vor Sehnsucht nach Dir, Mitja. Was soll geschehen? Wirst Du unbeteiligt dabeistehen und zusehen, wie ich diesen Mann heirate? Das ist unvorstellbar, beispiellos. Du bist mein ganzes Dasein. Wie soll ich aus der Sache herauskommen? Was ist das für eine scheußliche Farce, die ich da aufführe? Wenn wir zusammen weggehen könnten, wenn auch nur auf ein paar Monate, könnte ich aus der Sache heraus. Es wäre so unendlich viel sauberer, wenn wir ganz offen zusammen durchbrennen würden.«

Oder am 24. März 1919:

»Von mir aus kannst Du sechsmal verheiratet sein oder vierzehn Kinder haben, es ist mir egal. Ich habe in meiner verzweifelten Lage mehr Anrecht auf Dich als irgend jemand auf dieser Welt. Gestern abend am Telefon hast Du irgend etwas von einem Monat gemurmelt. Aus was für Zeug bist Du eigentlich gemacht, daß Du willst, ich soll einen ganzen Monat lang diese Hölle aushalten – diese Hölle, in der ich die Liebkosungen eines Menschen ertragen muß, den ich nicht liebe? Er ist unerbittlich; nichts auf der Welt rührt ihn. Er hat die Willenskraft von tausend Teufeln.«

Wie hatte Violet, wie hatte Denys sich offenen Auges in diese groteske Verlobung verwickeln können? Sie wurde noch viel seltsamer, als Denys sich einverstanden erklärte, daß ihre Ehe nur dem Namen nach existieren sollte; es sollte keinerlei sexuelle Beziehung zwischen ihnen geben. Ein gescheiter und stolzer Mann und eine gescheite, stolze Frau, die sich zu einer Ehe verpflichten, die von Anfang an unsinnig und demütigend war. Man muß freilich Violets Übertreibungen in ihren Briefen an Vita abziehen: Sie dramatisierte wie gewöhnlich ihr Dilemma. Leute, die Violet und Denys zusammen sahen, erklärten einstimmig, sie verhielten sich zueinander mit einer liebevollen Zuneigung, die nicht vorgetäuscht sein konnte. Außerdem übte die Familie Druck aus. Alice Keppel bestand darauf, daß die Hochzeit stattfinde, und Violet hing an ihrer Mutter. Denys war ganz echt verliebt in seine Verlobte; sie war die einzige Frau, die er je aus tiefstem Herzen liebte, und er war bereit, ihr ihren Willen zu lassen. Er wußte natürlich genau über Vita Bescheid, meinte jedoch, eine solche Affäre könne nur vorübergehend sein und sein Versprechen der Enthaltsamkeit werde früher oder später von Violet selbst gebrochen werden. Außerdem gab es noch einen anderen möglichen Grund, der in einem Brief von Violet an Vita aus dem Jahr 1920 angedeutet ist. Denys war möglicherweise zumindest teilweise impotent. Violet hatte seinen Arzt aufgesucht, und dieser Arzt hatte ihr gewisse Dinge über ihn erzählt, die Denys, als sie sie ihm zurückerzählte, in einen Ausbruch von Zorn und Verzweiflung versetzten. Es ist mithin vorstellbar, wenn auch keineswegs bewiesen, daß Denys zur Zeit ihrer Hochzeit nicht allzusehr daran lag, seine Männlichkeit auf die Probe gestellt zu sehen. Aber selbst wenn man alle diese Gründe angeführt hat, bleibt dies doch der unerklärlichste Teil der ganzen Geschichte:

»Denys sagte, er wolle mich unter allen Voraussetzungen und Bedingungen heiraten, die ich stellen würde, er wolle sich lieber mit allem einverstanden erklären, als daß ich ihn verlasse. Er sagte, wenn ich ihn verlasse, werde er sich umbringen. Er gab mir sein Ehrenwort als Gentleman, daß er nie etwas tun werde, was mir mißfallen könne – du weißt, in welchem Sinn ich das meine. Was soll ich tun? Was kann ich dazu sagen? Es gibt nur eins – nämlich auf und davon zu gehen, ohne irgend jemand etwas zu sagen. Erbärmlicher Mann. Diese sabbernde Art, wie er an mir hängt. Sein einziger *chic* war, daß ich glaubte, es liege ihm nichts an mir.« (30. März 1919)

Mit »auf und davon gehen« meinte sie: durchbrennen mit Vita.

»Ich will Dich mehr denn je zuvor ganz, ganz für mich und für immer. Ich habe darüber überhaupt keine Gewalt. Mitja, fliehe, fliehe, fliehe – entfliehe mit mir jetzt, ehe es zu spät ist. Warum setzt Du nicht vor aller Welt Deinen Anspruch auf mich durch? Du weißt, daß Du nur das entscheidende Wort auszusprechen brauchst. Und schon fliegen wir weg, weg aus der niedlichen Gegend mit ihren säuberlichen Hecken und ihrem wohlanständigen Festrummel. Weg! Hinweg!« (14. April 1919)

»Wir wollten am Tag vor ihrer Hochzeit abreisen«, schreibt Vita in ihrer Autobiographie. Harold war inzwischen zu erfahren, als daß er die Gefahrenzeichen übersehen hätte, aber das Ärgste wußte er nicht. Vita hatte im Scherz zu ihm gesagt, sie werde zu der Trauung gehen, und wenn der Pfarrer die Frage stelle: »Wenn irgend jemand einen guten Grund oder eine Behinderung vorweisen kann, warum diese beiden nicht zusammengetan werden sollen, so möge er jetzt sprechen«, werde sie aufstehen und sagen: »Ja, das kann ich.« Aber es war, wie er wohl wußte, nicht gänzlich ein Scherz. Er sagte ihr, er erwarte nicht von ihr, daß sie völlig mit Violet breche, aber er werde nicht erlauben, daß sie auf lange Zeit zusammen weggingen. Sie müsse aufhören, ihren guten Ruf und ihr Glück einer aussichtslosen Leidenschaft, diesem ›scharlachroten Abenteuer‹, zum Opfer zu bringen. Er begriff durchaus, was für eine schreckliche Sache es für Violet war, einen Mann zu heiraten, den sie nicht liebte, meinte aber, Denys könne vielleicht zu guter Letzt ihre Rettung werden und auch Vitas Rettung, wenn Violet ihn mit der Zeit liebgewinnen könne. Von der beabsichtigten Entführung hatte Harold keine Ahnung. Er war weit weg, in Wien, Budapest und Prag, wo er sich zusammen mit General Smuts bemühte, den politischen Wirrwarr in Mitteleuropa in Ordnung zu bringen, während Violet den größten Teil der Zeit bei Vita in Long Barn verbrachte.

Im Mai erschien ›Heritage‹, und Lady Sackville verließ Knole. Harold kehrte auf eine Woche Urlaub nach England zurück, und allein schon seine Anwesenheit machte Violet wütend, »mit Hadschi dies und Hadschi das, und du und er, wie ihr Arm in Arm einherschlendert (Gott, ich werde verrückt!). Und ich, die ich dich fünfzigmal mehr liebe als das Leben, bin zeitweise vergessen, beiseite geschoben.« Sie begann, Denys neue Bedingungen aufzubürden, in der Hoffnung, er würde unter ihnen zusammenbrechen, aber er willigte in alles ein, sogar daß Vita mit auf ihre Hochzeitsreise kam, sogar daß die beiden Frauen zusammen im Ausland blieben, nachdem er heimgereist war. Violet hatte das Gefühl, in einer Falle zu sitzen, und war rasend vor Verzweiflung. Als Vita ihr vorwarf, sie erzähle den Leuten, Denys und sie liebten einander, antwortete sie: »Natürlich habe ich ihnen das erzählt. Aber warum wohl? Um unser Durchbrennen zu tarnen ... Ich hasse die Männer. Sie erfüllen mich mit Widerwillen, sogar ganz kleine Jungen. Die Ehe ist eine Einrichtung, die auf launische alte Jungfern, müde Herren und königliche Familien beschränkt werden sollte.« Als sie meinte, Vitas Entschlossenheit, mir ihr auf und davon zu gehen, lasse nach, schrieb sie ihr: »Sie haben Dich mir weggenommen, Mitja. Sie haben Dich zurückgeholt in dein altes Leben; Du bist so geneigt, Fälschungen für die echte Sache zu nehmen. Julian ist tot.«

Man mag Vitas Treue zu Harold daran erkennen, daß Violet vor lauter Eifersucht so hysterisch wurde. Aber Vita wußte, daß sie sich vor völliger Unterwerfung nur retten konnte, wenn sie vor der Hochzeit, die auf den 16. Juni festgesetzt war, nach Paris entfloh. Sie faßte ihren Entschluß, Violet zu ›verraten‹, ganz plötzlich. Sie sagte, er gehe auf drei Briefe zurück, die sie um diese Zeit von Harold erhielt. Sie hatte ihm geschrieben:

»Ich kann nicht glauben, daß die Hochzeit wirklich stattfinden wird. Eine große, feierliche Gesellschafts-Hochzeit mit allem Drum und Dran – es kommt mir einfach zu grotesk vor. Und ich weiß, daß ich sie sogar jetzt noch verhindern könnte. Ich darf nicht in England sein, *sonst findet sie niemals statt.* ICH HABE SCHRECKLICHE ANGST DAVOR. Ich sage Dir das alles, damit Du mich vor mir selbst beschützt. Wenn ich in England bleibe, werde ich etwas Verrücktes anstellen, was nicht mehr rückgängig zu machen ist. Du bist mein einziger Anker, wie ich Dir schon gesagt habe. Wenn Du nicht wärest, würde ich London einen saftigen Gesprächsstoff liefern.« (1. Juli 1919)

Hier ist eine seiner Antworten:

»Ich weiß, daß wir diesen schrecklichen Kampf eines Tages gewinnen werden – wir beide –, aber ich möchte nicht, daß Du verändert und gebrochen aus ihm hervorgehst, wie Frankreich aus dem Krieg. Liebste, wenn Du in London bist, schreibst Du so zynisch, aber die Kinder und das Häuschen scheinen das Eis zu Tränen zu schmelzen, und Du schreibst auf eine Art, die mir das Herz zusammenkrampft, es aber nicht bricht. Du sagst, daß Du dieses Opfer nur um meinetwillen bringst, und es macht mir angst, daß Du das sagst. Wie kommst Du auf den Gedanken, daß es nur Durchbrennen mit Violet oder Abendessenkochen für mich gibt und nichts dazwischen? Ach, was soll ich denn tun, um Dich zu Ruhe und Vernunft zurückzugewinnen? Meine Liebe zu Dir ist sicher und gewiß, aber die Deine zu mir scheint mir zuweilen so gebrechlich, daß sie zerspringen könnte.« (9. Juni 1919)

Vita eilte nach Paris wie in eine Nervenheilanstalt und schickte diese beruhigende Versicherung voraus:

»Ach, mein Hadschi, natürlich liebe ich Dich. Ich liebe Dich unwandelbar. Du weißt nicht, wie ich auf jeden Brief von Dir reagiere. *Je m'humilie devant toi.* Ich habe keine Worte für die Verachtung, die ich für mich selbst empfinde. Ach, Hadschi, Du wirst das nie erfahren. Niemand in dieser Welt hat eine solche Macht, mich zu rühren, wie Du sie hast. Ein Wort von Dir rührt mich augenblicks, mehr als die Tränen oder Wehklagen von irgend jemand sonst. Du weißt nicht, welche Macht Du über mich hast; Du weißt es nicht.« (13. Juni 1919)

Violet Keppel und Denys Trefusis heirateten am 16. Juni 1919 in London, während Vita sich in Versailles befand. Violet schrieb ihr eine einzige Zeile, ehe sie sich vom Haus ihrer Mutter in die Kirche begab: »Du hast mir das Herz gebrochen. Lebe wohl.«

Wohl nie zuvor sind während einer Hochzeitsreise Briefe geschrieben worden wie die, welche Violet an Vita schrieb:

»Ach, gebt mir meine Freiheit zurück! Ich war einstmals so glücklich, so frei und für nichts verantwortlich. Was bin ich jetzt? Ein Nichts und Niemand mit gebrochenem Herzen, eine Lerche mit gestutzten Flügeln. Ich bin so verzweifelt. Die Zankereien haben wieder begonnen und sind ärger denn je; wir haben uns abscheuliche Dinge gesagt. Ich kann es nicht ändern. Es ist mir gleich.« (23. Juni 1919)

Und fortwährend Telegramme aus Saint-Jean-de-Luz: »Sag Julian, daß Luschka ihn so sehr liebt wie eh und je.« Dieses trug das Datum des 28. Juni 1919; es war der Tag, an dem die Deutschen den Friedensvertrag von Versailles unterzeichneten.

Nach ihrer Rückkehr nach England wohnten Violet und Denys in einem Landhaus namens Possingworth Manor in der Nähe von Uckfield in der Grafschaft Sussex, und Violet machte erneute Anstrengungen, Vita dazu zu bewegen, mit ihr wegzufahren. Sie zog herzzerbrechende Vergleiche zwischen Vitas Ehe und ihrer eigenen – die eine liebevoll, innig vertraut und gesichert, die andere steinig und unfruchtbar. Sie sprach bereits von einer gerichtlichen Ehetrennung von Denys, der ihr gesagt hatte, er mache sich nichts mehr aus ihr. Sie gab ihm alle Briefe von Vita zu lesen, damit er sich keine Illusionen mehr machte, und er verbrannte sie. Vita willigte schließlich ein, mit ihr ins Ausland zu reisen, und Harold gab erstaunlicherweise seine Zustimmung. Der Vorwand war, daß ›Challenge‹ nicht nur von Violet, sondern auch von Griechenland handelte, und Vita hatte Griechenland nie gesehen, außer vom Geländer des Dampfers aus, als sie 1914 aus Konstantinopel zurückkehrte:

»Ich nehme an, daß Du Violet mitnehmen möchtest, damit Du Deine beiden Modelle gleichzeitig vor Dir hast? Jedenfalls kannst Du nicht allein reisen, und Violet ist dafür offensichtlich die Begleiterin; ich vertraue Dir, Liebste, daß Du ihr nicht erlauben wirst, Dich dazu zu bringen, mich zu hassen. Du sagtest im Wagen: ›Ich werde ekelhaft zu Violet sein, nachdem ich bei Dir war‹, und ich habe das Gefühl, daß Du kalt zu mir bist, nachdem Du bei Violet warst. Du weißt, daß Du Dich auf meine Liebe zu Dir verlassen kannst und darauf, daß ich für alles Verständnis habe. Ich habe ein komisches stellvertretendes Vergnügen aus zweiter Hand bei dem Gedanken, daß Du an schönen Orten sein wirst. Denk an mich als an jemand, dem es

Vergnügen macht, daß Dù Dich vergnügst.« (9. August 1919)

Sie reisten erst am 19. Oktober ab und fuhren gemächlich über Paris, Carcassonne und Saint-Raphael nach Monte Carlo. Harold bedauerte sofort seine Duldsamkeit. All seine Angst und Qual von vor zehn Monaten lebte wieder auf, besonders als er hörte, daß sie schließlich gar nicht nach Griechenland fuhren, weil dort Unruhen herrschten, und Vita ihm erklärte, das Mittelmeer sei überall ziemlich dasselbe und sie könne ihr Lokalkolorit ebenso leicht aus der einen Gegend beziehen wie aus der anderen. Ein Feuerwerk in Monaco wurde am nächsten Tag zu einem Feuerwerk auf Aphros. Sie nahmen ihr altes Leben wieder auf: das Kasino, Tennis und (einmal in Vitas Tagebuch) ›The dansant‹: Julian. Dieselben Vorwürfe trafen wieder aus Knole und Paris im Hotel Windsor ein – Skandalgeschichten, Vernachlässigungen der Kinder, Grausamkeit gegenüber Ehegatten (jetzt waren es ihrer zwei), Weigerungen, Briefe zu beantworten. Schließlich wußte Vita keinen anderen Ausweg mehr, als Harold mit einem kräftigen Schock zur Anerkenntnis der Tatsache zu bringen, daß ihr Verhalten etwas Tiefergehendes sei als lediglich Ungehörigkeit:

»Ich glaube kaum, daß Dir auch nur im geringsten klar ist, was eigentlich vor sich geht. Ich glaube, Du hast die Sache nicht ernst genommen. Du hast sie als mehr oder weniger vorübergehend angesehen, als ein ›sich die Hörner abstoßen‹ – wie Du selbst gesagt hast. Aber Du kannst doch gewiß nicht glauben, Liebster, daß ich von Dir weggegangen bin und alles das riskiert habe, was ich aufs Spiel gesetzt habe – deine Liebe, Mamas Liebe, Dadas Liebe und meinen eigenen Ruf –, um einer Laune willen? (An meinem Ruf liegt mir wirklich nicht das geringste, wohl aber an allem anderen.) Begreifst Du nicht, daß nur eine sehr große Kraft mich dazu bringen konnte, alle diese Dinge aufs Spiel zu setzen? Viele Kleinigkeiten haben mir gezeigt, daß es Dir nicht klar ist: ›Hörner abstoßen‹; wenn Du von meiner Abwesenheit als von ›Ferien‹ redest; und Du schreibst von V. als von ›Mrs. Denys Trefusis‹ – begreifst Du denn nicht, daß dieser Name für mich ein Dolchstoß ist, jedesmal wenn ich ihn höre, jedesmal wenn ich ihn auf einem Briefumschlag sehe? Bitte erwähne ihn nie wieder.

Und dann, ach, Hadschi, mein liebster, liebster Hadschi (Du *bist* mein liebster Hadschi, denn wenn Du nicht wärest, würde ich mit Violet auf und davon gehen), dann ist da noch etwas anderes. Du sagst, daß Du wieder mit mir schlafen möchtest. Aber das ist unmöglich, Liebster; so etwas kann es jetzt nicht geben – ich meine, eben jetzt. Ach, Hadschi, kannst Du es nicht ein klein wenig begreifen? Ich kann es nicht in Worte fassen. Es ist doch nicht, daß ich Dich nicht liebe. Ich liebe Dich doch. Ich liebe Dich.

Die ganze Sache ist eine scheußliche Tragödie, und ich erkenne nur zu deutlich, daß ich nie dazu getaugt habe, jemand so Vernünftigen, so Guten, so Lieben, so Klaren und Reinen zu heiraten wie Dich. Es war nicht fair Dir gegenüber. Aber wenigstens liebe ich Dich mit einer Liebe, die so tief ist, daß sie nicht durch eine andere, stürmischere Liebe auf einer ganz anderen Ebene entwurzelt werden kann.« (5. Dezember 1919)

Am 18. Dezember kam sie allein nach Paris und zu Harold zurück, der mit einem Abszeß am Knie zu Bett lag, und Lady Sackville verdarb ihre Wiedervereinigung mit ihrem taktlosen Eifer gegenüber beiden.

Nun strebten die Dinge rasch ihrem Höhepunkt zu. Vita war sinnlos vernarrt in Violet. Ihre Verwegenheit machte den Eindruck von Kraft und Stärke, die sie in Wahrheit nicht besaß. Wie Harold ihr schrieb: »Wenn Du in Violets Hände fällst, wirst Du wie eine kokainsüchtige Qualle.« Sie erlag einer überwältigenden Versuchung. Sie war engelsgleich zu

Harold während seiner schmerzhaften Krankheit, aber sobald sie und Violet Anfang Januar 1920 in London wieder zusammen waren, begannen sie sofort neuerlich, ihr Durchbrennen zu planen, und zwar diesmal endgültig und für immer. Sie teilte Harold sogleich nach seinem Eintreffen ihre Absicht mit. Ihr Tagebuch fügt ihrer autobiographischen Schilderung einige Einzelheiten hinzu:

»17. Januar 1920. Ein absolut scheußlicher Tag. Ging frühzeitig nach Cadogan Gardens und blieb bis mittags und sprach mit H., der sich weigert einzuwilligen, daß ich heute weggehe. Ging zu L. (Luschka). Aß mit Harold zu mittag und ging nachher mit ihm in die Grosvenor Street (dem Haus der Keppels). L. willigte ein, vierzehn Tage zu warten, und sagte dann, nachdem H. weggegangen ist, sie wartete nicht. Nach Knole zurückgefahren in einem Zustand des Zusammenbruchs.«

Die folgenden zwei Wochen verbrachten sie in Knole, und Harold vermied jede Erwähnung der Krise; er kehrte am 1. Februar nach Paris zurück, ohne zu wissen, ob er seine Frau je wiedersehen werde, und tröstete sich mit dem Gedanken (wie er ihr aus dem Zug von London nach Dover schrieb): »Ich glaube wirklich, daß wir in Wahrheit einander näher sind, als zwei Menschen es jemals gewesen sind, und daß wir, was immer geschieht, am Ende zusammenkommen werden.« Im selben Augenblick schrieb Vita ihm aus Knole:

»Hadschi, Hadschi, mir ist einsam zumute, und ich habe Angst. In meinem Herzen ist so vieles, aber ich will es nicht hinschreiben, denn *à quoi bon*? Nur, wenn ich Du wäre und Du wärest ich, würde ich bis zum Letzten kämpfen, um Dich zu behalten – zum Teil wohl, wie ich zugebe, weil ich nicht den Mut und die Zurückhaltung besäße, um es Dir nachzutun und nichts zu sagen. Ach, Hadschi, der Grund, warum ich Dich zuweilen dazu

bringe, gewisse Dinge zu sagen, zu sagen, daß ich Dir fehlen würde, ist doch, daß ich mich nach Waffen sehne, mit denen ich mich stärken kann; und wenn Du solche Dinge sagst, dann bewahre ich sie wie einen Schatz, und in Augenblicken der Versuchung wiederhole ich sie mir und denke: ›Es liegt ihm doch etwas daran, es würde ihm doch gegen den Strich gehen, du bist ihm unentbehrlich. Es lohnt die Mühe, daß du dich unglücklich machst, damit er glücklich bleibt‹ und so weiter. Aber wenn Du Dinge sagst wie: daß ich Dir in Paris nicht fehle und daß Skandalgeschichten etwas ausmachen, dann denke ich: ›Na ja, es ist eben doch nur wegen des Skandals und der Annehmlichkeit und vor allem, weil ich seine Frau bin, ständig und rechtmäßig – wenn es nicht persönlicher ist als das, ist es dann wert, daß ich mir das Herz breche, um ihm nicht positives Glück, sondern lediglich negative Zufriedenheit zu schenken?‹
So angle ich und angle ich, und zuweilen fange ich eine hübsche kleine Forelle, aber nie den großen Lachs, der um sich schlägt und kämpft und mich *überzeugt*, daß er um sein Leben kämpft. Du sagst einfach nur ›Liebste Vita‹ und überläßt es mir, aus Deinem Schweigen meine eigene Überzeugung zu erfinden.
Aber ich *habe* gekämpft. Im Juni letzten Jahres habe ich mich weggerissen und bin nach Paris gekommen. Und es war nur, nur aus Liebe zu Dir; nichts anderes hätte für mich auch nur so schwer gewogen wie ein Haar, und daraus kannst Du ersehen, wie stark die Versuchung gewesen sein muß, alles beiseite zu fegen, und Du mußt auch begriffen haben, wie stark meine Liebe zu Dir sein muß. Mein Liebster, ich werde Dich lieben, bis ich sterbe; das weiß ich.« (1. Februar 1920)

Es ist wichtig, hier auch Harolds Antwort wiederzugeben, damit man nicht glaube, er sei gleichgültig geworden:

»Wann habe ich gesagt, daß Du mir in Paris nicht fehltest? Liebste, Du fehlst mir die ganze Zeit. Ich nehme an, ich habe gesagt, Du fehlst mir in Paris nicht so sehr wie in England. Wenn ich das gesagt habe, dann meinte ich damit, daß ich eher wie ein Soldat wäre, der sagt, Du fehlst mir nicht im Schützengraben. Das wäre auch durchaus wahr – aber es würde nicht bedeuten, daß ich Dich nicht brauche und haben will. Ich will dich immerfort, wo ich auch sein mag – und wenn ich Dich nicht wiedersehen sollte, so kann ich mir nicht ausmalen, was meine Einstellung sein würde. Es wäre eine Verzweiflung, wie man sie sich nicht vorstellen kann – eine Art von Winterabend (am Sonntag) in Aberdeen und ich in den Straßen ganz allein und nur ein Abstinenzler-Hotel zum Übernachten.
Und dann meine allgemeine Einstellung. Versteh doch, wie kann ich denn an Dich appellieren außer durch Liebe? Ich kann doch nicht an Dein Mitleid appellieren, und das täte ich, wenn ich Dich sehen ließe, was ich fürchte und leide. Es wäre lächerlich, an Dein Pflichtgefühl zu appellieren – das ist doch alles dummes Zeug. Was bleibt mir denn also übrig, als an die Liebe zu appellieren – meine Liebe zu Dir und Deine zu mir? Wie kann dieser Appell denn etwas anderes sein als Unfähigkeit, sich klar auszudrücken? Wenn Du mich verließest, würde ich nie jemand anderen lieben. Das ist mir völlig klar. Ich wäre so einsam und allein, so schrecklich allein; es wäre sogar noch schlimmer, denn sogar meine Erinnerungen wären schmerzhaft.
Und Du irrst Dich ganz und gar, wenn Du glaubst, ich betrachte Dich als meine *légitime.* Du bist kein Mensch, bei dem man an Recht, Gesetz, Ordnung, Pflicht denken kann – oder an irgendwelche konventionellen Bindungen des Lebens überhaupt. Ich denke nie an Dich auf diese Art – nicht einmal vom Standpunkt der Kinder aus. Ich sehe Dich ganz einfach als den Menschen, den ich am meisten liebe in der ganzen Welt und ohne den das Leben all sein

Licht und all seinen Sinn verlieren würde.« (4. Februar 1920)

Dann kam Lincoln und nach Lincoln Amiens.

Der Vorwand für Lincoln war Vitas neuer Roman ›The Dragon in Shallow Waters‹ (Der Drache im seichten Wasser), der in den Niederungen des ostenglischen Marschlandes, dem sogenannten Fen District, spielt; aber ihrer Mutter sagte sie auch, sie fahre mit Violet aufs Land, um Denys zu entgehen, der drohe, er werde sie erschießen. Alle Beteiligten erzählten einander jetzt aus Selbstschutz so viele Lügen, daß es schwerfällt, die Wahrheit auszumachen. Lady Sackvilles Tagebuch enthält die folgende Schilderung einer Unterredung mit Denys:

»5. Februar 1920. Ich hatte ein erstaunliches Gespräch mit Denys Trefusis. Er haßt Vita – das ist offenkundig. Er sagte, er wünschte, er könne die Leute zur Rede stellen, die über seine ehelichen Beziehungen zu Violet klatschten. Er sei voll und ganz ihr Ehegatte. Es sei schade, daß sie kein Kind wolle – sie hasse Kinder –, aber sie habe ihn körperlich sehr gern, und sie seien sehr glücklich zusammen. Es sei Vita, die ihm Violet weggenommen habe. Er sagte, sie seien ein Unglück füreinander, und dieser Freundschaft und ihren gemeinsamen ›Spritztouren‹ müsse ein Ende gemacht werden; und wenn Violet mit Vita wegführe, würde sie sich nach drei Tagen schon langweilen und zu ihm zurückkehren. Violet habe ihn angerufen und ihm gesagt, wie sehr sie sich in Lincoln langweile. Was *soll* ich nun glauben?«

Die Wahrheit war indessen, daß Vita und Violet in Lincoln sehr glücklich waren. Sie wohnten im ›Saracen's Head Hotel‹, und dort heckten sie ihren Plan aus, zusammen aus England zu entfliehen. Es war eine hitzköpfige Verschwörung, an der sich Vita bereitwillig beteiligte. Harold befand sich in Paris, wo er mit der Adria-Frage und dem Schicksal der Kriegsverbrecher beschäftigt war, und hatte trotz Vitas Warnungen keine Ahnung, daß der kritische Augenblick gekommen war. Er wußte, daß sie in Lincoln war, aber er wußte nicht, daß Violet bei ihr war. Er glaubte, Vita sammle Lokalkolorit für den ›Drachen‹.

Vita und Violet kehrten nach London zurück, sprachen mit Denys, wiesen seine erbarmungswürdigen flehentlichen Bitten verächtlich zurück und fuhren zusammen nach Dover. Violet nahm in dieser Nacht den Kanaldampfer nach Frankreich und ließ Vita in Dover zurück; sie sollte am nächsten Tag nachfolgen (ein seltsames Zugeständnis an die Wohlanständigkeit), und sie wollten sich in Amiens treffen und nie wieder zurückkehren.

Vita hat geschildert, was dann geschah. Denys stellte sie am Kai in Dover zur Rede, und sie sagte ihm, was im Gange war. Sie übernachtete im ›King's Head Hotel‹ und verbrachte den größten Teil der Nacht damit, Briefe zu schreiben. Vorerst an ihre Mutter:

»Ich wage nicht daran zu denken, was Du Dir nach meinem Telegramm wohl vorstellst. Kurz gesagt, ich kam gestern abend spät aus Lincoln zurück, und Violet sprach mit Denys und sagte ihm, sie wolle ihn verlassen. Ich fuhr mit ihr bis Dover und versuchte ganz ehrlich mein Äußerstes, um sie zu bewegen, zu ihm zurückzukehren, aber sie wollte nicht ein Wort davon hören. Ich habe es wirklich ganz, ganz ehrlich und aufrichtig versucht, obwohl es für mich eine Tortur war, was Du Dir besser vorstellen kannst als irgend jemand, da Du alle wahren Tatsachen kennst. Jedenfalls, sie verließ Dover mit dem Nachmittagsschiff und versprach, mir ein Telegramm zu schicken. Heute nachmittag traf Denys ein, und wir fahren morgen zusammen nach Frankreich hinüber (was für eine lächerliche Reise! Ich kann mir sogar in diesem Augenblick nicht helfen, daß es mir so vorkommt), und er wird sie auffordern,

zu ihm zurückzukehren, und ich werde – ach, leider! – wieder alles tun, um sie dazu zu bringen, aber ob es mir gelingen wird, bezweifle ich sehr. Wenn sie mit ihm zurückfährt, werde ich wohl nach Paris fahren, um ein paar Tage mit Harold zu verbringen. Aber wenn sie sich weigert, dann weiß Gott allein, was geschehen wird. Ich habe mich in meinem ganzen Leben noch nie in einer so erstaunlichen Situation befunden, und der *décor* paßt auch so gut dazu – ein heulender Sturm und mein scheußliches kleines Hotelzimmer mit einer einzigen Gasflamme –, das Ganze kommt mir ganz unwirklich vor, und das einzig Wirkliche ist die Angst und Sorge, die wir beide, er (Denys) und ich, durchmachen.
Ach, Mama, Du mußt nicht glauben, daß ich es nicht ernst nehme. Ich weiß nur zu gut, daß morgen abend jemandem das Herz brechen wird, wahrscheinlich mir – ich hoffe, mir –, und ich denke an Dich.« (9. Februar 1920)

An Harold schrieb sie:

»Vielleicht werde ich versuchen, V. zu finden. Sie ist durch nichts dazu zu bringen, bei Denys zu bleiben, nicht einmal, wenn ich sie nie wiedersehe. Im absolutesten und heiligsten Vertrauen will ich Dir sagen, warum: Er ist nicht mehr gewillt, sein ursprüngliches Versprechen ihr gegenüber zu halten. Wenn sie zu ihm zurückgeht, komme ich zu Dir. Ich versuche, gut und brav zu sein, Hadschi, aber ich habe ein so schreckliches Bedürfnis, mit ihr zusammenzusein. Ach Liebster, es ist scheußlich einsam hier.« (9. Februar 1920)

Sie sagte nicht, was sie tun werde, falls Violet sich weigere, zu Denys zurückzukehren. Aber sie deutete es in einem zweiten Brief an Harold an, den sie früh am nächsten Morgen in Dover schrieb. Es war eine Art »Letzter Wille«, und sie schickte ihn eingeschrieben nach Paris:

»Ich fahre in einer Stunde ab. Das Meer ist sehr stürmisch, aber die Schiffe verkehren, also muß ich fahren, und wenn nicht die Schande der Seekrankheit wäre, täte es mir gar nicht leid, den Kampf mit dem Meer und dem Wind auszutragen; es wäre eher eine Erleichterung. Nun paß auf, Liebster, ich schicke Dir ein paar Tatsachen, für den Fall, daß ich ertrinke oder irgendwas.

(1) Ich schicke Dir einen Blanko-Scheck, mit dem Du alles Geld, das gegenwärtig auf meiner Bank in Sevenoaks liegt, abheben kannst.

(2) Die Steuern und Abgaben für das Haus in der Ebury Street sind bis zum letzten Stand bezahlt.

(3) Die Löhnung der Gärtner in Long Barn ist bezahlt, und

(4) die Zinsen für das Geld, das Dada uns für den Ankauf von Long Barn geliehen hat, sind bezahlt.

Ich vermache Dir alles, und möchtest Du mein literarischer Nachlaßverwalter sein?

Ich denke mir, dies wird ausreichend rechtsgültig sein. Vielleicht sollte ich es lieber unterschreiben.

Sie unterschrieb mit »Victoria Nicolson« und setzte ihren Namenszug über eine 1½-Pence-Stempelmarke, wie die englische Vorschrift es für Dokumente verlangt.

»Für den Fall, daß ich ertrinke oder irgendwas.« Für den Fall, daß ich nicht zurückkomme.

Vita hat in ihrer Autobiographie geschildert, was sich auf der Kanalüberfahrt und bei ihrer und Denys' Ankunft in Calais abspielte. Sie hat nichts unterdrückt oder fortgelassen. Es kann keinen Zweifel geben, daß sie und Violet zu diesem Zeitpunkt beschlossen hatten, den Rest ihres Lebens zusammenzuleben. Sie nahmen ausreichend Geld mit, um ein Haus zu kaufen, vielleicht in Paris, wie sie in ihrem Tagebuch sagt, vielleicht in Sizilien, wie sie in ihrer Autobiographie schreibt. Ihr Versprechen, Violet zur Rückkehr zu Denys zu überreden, war eingeschränkt durch ihre Hoffnung, ja die praktische Gewißheit, daß Violet sich weigern werde. Was für eine Art Leben stellten sie sich vor? Sollte alles im Stich gelassen werden – Kinder, Heim, Ehegatten? Anscheinend ja. Sie gedachten der Welt bis zum Äußersten die Stirn zu bieten. Durch Zufall ist das Gedicht erhalten, das Vita im Zug zwischen Boulogne und Amiens hinkritzelte:

»Wir haben die nördlichen Meere hinter uns gebracht,
Während ihr glaubtet, wir machten es uns gemütlich,
Aber ihr werdet euch nicht sehr lange mehr täuschen.
Und ihr glaubt, daß ihr gewinnen werdet, aber genau
Das ist's, worin ihr euch irrt, irrt, irrt.
Hier kommen wir dahergeschwommen
Und werden euch einen Tanz aufführen,
Ob in Belgien oder Frankreich,
Aber sehr lange werden wir nicht spaßen.

Denys verließ sie bei der Ankunft in Amiens; er hatte die Hoffnung aufgegeben. Den Wachdienst übernahm jetzt George Keppel, Violets Vater, und zwischen ihm und den beiden Ausbrechern spielte sich eine lächerliche Schimpf-Szene ab. Er hatte sich, sobald er von ihrer Flucht hörte, zu Scotland Yard begeben und »die Häfen überwachen lassen, um sie daran zu hindern, das Land zu verlassen« (Lady Sackvilles Tagebuch), aber seine Vorsichtsmaßnahmen hatten sich als geradezu einzigartig unwirksam erwiesen. Jetzt war er in Amiens, völlig außerstande, mit einer Situation fertig zu werden, die gänzlich über sein Begriffsvermögen ging, und lungerte während der nächsten zwei Tage im Hôtel du Rhin herum, während Vita und Violet sich die Stadt ansahen.

Nun übernahm Vitas Mutter die führende Rolle und organisierte von Knole und der Hill Street aus die Bergungs-Operation. Auf eine gewisse perverse Art machte die Sache ihr Spaß: Ihre Tocher erwies sich als eine würdige Nachkommin Pepitas.

»13. Februar 1920. Harold ist eben aus Paris eingetroffen. Er sagte mir, er habe keine Ahnung, wo Vita sei. Ich überredete ihn, Denys aufzusuchen, was er bereitwillig zu tun versprach. Er ist in einem höchst jammervollen Zustand. Nachdem er mich verlassen hatte, um sich zu seiner Konferenz (Völkerbund) zu begeben, ging ich sofort in die Grosvenor Street und sprach mit Denys ... Er wird morgen früh um sieben Uhr nach Amiens fliegen, und ich bat ihn, Harold mitzunehmen, da er eine Zweisitzer-Maschine hat, und er erklärte sich sofort hierzu bereit. Ich ging mit ihm nach Cadogan Gardens, wo er mit Harold sprach und alles mit ihm vereinbarte. Denys war sehr kühl und gefaßt und ganz entschlossen, Violet entweder zurückzuholen oder mit ihr Schluß zu machen.«

Ich wünschte, ich wüßte mehr über diesen Flug. Wie kam Denys zu einem Zweisitzer-Flugzeug? Von welchem Flugplatz starteten sie? Wann hatte er überhaupt fliegen gelernt? Was für einen Plan heckten sie aus? Lady Sackvilles Tagebuch ist die einzige Quelle, und sie schweigt über diese Punkte.

»14. Februar 1920. Keine Nachricht von Vita. Ich habe den ganzen Tag an diese beiden Ehemänner denken müssen, die nach Amiens fliegen, um jeder für sich zu versuchen, seine Frau zurückzubekommen; ganz wie in einem Sensationsroman.«

Über die Ereignisse in Amiens selbst wüßte ich wenig, wenn nicht Vitas ausführliche autobiographische Aufzeichnungen vorlägen. In ihrem Tagebuch schrieb sie an diesem Tag des Höhepunktes einigermaßen rätselhaft nur dies:

»14. Februar 1920. Denys und Harold treffen zusammen im Flugzeug aus London ein und landen in Amiens. Rückkehr nach Paris mit H. Während des Essens kommt L.

(Luschka) herein, und ich fühle mich bis zu einem gewissen Grad dem Leben wiedergegeben. Mein Gott, was für ein Tag! Ich bin ganz zerbrochen vor Elend, und wenn die Dinge so schlimm gewesen wären, wie ich zuerst dachte, hätte ich ein Ende mit mir machen sollen. Ich mußte gehen. Ich hätte sie umgebracht, wenn ich noch einen Augenblick länger geblieben wäre. Ich habe ihr gesagt, daß ich sie zwei Monate lang nicht einmal sehen kann. Sie nennt es Verbannung – das ist es *nicht.* Es ist ganz einfach die Unmöglichkeit, mich im Augenblick dazu zu überwinden, sie zu sehen.«

Man darf nicht annehmen, daß Violets Untreue (die Untreue, die darin bestand, daß sie mit ihrem Mann geschlafen hatte), Vitas Liebe zu ihr zerstört hatte. Sie hatten vielmehr das Gefühl, eine Niederlage erlitten zu haben; sie hatten nicht einander besiegt, sondern waren von der Konvention besiegt worden, von »den anderen«, von dem, was man heute das ›Establishment‹ nennen würde, das Establishment zweier so völliger Nicht-Establishment-Gestalten wie Harold und Denys. Im Jahr 1921 veröffentlichte Vita in ihrem Versband ›Orchard and Vineyard‹ das nachstehende erstaunliche Gedicht, das sie etwa um diese Zeit in Paris geschrieben haben muß, denn sehr viel länger kann ihre Wut sich nicht gehalten haben. Der einfach Wechsel des Fürworts verhüllt ihre Seelenqual in keiner Weise. Schon der Titel des Gedichts lautet *Bitterkeit*:

Ja, sie waren überaus gütig, äußerst milde sogar in
Ihrer Entrüstung, und nahmen ihn bei der Hand,
Der Ihnen stumm gehorchte wie ein Kind, das einem
Gesetz sich fügt, welches es nicht versteht.
Sie hielten ihm die Sünden nicht vor, die seine Leidenschaft
Beging. Nein, sie waren duldsam und christlich; sagten:
»Wir beklagen nur ...«, sagten, sie wollten ihm lediglich
Helfen, ihn stärken, ihm Liebe bezeigen; er aber, der ihnen

Nach niedergeschlagner Rebellion nicht widerstrebenden Schrittes,
Still, in ihre Stadt der gütigen Gefangenschaft folgte,
Wandte wieder und wieder den Kopf über die Schulter und
Suchte noch immer mit seinen armen Augen nach ihrer
Reglosen Gestalt auf der Straße. Noch immer klang
Das Lied zwischen ihnen, Glocke, die bebender Glocke
Antwortete, voll junger Glorie wie das Jagdhorn; stark;
Noch immer tapfer; und jetzt ausbrach in des Meervogels
Ruf: »Lebewohl!« Und sie, sie flüsterten ihm gütig zu:
»Komm, wir haben dich gerettet. Laß dein Herz heilen. Vergiß!
Sie war deine Gefahr und dein böser Geist.« Wortlos hörte
Er ihnen zu, und sie glaubten ihn willig ergeben. Und doch
(Während er allzeit wußte, daß sie sehr gütig waren)
Schrie die Erinnerung in ihm auf: »Sie war wild und frei,
Herrlich im Geben; sie war blind für Gewinn oder Verlust
Und liebte, liebte nur mich – nur mich!«

Ich habe Violet nicht gekannt. Ich traf sie nur zweimal, und inzwischen war sie nicht mehr die Pinasse ihrer Jugend, sondern eine Galeone geworden; ich erkannte in ihren Segeln nicht den Sturmwind, der meine Mutter hinweggefegt hatte, denn ich wußte nicht, daß sie hinweggefegt worden war. Ich wußte nicht, daß Vita auf diese Art lieben konnte, auf diese Art geliebt hatte, denn sie sprach ihrem Sohn gegenüber nicht davon. Jetzt, da ich alles weiß, liebe ich sie um so mehr, wie auch mein Vater es tat, gerade *weil* sie in Versuchung geriet, *weil* sie schwach war. Sie war ein Rebell, sie war Julian und kämpfte, obwohl es ihr nicht bewußt war, um mehr als nur Violet. Sie kämpfte für das Recht zu lieben, Männer und Frauen, und wies die Konventionen zurück, wonach die Ehe ausschließlich Liebe verlangt und Frauen nur Männer lieben dürfen und Männer nur Frauen. Dafür war sie bereit, alles aufzugeben. Ja, sie mag verrückt gewesen sein, wie sie selbst später sagte, aber es war eine herrliche Tollheit. Sie mag grausam gewesen sein, aber es war eine Grausamkeit von heldenhaftem Ausmaß. Wie könnte ich die Gewalttätigkeit einer solchen Leidenschaft verachten? Wie könnte sie es bedauern, daß das Wissen davon jetzt das Ohr einer neuen Generation erreicht, die so unendlich viel mitfühlender ist als ihre eigene?

So kamen sie also von Amiens nach Paris – Vita und Harold ins Hôtel Alexandre III, Violet und Denys ins Ritz. Violet versuchte verzweifelt, durch Briefe und Telefonanrufe zwischen den beiden Hotels das Mißverständnis zu berichtigen, durch das sie Vita verloren hatte, das verhängnisvolle Eingeständnis zurückzunehmen und sie zu überzeugen, daß in der Nacht vor Lincoln nichts Schlüssiges geschehen war:

> »Ich bin völlig benommen und durchweicht von Schmerz. Wie soll ich das ertragen? Mein Gott, und das Glück war so nahe, Mitja. Wir wären davongegangen, wir wären auf und davon gegangen, wir wären entwischt! Das wirklich Abscheuliche für mich ist das Gefühl, daß unsere Trennung ihren Grund in einem Mißverständnis hat. In meinem ganzen Leben hat es nie, nie, nie irgendeinen Versuch zu dem gegeben, was Du von diesem Menschen geglaubt hast – niemals. Ach, Mitja, warum hast Du mir nicht Zeit gelassen, alles zu erklären?« (14. Februar 1920, Paris)

Am nächsten Tag bestätigte Denys Violets Version dessen, was sich zugetragen hatte. Später sagte er jedoch zu Harold, er habe »einen Meineid geleistet« (wie Lady Sackvilles Tagebuch berichtet), »und Harold meinte, dies bedeute, daß er Vita irgendeine dicke Lüge erzählt hatte, wie etwa, daß er mit Violet nicht wirklich verheiratet sei, um Violet vor dem Selbstmord zu bewahren. Wir werden die Wahrheit nie erfahren, und es kommt auch auf sie nicht mehr an. Violet und Denys traten ihre Alptraum-Reise im Auto von Paris nach

Toulon an und sprachen unterwegs kaum ein Wort miteinander, außer um noch eine zusätzliche Beleidigung, noch einen weiteren Vorwurf herauszuschluchzen, und Violet hielt den Wagen in jeder Stadt an, um Vita anzurufen oder ihr ein Telegramm zu schicken. Ein schmuddeliges Päckchen französischer Telegrammformulare bewahrt ihre Seelenqualen: »Viens! Viens!« »Ach, Julian! Julian!« und allabendlich schrieb sie verzweifelte Hilferufe:

»Ich werde verrückt vor Sehnsucht nach Dir. Ich habe den halben Tag in einer tödlichen Betäubung zugebracht, den Rest in Tränen. Ich habe kaum etwas gegessen und kaum geschlafen, seit ich Amiens verließ ... Ich habe noch das Geld, *unser* Geld, das für unser Haus bestimmt war.« (17. Februar 1920)

»Er ist mir widerwärtig mit seinen Tränen und seiner Unterwürfigkeit. Ich habe ihm gesagt, daß ich ihn lediglich als meinen Gefängnisaufseher betrachte und keinen anderen Ehrgeiz habe, als ihm zu entkommen. Ich hasse ihn. Ich *hasse* ihn. Ich habe ihm nie auf irgendeine Art gehört. Für mich sind die Männer Tiere.« (18. Februar 1920)

In Toulon trafen sie sich mit Mrs. Keppel, die ihre Tochter besonders rücksichtsvoll behandelte. Sie bestand nicht darauf, daß Violet bei Denys bleibe oder daß sie vollständig mit Vita breche, die von Zeit zu Zeit, wenn sie wolle, in England zu ihnen zu Besuch kommen könne, und bot ihr ein Jahresgeld von 600 Pfund an, nach damaligem Wert etwa 12 000 Mark. Aber Violet blieb von ihrer Freigebigkeit ebenso ungerührt wie von ihren sanften Überredungskünsten. Sie schrieb an Vita: »Ich werde bei erster Gelegenheit aus Bordighera durchbrennen. Du mußt mich in einer Stadt in Südfrankreich treffen.« Vita kehrte seelenruhig nach England zurück und war sogar einverstanden, mehr als ein Akt der Entsagung denn aus Reue, auf die Veröffentlichung von ›Challenge‹, das bereits in Korrekturfahnen vorlag, zu verzichten. Sie erschien mit Harold im Theater und bei Lunch-Gesellschaften, ohne mit einem Wort oder einem Blick zu verraten, was sie beide durchgemacht hatten, und sie waren nahezu die einzigen Menschen, die nicht darüber sprachen.

Im März traf sie sich mit Violet in Avignon. Harold hatte sie dazu ermutigt, denn er glaubte zu spüren, daß die Krise vorüber war. Aber sie war es nicht, wie ihr Tagebuch zeigt:

»San Remo, 23. März 1920. L. den ganzen Tag über ekelhaft zu mir und macht mich ganz elend und gereizt. Nach dem Abendessen verliere ich den Kopf und sage, ich werde bei ihr bleiben. Paradies wiederhergestellt.«

»Venedig, 28. März 1920. Alles ist wieder schwarz. Ich mußte sagen, daß man mir nur nachreisen und mich zurückholen würde. Es ist schauerlich. Sie ist im Abgrund. Ich auch. Ich habe das Gefühl, daß der Canale Grande, trotz seines Schlammes und der herumschwimmenden Zwiebeln, vorzuziehen wäre.«

Vita kehrte im April zurück, aber der Frühling brachte ihr keine Freude. »Scheußliches graues Land«, schrieb sie wieder. Sie versuchte, den Faden des *Drachens* wiederaufzunehmen, aber –

»... ach du guter Gott, ich kann überhaupt nicht mehr schreiben. Es macht mich verrückt, daran zu denken, wie flüssig es mir früher von der Hand ging – zehn oder zwölf Seiten am Tag! Und was Gedichte angeht, so ist alles weg, weg, weit weg von mir. Wie ich Harold um seinen scharfen, klar umrissenen Verstand beneide. Ich muß mich aus dieser schwunglosen Trägheit herausrütteln. Ich wünschte, ich wäre arm, arm wie eine Kirchenmaus, ganz elendiglich arm und genötigt, für mein Brot zu arbeiten oder ohne auszukommen. Ich brauche einen Ansporn. Ich bin eine verrottete Kreatur.«

Sie suchte Ablenkung und ein zeitweiliges Entkommen vor Violets unablässigen Briefen (»Wir werden mit Zähnen und Klauen umeinander kämpfen müssen«), indem sie auf ihres Vaters Jacht ›Summerun‹ eine Segelfahrt auf dem Ärmelkanal unternahm. Am Tag nach ihrer Rückkehr nach Long Barn setzte sie sich an der Ecke einer Wiese nieder, schlug ein Notizbuch auf und begann zu schreiben: »23. Juli 1920. Selbstverständlich habe ich keinerlei Recht, die Wahrheit über mein Leben niederzuschreiben . . .«

Der Schluß der Geschichte ist rasch erzählt. Während Vita an ihrer Autobiographie schrieb, spielten sich die letzten Szenen ab, so daß ihre Niederschrift in den letzten Phasen zu einem laufenden Kommentar der Ereignisse wurde. Am Ende des Jahres 1920 hatte Violets leidenschaftliche Liebe zu Vita nicht nachgelassen, während Vitas Liebe sich abkühlte, wie der erste Absatz ihrer Autobiographie zeigt. Abgesehen von gelegentlichem Flackern und Aufleuchten überlebte sie den Schock von Amiens nicht.

»Ach, Mitja«, schrieb Violet vorwurfsvoll, »Du weißt ja nicht, wie unglücklich ich bin. Mir scheint, wir sind vollständig getrennt voneinander. Du weißt nicht, was das menschliche Herz leiden kann. Du warst so steif am Telefon: Das hatte gerade noch gefehlt. Es geht mir so nahe. Denke doch, wieviel glücklicher Dein Leben ist als meines. Wenn Du mich sitzenläßt, was bleibt dann noch für mich übrig? Versuch doch, mich zu lieben. Voriges Jahr um diese Zeit war es nicht notwendig, daß ich Dir dies sagte. Es bricht mir das Herz, daß ich es jetzt sagen muß.« (31. Dezember 1920) »Denk doch daran, wieviel glücklicher dein Leben ist als meines.« Das war der wunde Punkt. Sie waren Komplizen gewesen, aber die eine war zu Wärme, Liebe und Freiheit zurückgekehrt, während die andere gefangensaß und verachtet wurde. Es gab in Violets Leben nichts, was sich mit Harolds Liebe, Lady Sackvilles Liebe vergleichen ließ. Sie hatte keine Kinder. Sie besaß keine anderen engen Freunde. Denys wollte nichts mehr mit ihr zu tun haben und zeitweise auch ihre Mutter nicht. Jede Post brachte Vita neuen Beweis dafür, wie isoliert sie war. Vergleichen wir nur zwei Briefe, die im Abstand von weniger als einer Woche geschrieben wurden. Der erste ist von Denys an Violet, die ihn an Vita weiterschickte, wie man annehmen muß, um ihr Mitleid zu erwekken:

»Es ist geradezu ungeheuerlich, daß Du jetzt anfängst, mir Kälte vorzuwerfen, nach der absolut unmenschlichen und abscheulichen Weise, in der Du mich behandelt hast. Du hältst die Härte und Kälte einiger weniger Tage für vergleichbar mit der absoluten Grausamkeit eines ganzen Jahres! Ich gedenke das nicht länger zu erdulden. *Voici la vraie vérité – je ne t'aime plus.*« (21. Juli 1920)

Der zweite Brief war von Vita an Harold:

»Ich habe im Garten gearbeitet und eine Menge geschrieben. Ich war absichtlich allein. Ich liebe Dich so sehr – es ist wie ein Brunnen, so tief, daß man, wenn man ganz auf den Grund hinabstiege, die Sterne sehen würde.« (26. Juli 1920)

Harold hatte gewonnen, obwohl er dabei nie ans Gewinnen dachte. Er hatte nicht nur während der letzten Monate gewonnen, sondern während der vorangegangenen zehn Jahre.

Natürlich konnte ein so gewaltiger Hochofen nicht von einem Augenblick zum nächsten ausbrennen. Im Januar 1921 gab Vita Violets flehentlichen Bitten so weit nach, daß sie mit ihr auf sechs Wochen nach Hyères fuhr, und nach ihrer Rückkehr schrieb sie den letzten Absatz ihrer Autobiographie, der vom 28. März 1921 datiert ist. Sie versuchte verzweifelt, einen endgültigen Bruch zu vollziehen.

»Ich bin ganz tot vor Kummer«, schrieb Violet am

26. März 1921. »Ich bin völlig allein. Du kannst doch nicht wollen, daß ich so leiden muß. Du mußtest zwischen mir und Deiner Familie wählen, und Du hast sie gewählt. Ich mache es Dir nicht zum Vorwurf. Aber Du darfst mir auch keinen Vorwurf machen, wenn ich eines Tages den Ausweg suche, den ich noch finden kann.«

Damit meinte sie Selbstmord. Vita machte sich ernstliche Sorgen. Sie war sich aufs schrecklichste ihrer Verantwortung bewußt, und das war der Griff, mit dem Violet sie während dieses ganzen Jahres festhielt. Ich weiß nicht genau, wie die Sache endete. Violets Briefe zerflattern und verlieren sich im Unglück und traurigen Erinnerungen. Gegen Ende des folgenden Jahres, 1922, war Vita sich der unverwüstlichen Spannkraft Violets so sicher, daß sie grausam sein konnte. Sie schrieb an Harold:

»Nicht für eine Million Pfund möchte ich mit Violet wieder etwas zu tun haben, auch wenn es Dich nicht gäbe, den ich von Grund aus tief und unheilbar liebe. Ach ja, ich weiß, Du wirst sagen: ›Aber du hast mich auch damals geliebt, und trotzdem bist du mit ihr auf und davon gegangen.‹ Das stimmt durchaus. Ich liebte Dich und liebte Dich überhaupt immer während all dieser erbärmlichen Jahre, aber Du weißt doch, was blinde Leidenschaft ist, und ich war eben von Sinnen.« (8. Dezember 1922)

Vier Jahre später fragte sie sich, nicht zum ersten Mal, ob Harold nicht zu sanft mit ihr umgegangen sei:

»Was Du bei Violet nie begriffen hast: a) daß es eine Verrücktheit war, der ich nie wieder fähig sein würde; so etwas passiert nur einmal und sengt die Fähigkeit zu einer solchen Empfindung aus einem heraus; b) daß Du mich zu jedem Zeitpunkt hättest zurückholen können, aber es aus irgendeinem erstaunlichen Grund nicht wolltest. Ich habe

> Dich angebettelt, ich wollte doch gerettet werden, aber Du wolltest nicht die Hand nach mir ausstrecken. Ich glaube, es war eine Mischung aus Stolz und unangebrachter Klugheit bei Dir. Ich weiß, Du dachtest Dir, wenn Du versuchst, mich festzuhalten, würde ich überhaupt weggehen. Aber darin irrtest Du Dich, denn ich habe nie aus dem Auge verloren, daß Du der Mensch bist, den ich liebe, im Sinne von das ganze Leben lang lieben. Nur hast Du, denke ich mir, das entweder nicht geglaubt, oder Du wolltest das Risiko nicht eingehen.« (17. August 1926)

»Du wolltest die Hand nicht nach mir ausstrecken.« O doch, das tat er, wieder und wieder. Man sollte vielmehr sagen: »Du wolltest meine Hand nicht ergreifen.« Darin hatte sie recht. Es war Stolz und unangebrachte Klugheit und, so muß man hinzufügen, seine Achtung vor ihr, sein Anstand und seine Höflichkeit ihr gegenüber. Er hatte ihr seine ganze Liebe geschenkt, und wenn das nicht genügte, so wäre es selbstsüchtig gewesen, sie gewaltsam zurückzuhalten.

Man wird vielleicht fragen, was Violet zu der Sache zu sagen hatte, denn ich habe ja bereits mehrmals aus ihrer Autobiographie zitiert. Nur dies:

> »Ehen lassen sich in zwei Kategorien einteilen: jene, die gut anfangen und schlecht enden, und jene, die schlecht beginnen und gut enden. Die meine gehörte im großen ganzen in die zweite Gruppe. Erst nachdem ein volles Jahr vergangen war, gelang es uns, einen Modus vivendi herzustellen. Und ich füge sofort hinzu, daß die Schuld einzig bei mir lag. Ich war verwöhnt, egozentrisch, fühllos und abscheulich.«

Denys und sie fanden zurück zueinander: »Wir liebten beide Gedichte, Frankreich, Reisen. Wir waren beide Europäer im vollen Sinn des Wortes. Dieselben Dinge brachten uns zum Lachen. Wir stritten uns viel und liebten einander nicht wenig. Wir waren mehr zu beneiden als zu bemitleiden.« Sie hatten keine Kinder, lebten aber zusammen in Paris bis zu Denys' frühem Tod; er starb 1929 an Tuberkulose. Violet lebte ein volles und ausgefülltes Leben. Sie wurde eine angesehene Romanschriftstellerin und ein Mittelpunkt der Pariser intellektuellen Gesellschaft. Sie war bekannt für ihren Witz und ihren Schwung und bewahrte bis zum Ende ihres Lebens etwas von der großen Lebensart des eduardischen Zeitalters. Sie war stets ein Paradiesvogel, anders als die anderen, etwas Besonderes, elektrisch geladen, eine glänzend gescheite, aufregende Frau, deren Charakter sich bei ihren zwei Häusern ausdrückt, dem starken, gotischen St.-Loup bei Paris und und der verträumten, sonnigen, duftgeschwängerten und verführerischen Villa Ombrellino am Rande von Florenz. Ich erinnere mich ihrer federnden Gangart, wenn sie zu Besuch nach Sissinghurst kam, ihrer eleganten französischen Kleider, der Kraft, die von ihr ausging. Sie betrachtete uns mit einer Neugier, die ich damals nicht verstand. Meine Mutter und sie sahen einander achtzehn Jahre lang nicht und wechselten in dieser Zeit auch keine Briefe. Dann brachte 1940 der Zweite Weltkrieg sie wieder zusammen. Violet flüchtete aus Frankreich und rief Vita an. Aus Vitas Schrecken läßt sich ersehen, wieviel Violet ihr noch immer bedeutete:

»Luschka, was für ein gefährliches Wesen Du bist. Ich glaube, es wäre besser, wenn wir einander nicht zu oft sehen. Wir haben einander zu viele Jahre lang zu tief geliebt, und wir dürfen nicht wieder mit dem Feuer spielen. Wir haben jeder des anderen Leben durcheinandergebracht; das dürfen wir nicht wieder tun. Allein schon der Klang Deiner Stimme am Telefon bringt mich aus der Fassung. Ich habe Dich geliebt, und ich glaube, Du hast mich geliebt. Und ganz abgesehen von diesen drei Jahren unserer leidenschaftlichen Liebesaffäre hatten wir Jahre und Jahre der Kindheitsliebe und Freundschaft hinter uns. Das zählt. Es macht Dich mir teuer. Es macht mich Dir teuer.« (31. August 1940)

Violet kam nach Sissinghurst. Vita schrieb nach diesem Besuch:

»Es ist, als ob große Flügel rings um mich schlagen – die Flügel der Vergangenheit. Bin ich in Carcassonne? In Avignon? In Venedig? (Wie ich doch wünschte, wir wären unternehmungslustiger gewesen, anstatt am Ende immer in Monte Carlo hängenzubleiben!) Ja, es war gut, Dich wiederzusehen ... Die Vergangenheit macht mir keine Sorgen ... Ich habe Dir gesagt, daß ich mich vor Dir fürchtete. Das stimmt. Ich will mich nicht wieder von neuem in Dich verlieben ... Mein stilles Leben ist mir teuer ... Aber wenn Du mich wirklich brauchst, werde ich immer zu Dir kommen, überallhin.«

Und zehn Jahre später, 1950:

»Die Zeit, als wir einander liebten, ist vorüber und läßt uns mit dieser sonderbaren tiefen Liebe zurück, die seit der Zeit, da wir zusammen in Duntreath waren, fortgedauert hat. Es ist da etwas sehr Sonderbares zwischen Dir und mir, Luschka. Ist immer dagewesen.«

Wir hatten in unserer Kindheit keine Ahnung von diesen Begebenheiten und sahen in der Ehe unserer Eltern ungetrübtes Glück. Gewiß, dachten wir (wenn wir überhaupt darüber nachdachten), muß es immer so gewesen sein. Dann erzählte Lady Sackville eines Tages unverzeihlicherweise meinem Bruder die ganze Geschichte. Ich habe ihn gebeten, als seinen Beitrag zu diesem Buch hier zu schildern, was sich begab. Also soll Ben weiterschreiben und die Geschichte abschließen:

›Als ich aus Eton abging und bevor ich nach Oxford kam,

begann ich ein Tagebuch zu führen. Ich war damals achtzehn. Ich habe den ersten, staubigen, in *carta Varese* gebundenen Band dieses Tagebuchs hervorgeholt. Ich bringe es kaum über mich, die schalen, kindischen Worte zu wiederholen, die ich darin fand. Wir waren damals mit achtzehn noch Kinder und interessierten uns nicht wirklich für die Angelegenheiten der Welt der Erwachsenen:

»Dienstag, 9. Mai 1933. Ging allein, um G. (Grandma=Lady Sackville) in White Lodge (Roedean bei Brighton) zu besuchen. Sie war nicht in übler Laune, nur müde. Sie sagte dic ganze Zeit Dinge über M. und D. (Mummy=Vita und Daddy=Harold), um mich gegen sie einzunehmen – Geschichten darüber, daß M. sich Frauen verschafft und D. Männer – über Violet Keppel, Virginia Woolf usw. Alles ganz ohne Grund. Ich hätte sie daran hindern sollen, hörte aber demütig zu. Als sie fertig war, nahm sie mir das Versprechen ab, M. und D. nichts davon zu sagen. Hielt auf der Rückfahrt beim Golfclub in Hawkhurst und sprach mit dem Pro. Habe natürlich M. und D. alles erzählt. D. sagte, sie sei wie Jago, und niemand würde je glauben, daß es einen solchen Menschen geben könne. M. sagte, sie sei ein entgleistes Genie. Das verstehe ich nicht recht.
Mittwoch, 10. Mai. Nachdem ich den Bericht von gestern niedergeschrieben hatte, kam M. um Mitternacht in mein Zimmer und sagte, was G. gesagt habe, sei wahr. Mein Bücherregal ist gekommen ... und dann geht es weiter über meinen Golfunterricht an diesem Nachmittag, ganz unbekümmert.«

Das war alles, was ich der Niederschrift für würdig hielt. Und doch hat sich dieser Tag vor vierzig Jahren in Brighton und sein Nachspiel beim Abendessen in Sissinghurst meinem Geist schärfer eingeprägt als die Ereignisse der vergangenen Woche. Nigel war schon nach Eton zurückgegangen, und deshalb war ich allein im Auto nach Brighton gefahren.

Ich war stolz auf meinen ersten Zweisitzer-Wagen. Meine Großmutter wohnte damals in einem windumtosten Haus auf den Steilklippen in der Nähe der Roedean-Schule. Sie war bettlägerig und erblindete allmählich. Alle zwei Monate etwa verbrachten Nigel (wenn er daheim war) und ich einen Tag bei ihr und wußten bei unserer Ankunft nie, was uns diesmal bevorstand: wüste Beschimpfungen, wilde Freigebigkeit, ein Mittagessen, das der Gärtner neben ihrem Bett kochte oder auf der eiskalten Terrasse um halb vier Uhr nachmittags, ein Scheck über zehn Pfund oder ein stürmisches Gespräch von fünf Minuten, nach dem wir kurzerhand wieder weggeschickt wurden. An diesem Tag hatte ihre Erschöpfung die bösartigen Enthüllungen provoziert. Meine Mutter hatte entweder ›ihren ganzen Schmuck gestohlen‹ oder seit einem halben Jahr nicht mehr geschrieben (sie schrieb ihr jeden Tag): Ich suche nach irgendeiner Erklärung für ihren Ausbruch. Möglicherweise hatte er überhaupt keinen wirklichen oder eingebildeten Grund irgendwelcher Art; vielleicht wollte sie nur einfach ihrer Trübsal und Einsamkeit Luft machen – diese blinde, alte Frau mit einem Gärtner auf einer Steilklippe, die nichts mehr hatte, um sich am Leben zu erhalten, außer Träumen von Washington, Knole und verlorener Schönheit – indem sie die unschuldige Seele ihres Enkels vergiftete; das mag sie sich erhofft haben.

»Wir hatten in unserer Kindheit keine Ahnung von diesen Begebenheiten«, hat mein Bruder oben gesagt. Ich dachte über meine Eltern nicht viel nach, denn sie waren Erwachsene, und wenn ich überhaupt nachdachte, hatte ich keinen Grund zu argwöhnen, daß ihr Eheglück jemals unterbrochen worden war. Dann nahm meine Großmutter mir während Stunden und Stunden alle meine Illusionen, indem sie die ganze Violet-Geschichte vor mir aufblätterte; sie erzählte mir, wie meine Mutter entschlossen gewesen war, ihren Mann und ihre zwei kleinen Buben um einer »Circe« willen zu verlassen; wie es ihr gelungen wäre, wenn sie (meine Großmutter) nicht im letzten Augenblick entschlossene

Schritte getan hätte, um es zu verhindern; wie einige Jahre später eine zweite Frau ins Leben meiner Mutter trat und abermals beinahe die Ehe zerrüttete. (»Diese Mrs. Woolf, die in diesem Buch [›Orlando‹] geschildert hat, wie deine Mutter *ihr Gesicht wechselte*!«) Dann wandte sie sich ihrem engelsgleichen Schwiegersohn zu und schilderte die Jungens, die er in Persien und allen Hauptstädten Europas gehabt hatte. Und ich – Schande über mich – war zu uninteressiert, um zu protestieren oder beleidigt das Haus zu verlassen. Nach dem Tee meinte sie wohl, sie sei ein wenig zu weit gegangen, denn sie nötigte mir das Versprechen ab, das Gesagte nicht weiterzuerzählen. Ich verließ sie ganz unbekümmert, teils weil ich nicht ein Wort davon glaubte, teils wohl auch, weil ich mir mehr Sorgen machte um die Mashie-Schläge am nächsten Tag als um die kleinen Sünden meiner Eltern. Ich hätte auf der Couch des Psychiaters einen komischen Patienten abgegeben.

Wie auch immer, der Drang, alles weiterzusagen, war stärker als mein Versprechen der Geheimhaltung. An diesem Abend in Sissinghurst waren wir nur zu dritt beim Abendessen, meine Eltern und ich. Sie hörten sich mein Abenteuer schweigend an und warfen einander gelegentlich fragende Blicke zu, während die grausamen Worte hervorkamen. Sie waren es, die in größte Verlegenheit gerieten, nicht ich. Ich glaubte, ihre Verlegenheit bedeute, sie seien empört darüber, das Lady Sackville etwas so Ungeheuerliches tun konnte. Ich kam gar nicht auf den Gedanken, es könne ihnen auch Kummer und Qual bereiten, daß das große Drama ihres Lebens ihnen von ihrem eigenen halbwüchsigen Sohn zurückgespielt wurde.

Ich kann mir das Gespräch vorstellen, das stattfand, nachdem ich das Eßzimmer verlassen hatte. Die Wahrheit war nun herausgekommen, aber wer von ihnen sollte sie bestätigen? Die Auseinandersetzung darüber kann nicht sehr lange gedauert haben; denn mein Vater war so heikel, daß er es nie über sich gebracht hätte, mich aufzuklären; brieflich vielleicht, aber nicht von Angesicht zu Angesicht. Es war meine Mutter, die um Mitternacht und bis zum Morgengrauen auf meinem Bettrand saß, und ich glaube, es war wohl das erste vertraute Gespräch, das wir miteinander hatten. Sie sagte mir, es sei alles durchaus wahr, mit Ausnahme der Geschichte, daß Virginia ihre Ehe gefährdet habe, aber das Ganze habe nicht die geringste Bedeutung, denn die Liebe, die sie füreinander empfänden, sei so stark und mächtig, daß sie allem standhalten könne.

Meine Tagebucheintragung am Sonntag, dem 28. Mai, drei Wochen später, lautet:

»Virginia und Leonard kamen zum Mittagessen. Virginia sah nach einer Italienreise wohl und glücklich aus. Sie hörte sich mit gesenktem Kopf die ganze Geschichte meines Besuchs in Brighton an. Dann sagte sie: ›Dieses alte Weib sollte man erschießen!‹«

FÜNFTER TEIL

Nigel Nicolson

Vitas Flucht mit Violet Trefusis war die einzige Krise ihrer Ehe. Nachdem sie sie überlebt hatten, waren Harold und sie imstande, mit Gleichmut zahlreichen späteren Zwischenfällen zu begegnen, die an sich so bedrohlich waren, daß jeder einzelne eine normale Familie zerbrochen hätte. Nach Amiens hatten sie zwei Meter Wasser unter ihrem Kiel, und ihr Ruderboot, das beinahe an den Felsklippen zerschellt wäre, glitt leicht und mühelos aus den Untiefen hinaus, in die es nahe dem Ufer geraten war. Violet hatte ihnen gezeigt, daß nichts ihre Liebe zerstören konnte; sie wurde in Wahrheit noch verstärkt durch die vollständige Freiheit, die sie einander einräumten. Beide waren darin völlig offen und freimütig, im Gespräch wie in ihren Briefen. Es bedurfte keiner Auseinandersetzung mehr, sondern lediglich einer Feststellung der Tatsache und der gerade vorherrschenden Gefühlsbewegung. Harold bezeichnete Vitas Affären als »deine Durcheinander«, sie die seinen als »deinen Spaß«. Sie stifteten nie irgendwelche Eifersucht zwischen ihnen. Seine einzige Sorge ging darum, daß sie vielleicht jemandem, einem Nebenbuhler oder dem Ehemann der Frau, das Herz brechen könne, während sie von seinen Geschichten mehr amüsiert als darüber besorgt war, da sie wußte, daß er diese Dinge besser in der Hand hatte. Auf den Skandal oder, in seinem Fall, das Strafgesetzbuch, scheinen sie nie einen Gedanken verschwendet zu haben, denn ihre intellektuellen Freunde waren unendlich tolerant, und was die Leute außerhalb ihres Kreises sagten, war ihnen gleichgültig.

»Ich nehme an«, schrieb Vita, »daß neunundneunzig Menschen von hundert, wenn sie alles über uns wüßten, uns verderbt und entartet nennen würden. Und doch weiß ich mit absoluter Gewißheit, daß es unter hundert Leuten keine neunundneunzig gibt, die weniger verderbt und entartet wären, als wir es sind. Ich will nicht prahlen, aber wir *haben* gelebt, nicht wahr? Und unsere beiden Leben, das äußere und das innere, sind reiche Leben – nicht dürftige kleine Wiederholungen dürftiger intellektueller Gewohnheiten.«

Sie waren so sorglos, daß sich häufig in Long Barn Harolds Freund und Vitas Freundin zum gleichen Wochenende zusammenfanden und sie zu viert ganz offen über ihre Situation sprachen. Lady Sackville gibt in ihrem Tagebuch das folgende Beispiel ihrer Einstellung, wobei ihre eigene Verlegenheit sie zu einer nicht sehr glücklichen Wahl ihrer Worte verleitet:

> »23. September 1923. Vita ist Harold absolut zärtlich ergeben, aber es ist überhaupt nichts Sexuelles zwischen ihnen, was doch bei einem so jungen und gutaussehenden Paar recht seltsam ist. Sie ist nicht im geringsten eifersüchtig auf ihn und erlaubt ihm bereitwilligst, sich zu erleichtern, mit wem er will. Sie sagten das beide ganz offen, als ich in Long Barn zu Besuch war, und Reggie Cooper (der mit Harold in Wellington auf der Schule und später in Konstantinopel zusammen war), war auch da. Das schokkierte mich aufs äußerte . . .«

Sie verliehen dieser ungezwungenen Beziehung eine moralische Grundlage. Sie besaßen beide einen analytischen Verstand und entwickelten für ihre Ehe eine »Formel« – »eine stabile, elastische Formel«, sagte Harold, »die es uns beiden so leicht macht, die Freuden der Liebe und des Lebens zu verdoppeln und ihre Kümmernisse zu halbieren«, oder wie sie zu ihm sagte: »Wir sind einander ganz sicher in diesem sonderbaren, seltsamen, distanzierten, intimen, mystischen Verhältnis, das wir einem außenstehenden Menschen niemals erklären könnten.« Die Formel lautete etwa so: Es kam vor allem darauf an, daß einer dem anderen absolut vertrauen konnte. ›Vertrauen‹ bedeutet in den meisten Ehen soviel wie Treue. In ihrer Ehe bedeutete es, daß sie stets einander rechtzeitig vor herannahenden emotionellen Krisen warnten und, was immer geschah, am Ende zu ihrem gemeinsamen Mittelpunkt zurückkehrten. Vita kleidete einmal ihr »Klein-Credo« für Harold in diese Worte: »Mich lieben, was immer ich tue. Glauben, daß meine Beweggründe nicht kleinlich sind. Keinen Geschichten Glauben schenken, ohne meine eigene Version gehört zu haben. Alles und jeden um meinetwillen aufgeben, wenn es letztlich drauf ankommt.«

Die Grundlage ihrer Ehe war gegenseitige Achtung, fortdauernde Liebe und »gemeinsame Wertbegriffe«. Es gab gewisse Dinge, die absolut unrecht waren, und solange sie übereinstimmten, welches diese Dinge waren, kam es nicht sehr darauf an, ob sie sich in anderer Hinsicht verschieden oder sogar (in den Augen der Welt) anstößig verhielten. Als wir Kinder waren, teilten sie unsere Vergehen in »Verbrechen« und »Sünden« ein und wandten dieselbe Regel auch auf sich selbst an. (Darauf verstand meine Mutter sich nicht sehr gut. Als ich die Glasscheiben des Gewächshauses zertrümmerte, beschloß sie, mich mit ihrer Haarbürste durchzuhauen, aber da sie so etwas noch nie gemacht hatte, verwendete sie die Bürste falsch herum, mit den Borsten nach unten, und da die Borsten ganz weich waren, tat es nicht weh.) Sünden waren so schrecklich, daß wir für sie überhaupt nicht bestraft wurden: Ihre Aufdeckung allein genügte. Es gab nur drei Sünden: Grausamkeit, Unredlichkeit und Faulheit. Vita hatte sich in den Jahren 1919–1920 die erste zuschulden kommen lassen; danach nie wieder. Harold war von allen dreien unberührt. Ihre moralischen Grundsätze lassen sich zusammenfassen als: Rücksicht auf andere Menschen, besonders aufeinander, und volle Entwicklung ihrer natürlichen Gaben. Sie waren eine Verschmelzung christlicher Tugenden und der Vorstellungen vom zivilisierten Leben des achtzehnten Jahrhunderts.

Im Jahr 1929 diskutierten sie im britischen Rundfunk (BBC) ihre Vorstellungen von den Ehe und gelangten zu diesem Schluß:

Harold: Du bist auch der Ansicht, daß eine gelungene Ehe die größte aller menschlichen Wohltaten ist?
Vita: Ja.
Harold: Und daß ihre Grundlage Liebe sein muß, die von der Intelligenz gelenkt wird?
Vita: Ja.
Harold: Daß eine wesentliche Voraussetzung gemeinsame Wertbegriffe sind?
Vita: Ja.
Harold: Daß die einzigen Dinge, die eheliche Nervenkrisen abwehren können, Bescheidenheit, gute Laune und vor allem Beschäftigung sind?
Vita: Ja.
Harold: Und Geben und Nehmen?
Vita: Und Geben und Nehmen.
Harold: Und gegenseitige Wertschätzung. Ich glaube nicht an die Beständigkeit irgendeiner Liebe, deren Grundlage Mitleid oder schützende oder mütterliche Naturtriebe sind. Sie muß sich auf Achtung gründen.
Vita: Ja, ich stimme bei. Die Theorie vom Höhlenmenschen mit dem süßen kleinen Dingelchen ist längst vorbei. Sie war eine Auffassung, die die besten Eigenschaften beider beleidigte.

Die Ehe, so meinten sie beide (aber nicht für die BBC-Hörer im Jahr 1929), sei »unnatürlich«. Ehe war für Menschen von starkem Charakter und unabhängigem Geist nur erträglich, wenn man sie als eine lebenslängliche Verbindung zwischen intimen Freunden betrachte. Sie war ein Band, das nur so lange halten sollte, wie beide es wünschten. (Aus diesem Grund traten beide für eine erleichterte Ehescheidung ein.) Aber da eine glückliche Ehe »die größte aller menschlichen Wohltaten« ist, müssen beide Ehegatten sich alle Mühe geben, ihr zum Gelingen zu verhelfen. Ein jeder muß klug und geschickt genug sein, um seinen Charakter und sein Verhalten nach dem des anderen zu formen, Facette an Facette, das Konvexe ans Konkave anzugleichen. Der Ehemann muß die weibliche Seite seines Wesens entwickeln, die Ehegattin ihre männliche Seite. Er muß Mitgefühl und Intuition pflegen, sie Distanz, Vernunft und Entschlußkraft. Er muß auf Tränen reagieren können; sie darf nicht den Zug verpassen.

Es fügte sich, daß ihnen die wechselseitige Anpassung besonders leichtfiel, da sie diese Eigenschaften bereits besaßen. Vita hatte seit ihrer Kindheit nie aufgehört zu bedauern, daß sie nicht als Junge geboren wurde. Sie zitierte einmal Violet gegenüber Königin Elisabeths prachtvollen Ausspruch: »Wäre ich mit einem Kamm versehen und nicht mit einem Spalthuf, meine Lords, dann hättet Ihr mich nicht so behandelt.« Sie hatte von ihrer Mutter die aristokratische Gabe des Befehlens geerbt und war in den meisten Dingen sehr tüchtig. Harold besaß gewisse weibliche Attribute, Gefühlsbetontheit, Milde und Nachsicht. Vita konnte einen einschüchtern; Harold selten, obwohl er im gesellschaftlichen und diplomatischen London ein junger Löwe war. Waren sie gemeinsam Zeuge einer Grausamkeit, etwa der eines griechischen Bauern, der seinen Esel prügelte, so gab er seinem Entsetzen Ausdruck, während sie wütend dazwischenfuhr. Er gehorchte den amtlichen Bestimmungen mit dem Instinkt des geschulten Staatsbeamten; sie protestierte und weigerte sich gelegentlich, sich zu fügen. Harolds Wesen hatte eine sentimentale Seite, die sie nicht besaß. Er konnte von einem Film oder einem Theaterstück, in welchem die Tugend triumphierte oder die Unschuld mißbraucht wurde, zu Tränen gerührt werden; sie nahm die Dinge ungerührt, wie sie kamen. Sie war in ihrer Ehe diejenige, die das vorausberechnete Risiko einging und zuweilen beide damit in Gefahr brachte. Die Risiken, die er einging, waren spontan und hatten ihre Beweggründe mehr in einer plötzlichen persönlichen oder politischen Gefühlsregung. Aber da sie einander so genau kannten und einander so innig liebten, irritierten sie diese Gegensätze nicht im geringsten. Vita pflegte ihm zuweilen vorzuwerfen, er sei zu mild und lasse sich ›alles gefallen‹ (wie zum Beispiel die niedrigen Honorare, die er von den Zeitungsredaktionen akzeptierte), er dagegen neckte sie mit den seltsamen Lücken in ihrer Weltkenntnis und Welterfahrenheit, wie etwa ihrer völligen Unfähigkeit, ein Einkommensteuer-Formular zu begreifen oder eine einfache Reihe von Zahlen zu addieren oder mit ihrer unausrottbaren Überzeugung, daß Flüsse wie der Nil, die nach Norden fließen, natürlich bergauf fließen müssen. Ich habe nie erlebt, daß sie miteinander die Geduld verloren oder wütend wurden, und meine Mutter hat mir erzählt, dies sei nur ein einziges Mal geschehen. Die Episode war charakteristisch. Sie kam eines Abends in sein Zimmer, und brüllte: »Geh weg!« Verletzt und voller Zorn warf sie ihm die Lilien, die sie in der Hand hatte, an den Kopf und knallte die Tür hinter sich zu. Er eilte ihr unverzüglich nach und erklärte ihr, daß ihr Geburtstagsgeschenk – eine Hermesbüste, die er ihr am nächsten Morgen als Überraschung geben wollte – in diesem Augenblick unverpackt auf seinem Schreibtisch stand.

Jeder Leser wäre von ihrer Liebe zueinander überzeugt, wenn ich hier eine Kette von Zitaten aus ihren Briefen über einen Zeitraum von fünfzig Jahren aneinanderreihte, aber eine solche Anthologie wäre ermüdend und könnte in ihrer Menge abstoßend wirken. In den meisten Ehen weiß sich die Liebe nach einiger Zeit nicht mehr zu artikulieren – oder sie drückt sich im Bett aus. In ihrer Ehe gab es kein Bett, aber da beide Schriftsteller waren, fanden sie ein unendliches Vergnügen darin, ihre Gefühle zu analysieren. Da sie so oft voneinander getrennt waren, schrieben sie einander Tausende von Briefen, und diese Briefe bildeten Kette und Schuß ihrer Ehe, die durch sie fortlaufend bereichert und neu gewebt wurde. Sie sprach von »dem großen Triumph, von dir geliebt zu werden«, und beide waren immer wieder erstaunt über ihr Glück. Ein jeder liebte im anderen die Eigenschaften, die sie oder er nicht besaß, Vita seine Nachgiebigkeit. Harold ihre irrlichternde, stürmische Romantik, und es belustigte sie, die Unterschiede zwischen ihnen festzustellen, um dadurch die Eigenschaften, die sie teilten, besonders ins Licht zu rücken. Sie hatten viele gemeinsame Interessen: Literatur und Reisen und Gärten, ihre Kinder, ihre Häuser auf dem Land, ihre Besitztümer, ihren Geschmack und ihre Neigungen, ihre Pläne, die vergangenen und gegenwärtigen, Erinnerungen an Freuden und knapp vermiedenes Unglück. Alle diese Dinge bildeten ein üppiges Potpourri, das nie abgestanden schmeckte. Die Trennung verstärkte noch seinen würzigen Geschmack. So schmerzhaft sie war, erschien ihnen die Abwesenheit doch häufig wie eine Illusion: Der andere war vielleicht im Nebenzimmer. »Dein Brief«, schrieb er ihr einmal aus Persien, »gibt mir das Gefühl, daß es auf die Entfernung gar nicht ankommt und daß Einsamkeit nur eine körperliche, keine geistige Ortsveränderung ist.« Sie vermochten über Erdteile hinweg einander den Puls zu fühlen und ihn genau zu messen. Sie konnten in Long Barn stundenlang zusammensitzen und schweigend lesen und dann plötzlich beide im selben Augenblick sprechen. Diese Übereinstimmung ihrer Empfindungen war so ausdrucksvoll wie eine Berührung oder ein Blick. War einer von ihnen krank oder befand sich in einer eingebildeten Gefahr (für Vita war jedes Taxi eine Bedrohung seines Lebens, jedes Flugzeug sicherer Mord), standen sie Qualen der Sorge aus. Harold telegraphierte um den halben Erdball, um das Neueste über ihren milden Ischias-Anfall zu erfahren. Eine feindselige Notiz über ihn in einer Zeitung trieb sie zur Verzweiflung, während er in quälender Sorge um eine ihrer öffentlichen Vorträge oder Rundfunklesungen schwebte, die sie immer nervös machten. Ihre unablässige Teilnahme am Leben und Fühlen des anderen, ihre Anteilnahme ohne Einmischung, waren wohl der Ausdruck ihrer Liebe als auch der Kraft und Stärke dieser Liebe. Um die Mitte des Zweiten Weltkrieges schrieb sie für Harold ein Gedicht, das anläßlich ihres gemeinsamen Gedenkgottesdienstes im Jahr 1968 vom *poeta lauretus* Cecil Day Lewis vorgelesen wurde:

Ich darf nicht verraten, wie teuer du mir bist.
Es ist unbekannt, ein Geheimnis vor mir selbst,
Die ich's am besten weiß. Selbst wenn ich könnte,
Würde ich den Sinn solchen Geheimnisses nicht enthüllen.

Damals liebte ich dich, als Liebe Frühling war und Mai.
Die Ewigkeit, so meinte ich, ist hier und jetzt;
Der reine und vollkommene Augenblick, kurz erhascht,
Als ich in deinen Armen, aber ein Kind noch, lag.

Liebte dich, als der Sommer in den Juni sich versenkte
Und jene hellen, wilden, idealen Jugendträume
Wahr und doch gefährlich waren, unwirklich fast,
Wie einst, als Endymion den gattenlosen Mond geküßt.

Doch jetzt, da Herbst die Blätter alle gilbt
Und dreißig Jahre unsere lange Liebe reifen ließen,
Wie fest verwurzelt, wie sicher, stark und reich,
Wie voll die Scheuer, die unsere Erntegarben birgt!

Dieses Gedicht wurde in Sissinghurst geschrieben. Fünfzehn Jahre lang, bis 1930, war ihr Heim jedoch Long Barn gewesen, das am Rande eines Dorfes liegt, welches nach seiner Gegend Sevenoaks Weald heißt, und zwar auf halber Höhe eines Abhangs, von dem aus man über ein verschachteltes Muster von Wiesen und Feldern und Wäldchen blickt. Als sie Long Barn (die »Lange Scheune«) im Jahre 1915 entdeckten, war es ein arg mitgenommenes Bauernhaus, in dem, wie es hieß, der Drucker Caxton geboren wurde, und eine Münze aus dem Jahr 1360, die man hinter dem Verputz fand, bewies sein ehrwürdiges Alter. Sein Zustand war entsprechend. Die Fußböden senkten sich gewagt nach allen Richtungen, so daß kein Möbelstück gerade auf seinen Beinen zu stehen schien, und das Dach wurde weniger durch seine Bauweise als durch natürliche Stütz- und Bettungswinkel zusammengehalten. Anstelle eines Gartens umgab eine Schutt- und Müllhalde und ein Gewirr von Dornensträuchern und Nesseln das Haus. Meine Eltern stellten das kleine Bauernhaus wieder her, machten ein richtiges Wohnhaus daraus, indem sie rechtwinklig dazu einen neuen Flügel anfügten – das Bauholz hierfür stammte von einer alten Scheune, die schräg am Fuß des Hügels lag –, und legten in einer Folge von Rasenflächen und ummauerten Terrassen einen Garten an, der allmählich von der bewußt geformten Anlage in die Kunstlosigkeit der umliegenden Gebüsche und Wäldchen überging. Long Barn war nicht primitiv. Das Haus hatte sieben Schlafzimmer, vier Badezimmer und ein siebzehn Meter langes Wohnzimmer. Sie hatten stets mindestens drei Hausangestellte und zwei Gärtner. Das Haus konnte gleichzeitig drei oder vier Gäste aufnehmen und war sonnig, hübsch, romantisch und behaglich. Aber es behielt etwas von der Atmosphäre bäuerlicher Unschuld des vierzehnten Jahrhunderts. Vitas Arbeitszimmer war niedrig, mit Fachwerkbalken und einspringenden Winkeln und Ecken, und ihr Schlafzimmer darüber schien stets im Begriff zusammenzubrechen, obwohl es noch immer steht. Harold richtete sich am äußersten Ende des neuen Flügels sein eigenes Arbeitszimmer ein, und wir, die Kinder, wohnten deutlich abgesondert in einem kleinen Haus höher den Abhang hinauf. Diese räumliche Trennung der Familie war symptomatisch für unser Verhältnis zueinander. Jeder einzelne mußte ein Zimmer für sich haben, aber es mußte auch einen gemeinsamen

Raum geben und gab ihn, in dem wir alle zusammenkommen konnten.

Wir hatten eine seltsame Kindheit, obwohl sie uns gar nicht seltsam vorkam. Unsere Eltern waren fern und unnahbar, und folglich bewunderten wir sie. Wir verbrachten Tag um Tag, bis wir zur Schule gingen, unter den Augen einer Kinderfrau. Mahlzeiten, Schulstunden, Spaziergänge, der geregelte Kinderzimmer-Ablauf von Zubettgehen und Erwachen formte unser Leben. Der Höhepunkt eines jeden Tages kam gegen sechs Uhr nachmittags; dann liefen wir zum Haus hinab, wo wir unsere Mutter über ihrem gerade in Arbeit befindlichen Buch antrafen, nachsichtig die Unterbrechung gestattend, ein wenig unsicher, wie sie uns unterhalten könne. Erst jetzt, wenn ich das Manuskript von *The Land* lese, kann ich verstehen, was diese täglichen Einbrüche und Überfälle sie an Konzentration gekostet haben müssen. Aber sie freute sich, uns zu sehen, und wir kamen gern zu ihr. Mein Vater war anders. Er bezeigte uns seine Zuneigung und Liebe auf augenfälligere Weise, nahm uns auf Spaziergänge mit, zeichnete lustige Bilder für uns, las uns Conan Doyle vor und ging (obwohl wir es nicht merkten) nachdenklich prüfend und musternd auf uns ein und überlegte, wie er uns helfen könne. Uns war undeutlich bewußt, daß wir nur einen kleinen Teil ihrer Aufmerksamkeit für uns beanspruchen konnten, und nahmen ebenso verschwommen zur Kenntnis, daß der Teil ihres Lebens, den wir sahen, nicht das Ganze war. Was aber war das Ganze?

Vita war stets verliebt. Ich wüßte keinen Augenblick in ihrem Leben, an dem sie sich nicht danach sehnte, den einzigen Menschen zu sehen oder von ihm zu hören, der dieses Verlangen befriedigen konnte. Einer der ersten nach Violet war ein Mann namens Geoffrey Scott. Er hatte Vita seit ihrer Kindheit gekannt und gehörte in ihrer Vorstellung zur ihrer glücklichsten Zeit, denn sie hatten einander im Jahr 1911 in Italien kennengelernt. Er hatte eine Nebenbeschäftigung an der britischen Botschaft in Rom, war aber in erster Linie

Schriftsteller. Sein erstes Buch ›The Architecture of Humanism‹ (Die Baukunst des Humanismus), das 1914 erschien, war wohl der wichtigste Beitrag zur Geschichte der Ästhetik seit Ruskin. Sein zweites Buch, ›Portrait of Zélide‹ (1924) gilt noch immer als eine der bezauberndsten Biographien in englischer Sprache. Er war ein hochgewachsener Mann, kurzsichtig, mit schwarzem Haar und fahler Gesichtsfarbe, einem eher düsteren Gesichtsausdruck und einer starken Strähne von Schwermut, aber dabei humorvoll und witzig, geschliffen und profund, hochgebildet, gelehrt und schwungvoll, kritisch und liebevoll – das vollendete Erzeugnis einer hochzivilisierten Gesellschaft. Im Jahr 1923 war er vierzig Jahre alt. Er war mit Lady Sybil Scott verheiratet, und sie lebten in der Villa Medici in Fiesole oberhalb von Florenz. Dort besuchte sie Vita im Oktober 1923. Harold, der in Griechenland gewesen war und an seinem Buch über Byron schrieb, kam auf einige Tage zu ihnen, aber weder seine Anwesenheit noch die Lady Sybils bewirkte auch nur die geringste Ablenkung von Vitas leidenschaftlicher Erwiderung auf Geoffreys plötzliche Liebeserklärung. Auf einem Hügelhang, eines lieblichen Abends, als der Mond sich über einem Meer von Olivenbäumen erhob, nahm er sie in seine Arme. Ich habe nicht die geringste Erklärung dafür (außer daß es Florenz war und der Mond schien), was die Erwiderung der körperlichen Liebe eines Mannes, die fünf Jahre lang in ihr geschlummert hatte, wiedererweckte, aber es gibt keinen Zweifel, daß sie zumindest einige Wochen lang grenzenlos war. Sie kehrte völlig benommen nach England zurück, schrieb an Geoffrey: »Meine Liebe und Zärtlichkeit ist eine Bank, auf die Du Schecks in jeder Höhe ziehen kannst«, und an ihre Mutter, daß

> »... ihr Geoffrey entsetzlich fehle ... Sie sagt, er sei sehr leidenschaftlich. Sie ist sicher, daß Harold nichts dagegen hat, und Sybil sagt, wenn es schon jemand sein mußte, so ist sie froh, daß es Vita ist. Geoffrey hat viele Liebesaffären

gehabt, aber natürlich glauben sie und er, daß diese die einzige und wahre ist. Er weiß alles über Violet und sagt, seine Liebe wird Vitas Ruf wiederherstellen.« (Lady Sackvilles Tagebuch vom 3. November 1923)

Was Sybil betraf, so stimmte es. Ihre Ehe stand nicht gut. Sie schrieb in rührender Weise an Vita: »Ihr liebt Euch, und er liebt mich nicht. Er muß sich frei fühlen, und ich will niemals zwischen Euch geraten.« Sie schenkte Geoffrey einen »Unehe«-Ring als Symbol ihres Verzichts. Lady Sackville hatte auch hinsichtlich Harolds recht. Er wußte von der Sache von Anfang an und war auf kuriose Weise recht erfreut darüber. Er war im innersten überzeugt, daß dies keine ernste Bedrohung war. Er bewunderte Geoffrey, hatte ihn gern und fand ihn erfrischend anders als Violet. Wenn Violet klug war, so war Geoffrey intelligent; an die Stelle von Violets hypnotischem Einfluß war Geoffreys freimütige Anbetung getreten. Er bereicherte Vitas Seele, anstatt sie zu verwirren. Seine Briefe waren wie ein erfrischender Regenschauer nach einem heißen Wüstenwind. Er entdeckte bald, welche Bedeutung Harold und Long Barn für sie hatten, und stellte sie nie in Frage. Er berührte die empfindlichsten Saiten ihres Wesens, ihre Liebe zu Italien tönte aus ihm zurück, und er ehrte ihr Schaffen mit sanfter Kritik:

»Du bist ein Dichter, keine Dichterin. Das ist sowieso stets ein unverzeihliches Wort, aber, auf Dich angewandt, abscheulich. Meine Liebe, halte an Deiner *Abseitigkeit* fest. In Deinen besten Arbeiten ist echte Reserviertheit, die über den Dingen steht, eine innere und einzelgängerische Qualität, die Du unter keinen Umständen verschmuddeln darfst. Ich bin schrecklich ehrgeizig für Dich. Ach, die Freude, dieselbe Sprache zu sprechen wie Du, gleich veranlagt zu sein!« (23. November 1923)

Vita schrieb um diese Zeit ›The Land‹; Geoffrey schrieb

›Zélide‹. Ein jeder schrieb für den anderen, und nach Abschluß der wichtigsten Teile zollten sie einander das höchste Kompliment, indem sie dem anderen das Manuskript schickten, damit er sich dazu äußere. Er hegte ihr Gedicht mit stellvertretendem Stolz ebenso behutsam, wie er sie selbst zärtlich liebte:

»Ich glaube, daß die ›Georgica‹ unser Gedicht sind [der Titel ›The Land‹ wurde erst im letzten Augenblick gewählt], so wie ›Zélide‹ unser Buch ist. ›Die kleinen mürrischen Monde des Mistelzweiges‹ und ›Sauber wie eine wohlriechende Katze in Holzschuhen‹ – ach, Vita, ich könnte Dich umarmen! Gott segne Dich, daß Du es in Dir hast, so schreiben zu können, so mit Erinnerungen angefüllt zu sein, die älter sind als alle persönlichen Erinnerungen ... Scheue sehr davor zurück, Dein Thema mit einer Moral zu versehen. Landwirtschaft und Ackerbau dürfen nur sehr sparsam moralisiert werden; sonst schwächt sich der Eindruck ab. Du darfst Deinen Bauern niemals anerkennend auf den Rücken klopfen. Die Bauerntölpel-Geste muß – mit jedem erdigen Stiefeltritt – ganz genau und unausweichlich richtig gesetzt werden. Gleichgültig, wie schwer, wie langsam, wie ›langweilig‹, man darf niemals das Gefühl haben, daß Du Deine Strenge auch nur einen Zollbreit gelockert hast ... Ich sorge mich um Deine Arbeit, als besäße ich Deine Gaben und die Schwierigkeit wäre meine eigene.« (10. November 1924)

Welch vorzüglicher Ratschlag, und wie zartfühlend mitgeteilt! Aber dahinter stand eine Liebe, die sich im gleichen Maß bei Geoffrey verstärkte, wie sie bei Vita schwächer wurde. Einige Monate nach ihrer Rückkehr nach England schien sie entgeistert über den Lachs, den sie an der Angel hatte. Aus der Ferne vermochte sie es mit seiner Stimme nicht aufzunehmen; sie brauchte stets (außer bei Harold und Virginia) die Gegenwart des Geliebten, um ihren Widerhall wachzurufen. Während Geoffrey ihr schrieb, ihre Liebe sei ewig, wurde sie in ihren Antworten bestürzend zurückhaltend. Er konnte nicht umhin, es zu bemerken. Erst als er zu Beginn des Jahres 1924 nach England zurückkehrte, konnte er sich vorübergehend vergewissern, daß sich nichts geändert hatte. Sie trafen sich unablässig, verbrachten einige Wochenenden zusammen in Knole, andere zusammen mit Harold in Long Barn und bewohnten ein gemeinsames Zimmer in der Hill Street. Lady Sackville beobachtete sie schützenden Auges: »22. Januar 1924. V. fuhr wieder mit G. S. nach Knole. Ich habe so Angst vor Klatsch.« – »24. Januar. Ging in die Hill Street und fand V. und G. S. zusammen. Sie machte einen sehr scheuen Eindruck. Ich bin schockiert, daß er soviel Besitzrecht auf sie an den Tag legt.« – »4. Februar. Fuhr nach Long Barn. Ich fürchte, es ist wesentlich mehr als ein Flirt. Die Leute machen unfreundliche Bemerkungen.« – »16. Februar. Alle nennen ihn einen Stromer.« Niemand war weniger ein Stromer als Geoffrey Scott. Er empfand für Vita mehr als blinde Verliebtheit, aber er hegte nie die Hoffnung, er könne sie Harold entwinden. Seine Liebe war zum Untergang verurteilt, durch Harold, durch ihre Zurückhaltung, durch seine eigene Ritterlichkeit. Sie war weit eher ein Vorhaben als ein Antrag. Als er Mitte Februar nach Florenz zurückkehrte, fand er dort einen Liebesbrief von ihr vor, den sie geschrieben hatte, als er noch an ihrer Seite war. Danach begannen ihre Briefe sich wieder abzukühlen, und man spürt seine Besorgnis aus seiner Bemühung, ihre Liebe zu einer heißen Flamme anzufachen:

»Jetzt, da wir einander gefunden haben, halten wir um Gottes willen daran fest, und machen wir daraus eine Art blendenden Lichts, das uns vorausscheint. Unsere Liebe muß ›gezähmt‹ und an ein häusliches Leben gewöhnt werden, sie muß vernünftig gemacht und dem gesunden Menschenverstand angeglichen werden – und zwar ganz gegen ihre innerste Natur –, und doch erhalte ich nicht die

Belohnung eines gemeinsamen Lebens, wie sie der liebe vernünftige Harold bekommt. Du wirst mir helfen, nicht wahr? Es wird schwierig sein, ihre Schneide fest und scharf zu erhalten, während die Zeit sie stumpf macht und die Abwesenheit sie rosten läßt. Bewahre Dir das Gefühl, das Wissen, daß ich jeden Augenblick alles andere in meinem Leben für Dich hinwerfen würde, wenn das uns hülfe.« (11. März 1924)

»Du wirst doch nicht gestatten, daß Schwierigkeiten zwischen uns geraten, nicht wahr? Das kann so leicht geschehen, und der Liebe wird allmählich durch die Anwesenheit anderer Menschen, die *immer* dagegen sind, die kalte Schulter gezeigt. Verstehst Du, Du bist Deinem Wesen nach sehr versöhnlich. Ich denke an Dich stets so, wie Du warst, als Du zum ersten Mal sagtest ... [der Rest des Satzes ist von Vita dick durchgestrichen]. Solange Du das wirklich, unabänderlich und ohne Zaudern empfindest, bin ich bereit, mich so brav wie ein Lamm zu verhalten. Aber denk daran, daß der Druck, uns zu trennen, stetig und anhaltend sein wird. Wie ›brav‹ ich auch sein mag, wird es mir nie erlaubt sein, Dein Leben in irgendeinem wirklichen Sinn zu teilen, wie Harold ... Du und ich meinen mit Liebe dieselbe Sache, etwas Absolutes und Endgültiges und, wenn notwendig, Erbarmungsloses. Du weißt, daß Du es so willst: Du willst, daß ich Dich so lieben soll.« (16. März 1924)

Das Schlimme war, daß sie es nicht wollte: Ihre Affäre mit Geoffrey Scott dauerte einige wenige Tage, auf die noch eine zweite Spanne von einigen Wochen folgte. Sie nahm einen kurzen, heftigen Anlauf, aber sie geriet nicht ins Fließen. Ihre mäßige Liebe wurde durch seine größere Liebe getötet. Sie wurde für sie zu etwas, das zu große Anforderungen stellte, das zu sehr alles zu zersetzen und zerrütten drohte, und sobald sie so zu empfinden begann, verdichtete sich ihre Abneigung zu Abscheu. Wenn er bloß bei der Literatur bleiben wollte!

Sie trafen einander noch mehrmals, in England und in Italien, und sie versuchte, seine Glut allmählich zu dämpfen und zu beruhigen, indem sie Harold (den es halb und halb amüsierte) als ihren Blitzableiter benutzte. Long Barn war der Schauplatz von Geoffreys endgültiger Verzweiflung. Er pflegte den Winkel zu betrachten, den die beiden Flügel des Hauses bildeten, und sah die benachbarten Lichter in ihrem und Harolds Schlafzimmer, Wahrzeichen ihrer innigen Vertrautheit und seines Ausgeschlossenseins. Ich kann mich noch ganz knapp an ihn erinnern. Ich war damals sieben Jahre alt. Ich fand ihn eher grimmig und hitzig, aber das dürfte wohl daran gelegen haben, daß ich einmal irrtümlich in sein Zimmer hineinstürmte, wo er sich gerade zum Abendessen umzog, und ihn splitternackt antraf. Er wurde sehr wütend. Wie wenig war mir doch bewußt, daß meine triviale kleine Existenz ihn an seine Aussichtslosigkeit erinnerte. Allmählich gab er die Sache auf. Im Jahr 1927 ließen Sybil und er sich scheiden, und er verbrachte seine letzten Lebensjahre liebelos in New York, wo er Boswells nachgelassene Papiere herausgab. Dort starb er sechsundvierzigjährig im Jahr 1929.

Vita war nicht gütig zu Geoffrey gewesen – sie hatte sein Leben zertrümmert und schließlich seine Ehe zugrunde gerichtet –, aber welche Rolle spielt Güte schon in der Liebe? Für ihn war ihr Gelübde in Granit gehauen gewesen, für sie war es mit Kreide auf eine Schiefertafel geschrieben. Ihre Liebe zu Geoffrey war ein Experiment mit der Liebe gewesen, ein Experiment, das fehlgeschlagen war. Es schlug fehl, weil er ein Mann war, weil er ein unmöglicher Rivale für Harold war und weil an seine Stelle jemand trat, dem er nicht das Wasser reichen konnte, eine Frau, ein Genie, Virginia Woolf.

Virginia war das erstaunlichste Menschenwesen, das ich je gekannt habe. Sie konnte einen anziehen, aber sie konnte einen auch in eine gewisse Entfernung von sich schieben. Sie tat weder das eine noch das andere mit Absicht, denn sie war ganz ohne Dünkel; im Gegenteil, es lag ihr daran, angenehm und gefällig zu sein, es ging ihr darum, zu entdecken (sie war sehr wißbegierig und rührend empfindlich für Lob oder Tadel), aber man war sich bewußt, daß sie sich gelegentlich zurückzog, und wußte nie recht, wie tief oder wie seicht die eigene Reaktion zu sein hatte. Wir waren damals Kinder, und die unverständige Zwanglosigkeit der Kindheit ließ unser Verhältnis zu ihr bald reifen. Für uns war sie nicht Virginia, die einmal geistesgestört gewesen war und wieder geisteskrank werden konnte, und auch nicht Virginia Woolf, die eine ganz neue Dimension der literarischen Wahrnehmung entdeckt hatte. Sie war ganz einfach Virginia. Virginia, die spaßig war, Virginia, die umgänglich war, die uns Fragen über Schule und Ferien stellte (und insgeheim Material sammelte, was wir natürlich nicht wußten) und die wie eine Patentante in unserem Leben ein und aus schwebte. »Virginia kommt zu Besuch.« – »Wie schön!« Wir wußten, daß sie uns zur Kenntnis nehmen werde, daß ein Augenblick kommen werde, da sie auf meine Mutter überhaupt nicht achtgab (»Vita, geh weg! Siehst du denn nicht, daß ich mit Ben und Nigel rede?«), und dann sprach sie mit uns über unser unkompliziertes Leben und gab uns als Diamanten zurück, was wir ihr als Kohleklumpen gereicht hatten. In meiner Erinnerung war sie zart, aber nicht im gesundheitlichen, sondern im Spinnweben-Sinn des Wortes. Ich sehe sie vor mir als einen herbstlichen, ins Haus gehörenden Menschen, obwohl sie den Sommer und die Landschaft der Downs liebte, wie sie ihre spitz zulaufenden Finger dem Kaminfeuer entgegenstreckte und dabei ihre Phantasiegebilde kunstvoll entwikkelte, anregend, herausfordernd, bezaubernd, ihre Gesten auf ihre Worte abstimmte, ihr langes Haar von der Stirn abschob, indes ihr ein neues Gespinst einfiel, oftmals lächelnd, selten lachend und niemals mit einem Kichern im Lachen. Ich sehe sie vor mir in Knole, wie sie sich in einer geschwungenen S-Kurve in den Toreingang von Knole lehnt, den Finger am Kinn nachdenklich, belustigt. Sie nahm instinktiv die Haltungen an, die ihrer Stimmung entsprachen.

Vita hatte Virginia am 14. Dezember 1922 bei Clive Bell kennengelernt; vier Tage später lud sie sie zusammen mit Clive und Desmond MacCarthy zum Abendessen nach Ebury Street ein. Sie schrieb an Harold, der sich mit Außenminister Lord Curzon in Lausanne befand:

> »Ich bete Virginia ganz einfach an, und das würdest Du auch tun. Ihr Charme und ihre Persönlichkeit würden Dich zu Boden strecken. Es war eine gute Abendgesellschaft. Sie erkundigten sich sehr nach Deinem Tennyson. Mrs. Woolf ist so einfach: Sie macht unbedingt den Eindruck von etwas Großem. Sie ist völlig ungekünstelt, ganz ohne äußere Verzierungen – sie zieht sich abscheulich an. Anfänglich hält man sie für unhübsch und reizlos; dann zwingt sich einem eine Art geistiger Schönheit auf, und man entdeckt, indem man sie beobachtet, eine gewisse Faszination. Gestern abend war sie etwas eleganter; das heißt, statt der orangefarbenen Wollstrümpfe trug sie gelbseidene, aber sie hatte wieder ihre Pumps an. Sie ist sowohl distanziert wie menschlich, schweigt, bis sie etwas sagen will, und sagt es dann unübertrefflich gut. Sie ist ziemlich alt (vierzig). Ich bin selten von jemand so eingenommen gewesen und glaube, sie hat mich gern. Zumindest hat sie mich nach Richmond eingeladen, wo sie wohnt. Liebster, ich habe richtig mein Herz verloren.« (19. Dezember 1922)

Das Wachsen ihrer Vertrautheit ist in Vitas Tagebuch aufgezeichnet:

> »22. Februar 1923: Zum Abendessen bei Virginia in Richmond. Sie ist so köstlich wie eh und je. Wie recht sie hat, wenn sie sagt, die Liebe mache jeden zum Langweiler, aber das Aufregende am Leben liege in den ›kleinen Schritten‹ näher an die Menschen heran. Vielleicht ist sie dieser Auf-

fassung, weil sie ein Experimentator der Menschlichkeit ist und in ihrem Leben keine *grande passion* gekannt hat.«

»19. März 1923: Aß mit Virginia in Tavistock Square zu Mittag, wo sie gerade eingetroffen ist. War zum ersten Mal mit ihr lange Zeit allein. Ging Mama besuchen, der Kopf schwirrte mir von Virginia.«

Dann trat eine Pause ein. Sie schrieben einander viel und sahen sich ziemlich häufig, aber Virginia wurde unruhig bei dem Gedanken daran, wohin all dies führe. Wie Quentin Bell aus dem Gesichtswinkel Virginias sagt: »Wahrscheinlich wurde sie Vitas Gefühle gewahr, und vielleicht ahnte sie dunkel ihre eigenen bei jener ersten Begegnung; sie kam sich in Vitas Gesellschaft schüchtern, fast jungfräulich vor, und ich vermute, daß sich in ihr ein Bewußtsein der Gefahr regte.« Außerdem waren da noch Harold und Leonard und vom Oktober 1923 an Geoffrey Scott. Vita war sich der körperlichen und geistigen Zartheit Virginias zu gut bewußt, als daß sie sie stark bedrängt hätte, und ihre Freundschaft entwickelte sich herzlich und liebevoll, beginnend mit kleinen Zärtlichkeiten am Kaminfeuer (Vita saß gern auf dem Fußboden neben Virginias Stuhl), die langsam, ganz langsam zu etwas mehr führten.

Virginias Einfluß auf Vita zeigt sich, glaube ich, am besten in Vitas kurzem Roman ›Seducers in Ecuador‹ (Verführer in Ecuador), den sie 1924 für den (von Leonard und Virginia Woolf gegründeten und geleiteten) Verlag Hogarth Press schrieb, denn er ist von allen ihren erzählenden Werken das phantasievollste, als habe sie etwas schreiben wollen, das Virginias ›würdig‹ wäre, in Virginias anspielungsvollem Stil und durch den Gedanken an einen so kritischen Verlagslektor, mit dem sie beinahe täglich zusammentraf, auf eine neue Schwingung eingestimmt. Die Wirkung Vitas auf Virginia ist vollständig in ›Orlando‹ enthalten, dem längsten und bezauberndsten Liebesbrief der Literatur, in dem sie Vita erforscht, sie in die Jahrhunderte hin und her verwebt, von einem Geschlecht ins andere versetzt, mit ihr spielt, sie in Pelze, Spitzen

Oben: Geoffrey Scott, 1923, in der Villa Medici, Florenz.

Unten: Virginia Woolf 1928 in Knole. In dieser Zeit schrieb sie *Orlando,* ihren humorvollsten Roman.

Oben: Harold und Vita mit ihren Söhnen Ben (links) und Nigel in ihrem Haus Long Barn im Sommer 1929. Kurz danach zog sich Harold Nicolson aus dem diplomatischen Dienst zurück.

Unten: Harold und Vita in Sissinghurst, 1932.

Rechts: Vita 1932 in ihrem Wohnzimmer in Sissinghurst. Die Portraitaufnahmen auf ihrem Schreibtisch zeigen die Schwestern Brontë und Virginia Woolf (Foto Gisèle Freund).

Luftaufnahme von Sissinghurst. Im Pfarrhaus, links, befanden sich die Küche und das Eßzimmer, im ersten Stock des Turmes hatte Vita ihr Wohnzimmer (Aerofilms).

Vita am Eingang zum Turm von Sissinghurst, um 1950

Vita Sackville-West 1919.

Harold Nicolson 1919.

und Smaragde kleidet, sie neckt, mit ihr flirtet und tändelt, einen Dunstschleier über sie wirft und sie schließlich in der aufgeweichten Erde in Long Barn fotografiert, mit ihren Hunden, wie sie Virginias Ankunft am nächsten Tag erwartet.

Ihre Freundschaft war die bedeutsamste Tatsache in Vitas Leben, mit Ausnahme von Harold, so wie Vitas Freundschaft die bedeutsamste in Virginias Leben war, mit Ausnahme von Leonard und vielleicht ihrer Schwester Vanessa. Sucht man nach einer Parallele zu Vita–Harold, so findet man sie nur im Verhältnis Virginia–Leonard, aber hier bestehen gewisse Unterschiede, denn Virginia war sexuell frigid, und Leonard war nicht homosexuell. Ihre Ehen ähnelten sich indessen in der Freiheit, die sie einander zugestanden, in der Unbesiegbarkeit ihrer Liebe, in ihrer intellektuellen, geistigen und nicht-körperlichen Grundlage, in der Begierde aller vier, das Leben voll auszukosten, die Konventionen herauszufordern, hart zu arbeiten, gefährliches Spiel mit den Gefühlen zu treiben – und in ihrer Sorge umeinander. Wie gut erinnere ich mich noch an Leonards Blick, wie er quer durchs Wohnzimmer Virginia im Auge behielt, um dafür zu sorgen, daß sie sich nicht überanstrengte oder übermäßig erregte; er umsorgte sie so, wie Joseph Maria umsorgt haben muß, ihr Verhältnis war ein durchaus biblisches. Es gab keine Eifersucht zwischen den Woolfs und den Nicolsons, denn sie waren unabhängig voneinander zu derselben Definition des Begriffs »Vertrauen« gelangt. Leonard war vielleicht etwas weniger duldsam als Harold, denn er fürchtete zwar nicht, daß sie aufhören könne, ihn zu lieben, wohl aber, daß die Belastung ihres Gefühlslebens ihren Geist neuerlich verstören könne. Auch Harold fürchtete dies.

Aber sie sollen selbst, in eigener Sache, sprechen. Zuerst Virginia in ihrem Tagebuch, noch leicht in Abwehrstellung:

> »Vita drei Tage lang in Long Barn ... Ich habe sie gern und bin gern bei ihr und ihrem Glanz – sie leuchtet im Lebensmittelladen in Sevenoaks mit einer Kerzenlicht-Ausstrahlung, schreitet einher auf Beinen wie Buchenstämme, rosa-

rot glühend, traubenumrankt, mit Perlen behangen ... Welche Wirkung hat dies alles auf mich? Eine sehr gemischte. Da ist einmal ihre Reife und Vollbusigkeit; mit vollen Segeln auf der Hochflut, wo ich mühsam rückwärts an der Küste hinabfahre; ich meine, ihre Fähigkeit, sich in jeder Gesellschaft zum Sprecher zu machen, ihr Land zu repräsentieren, nach Chatsworth zu fahren, Silber, Dienstboten, Chow-Hunde zu überwachen; ihre Mutterschaft (sie ist allerdings ein wenig kalt und kurz angebunden mit den Buben); kurzum, daß sie eine wirkliche Frau ist (was ich nie gewesen bin). Dann ist da eine gewisse sinnliche Üppigkeit an ihr; die Trauben sind reif; und nicht reflexiv. Nein. Was Verstand und Einblick angeht, so ist sie nicht so fein ausgebildet wie ich. Aber andererseits ist sie sich dessen bewußt und verschwendet auf mich den mütterlichen Schutz, den ich mir aus irgendeinem Grunde immer von allen Menschen gewünscht habe ... (Quentin Bell, ›Virginia Woolf‹, Bd. II, S. 117–118)

Professor Bell stellt Überlegungen an, wie die Dinge sich von hier ab wohl entwickelt haben mögen: »Es mag wohl zu einigen Zärtlichkeiten, zu einigem gemeinsamen Ins-Bett-Gehen gekommen sein – im ganzen glaube ich, daß es wahrscheinlich dazu kam.« Ich kann dieser Vermutung aus Harolds und Vitas Briefen einiges hinzufügen. Harold befand sich damals in Teheran. »V.« war zu einer zweiten V. geworden.

Vita an Harold: »Ich holte V. ab und fuhr mit ihr hierher [Long Barn]. Sie ist eine exquisite Gefährtin, und ich liebe sie wie einen Schatz. Leonard kommt am Sonnabend. Bitte glaube nicht, daß

a) ich mich in Virginia verlieben werde,
b) Virginia sich in mich verlieben wird,
c) Leonard sich in mich verlieben wird,
d) ich mich in Leonard verlieben werde,

denn dem ist nicht so. Ich weiß nur, daß mein dummer

Hadschi sich sagen wird ›Ça y est‹ und so weiter. Du fehlst mir schrecklich. Du fehlst mir ganz besonders, weil V. so sehr lieb und so verständnisvoll über Dich sprach.« (17. Dezember 1925)

Vita an Harold: »Virginia hat die Georgica [›The Land‹] gelesen. Ich verrate Dir nicht, was sie gesagt hat. Sie bestand darauf, sie zu lesen. Sie las sie von Anfang bis Ende durch. Sie hat Dich gern. Sie hat mich gern. Sie sagt, sie verläßt sich auf mich. Sie ist unter all ihrem funkelnden Geist so verletzlich. Ich liebe sie, aber nicht auf die b.s.-Art« (18. Dezember 1925)

(Die Abkürzung ›b.s.‹ bedeutete ursprünglich ›back-stairs‹, nämlich Hintertreppe oder auch Dienstboteneingang. Der Ausdruck veränderte jedoch seine ursprüngliche Bedeutung von »kichernd« und »verklatscht« in der Kurzschrift der Sackvilles zu »homosexuellem« Verhalten.

Vita an Harold: »Ich finde sie einen der geistig erregendsten Menschen, die ich kenne. Sie haßt die Verwaschenheit der jungen Männer der Bloomsbury-Clique. Wir haben uns in diesen zwei Tagen im Handumdrehen befreundet. Ich liebe sie, aber ich könnte mich nicht in sie ›verlieben‹, also brauchst Du nicht nervös zu werden.« (19. Dezember 1925)

Harold an Vita: »Ich bin wegen Virginia nicht wirklich beunruhigt und glaube, daß Ihr wahrscheinlich sehr gut füreinander seid. Ich habe nur das Gefühl, daß Du im Umgang mit Ehepaaren nicht gerade *la main heureuse* hast.« (8. Januar 1926)

Harold an Vita: »Ach, meine Liebe, ich hoffe so sehr, daß Virginia nicht zu einem ›Durcheinander‹ wird. Es ist wie Rauchen neben einem Benzinkanister.« (7. Juli 1926)

Vita an Harold: »Liebster, es herrscht nirgends ein Durcheinander. Ich sage Dir das doch immer wieder. Du erwähnst Virginia: Das ist einfach lachhaft. Ich liebe Virgi-

nia – und wer täte das nicht? Aber wirklich, mein Liebster, Liebe zu Virginia ist eine völlig andere Sache: eine seelische Sache, eine geistige Sache, wenn Du willst, eine intellektuelle, und sie flößt einem ein Gefühl von Zärtlichkeit ein, das wohl seinen Grund in ihrer komischen Mischung aus Härte und Weichheit hat – die Härte ihres Verstandes und ihr Schrecken davor, wieder geistesgestört zu werden. Sie bewirkt, daß ich mich wie ihre Beschützerin fühle. Außerdem liebt sie mich, was mich freut und mir schmeichelt. Und schließlich – da ich mich nun schon einmal darauf eingelassen habe, Dir von Virginia zu erzählen – habe ich eine Todesangst davor, körperliche Empfindungen in ihr wachzurufen, eben wegen der Geisteskrankheit. Du verstehst, ich weiß nicht, welche Wirkung es haben würde; es ist ein Feuer, mit dem ich nicht spielen möchte. Ich habe zuviel wirkliche Zuneigung und Achtung für sie. Außerdem hat sie nie mit jemand zusammengelebt, außer mit Leonard, was ein schrecklicher Mißgriff war und sehr bald aufgegeben wurde. Das alles ist folglich eine unbekannte Größe, und ich habe schließlich zu viele Hunde, als daß ich nicht wüßte, daß man sie nicht aufwecken soll, wenn sie wirklich schlafen. Außerdem *ça ne me dit rien;* und was mich betrifft, *ça lui dit trop.* Ich möchte nicht in eine Affäre hineinrutschen, über die ich vielleicht die Gewalt verliere, bevor ich noch weiß, was eigentlich los ist.
Außerdem ist Virginia nicht die Art Mensch, an den man in diesem Sinne denkt. An der ganzen Vorstellung ist etwas Unvereinbares und beinahe Unanständiges. Ich *habe* mit ihr geschlafen (zweimal), aber das ist auch alles. So, und jetzt weißt Du die ganze Geschichte, und ich hoffe, ich habe Dich nicht schockiert. Mein Liebster, Du bist der eine und einzige Mensch für mich in der Welt; bitte begreif das ein für allemal, Du kleiner Schwachkopf.«
(17. August 1926)
Harold an Vita: »Dank Dir, daß Du mir alles über Virginia

so offen erzählt hast. Es ist eine Erleichterung zu wissen, daß Du Dir der Gefahr bewußt bist und klug sein wirst. Verstehst Du, es ist ja nicht lediglich ein Spiel mit dem Feuer; es ist ein Spiel mit Sprengstoff. Machen wir uns über diese Dinge keine Sorgen. Ich weiß, daß Deine Liebe zu mir der Mittelpunkt von allem ist, genau wie meine Liebe zu Dir, und sie bleibt ganz unberührt von dem, was sich am Rande abspielt.« (2. September 1926)

Vita an Harold: »Ich weiß, daß Virginia sterben wird, und das wird schrecklich sein. Ich ging gestern zum Tavistock Square, sie saß in der Abenddämmerung beim Schein des Kaminfeuers, und ich saß auf dem Fußboden, wie ich es immer tue, und sie fuhr mir durchs Haar, wie sie's immer tut, und sprach über Literatur und Mrs. Dalloway und Sir Henry Taylor, und dann sagte sie, Du würdest Dich nächsten Sommer über sie ärgern, weil sie Dir im Weg sein werde. Aber ich sagte, nein, das würdest Du nicht. Ach, Hadschi, sie ist ein solcher Engel. Ich liebe sie wirklich innig. Nicht ›verliebt‹ – einfach Liebe – Verehrung und Hingabe. Ihre Freundschaft hat mich so bereichert. Ich glaube nicht, daß ich jemals jemand so sehr geliebt habe, in reiner Freundschaft; ja, ich weiß es genau. Sie weiß, daß wir, Du und ich, einander innig lieben. Ich habe es ihr gesagt.« (30. November 1926)

Harold an Vita: »Ich mache mir weit mehr Sorgen um Virginia und Leonard als um Dich. Ich weiß, daß für uns beide der andere der magnetische Nordpol ist und daß die Kompaßnadel vielleicht hin und her zucken und sogar an anderen Punkten steckenbleiben wird, aber daß sie früher oder später zum Pol zurückkehrt. Aber was für Gefahren für sie! Verstehst Du, ich habe alles Vertrauen zu Deiner Klugheit, außer wenn es um so eine Sache geht, bei der Du Deiner Klugheit eine Kapuze aus Optimismus aufsetzt und sie erst abnimmst, wenn die Dinge schon zu weit gegangen sind und sich nicht mehr in Ordnung bringen lassen.« (3. Dezember 1926)

Er hätte sich keine Sorgen zu machen brauchen. Diese Briefe erzählen alles, was es zu erzählen gibt. Vita und Virginia beschädigten einander nicht, und Harold war ihr dankbar dafür, daß sie in Vita »eine reiche neue Erzader« freilegte. Die körperliche Seite ihrer Freundschaft war ein vorfühlender Versuch und nicht sehr gelungen und dauerte nur einige Monate, vielleicht ein Jahr. Es wäre eine Travestie ihrer Beziehung, sie eine ›Affäre‹ zu nennen. Als sie zwei Jahre später zusammen nach Burgund fuhren, schrieb Vita:

»Virginia ist sehr lieb, und ich empfinde sehr stark, daß ich sie beschützen muß. Die Vereinigung dieses glänzenden Verstandes mit diesem zerbrechlichen Körper ist sehr liebenswert. Sie hat ein liebes und kindliches Wesen, von dem ihr Intellekt völlig getrennt ist. Ich habe nie jemand gekannt, der so zutiefst feinfühlig ist und von dieser Feinfühligkeit weniger hermacht.« (27. September 1928)

Virginia hegte keine Bewunderung für Vita als Schriftstellerin und sagte es ihr auf eine Weise, die Vita nicht übelnehmen würde. Von *The Land* –

»... war sie enttäuscht, sprach aber sehr lieb darüber. Sie sagt, es ist ein Beitrag zur englischen Literatur und eine solide Tatsache, an die man sich anlehnen kann, ohne Angst, daß sie nachgibt. Sie sagt auch, es sei eines der wenigen *interessanten* Gedichte – ich meine das Informative daran.« (26. Januar 1926)

Aber *Orlando*! Man muß sich die beiden vorstellen: Sie sehen einander mindestens einmal in der Woche, die eine schreibt ein Buch über die andere, stößt wie ein Raubvogel auf Knole herab, um ihm noch einen Absatz und noch einen zu entreißen, auf Long Barn, um Vita wie in eine Falle in ein neues Zugeständnis über ihre Vergangenheit hineinzulocken (Violet, der Virginia einmal begegnete, kommt in dem Buch als Sascha vor, eine russische Prinzessin, »wie ein Fuchs oder ein Olivenbaum«), zerrt Vita nach London in ein Atelier, um sie wie ein Gemälde von Lely photographieren zu lassen, peinigt sie, läßt sie zappeln, mit gelegentlichen Andeutungen des Phantasiegespinstes, ohne mehr als eine Ecke des Vorhangs zu lüften – bis am Tag vor dem Erscheinen *Orlando* in einem gewöhnlichen Päckchen von der Hogarth Press eintrifft, gefolgt einige Tage später von der Verfasserin, die das Manuskript als Geschenk mitbringt. Vita schrieb an Harold: »Ich bin mitten in der Lektüre von *Orlando* und in einem solchen Aufruhr der Erregung und Verwirrung, daß ich kaum weiß, wo (und wer) ich bin!« Sie war hingerissen davon. Natürlich war sie geschmeichelt, aber es war mehr als das: Der Roman identifizierte sie auf immer und ewig mit Knole. Virginias Genie hatte Vita einen einzigartigen Trost dafür gebracht, daß sie als Mädchen geboren wurde, für den Ausschluß von ihrem Erbe, für den Tod ihres Vaters zu Beginn jenes Jahres. Für sie war das Buch nicht einfach ein glänzendes Maskenspiel oder ein historischer Festzug. Es war eine Gedächtnismesse.

Aus verschiedenen Hinweisen war bereits zu ersehen, daß Harold sich um diese Zeit in Persien befand. Er wurde im Oktober 1925 als Gesandtschaftsrat an die britische Gesandtschaft nach Teheran versetzt und blieb dort während der nächsten eineinhalb Jahre. Er scheint anfänglich gehofft zu haben, Vita werde mitkommen, denn Persien war eine der wenigen Gegenden in der Welt, wo sie das Diplomatenleben erträglich finden würde: Es war »unsmart«, wie Lady Sackville es ausdrückte, und die schöne Landschaft und das stolze romantische Volk boten Entschädigungen. Aber sie zog es vor, nicht mitzukommen. Sie wollte ihn gern dort besuchen, aber sie gedachte sich nicht in einer Gesandtschaft als seine *légitime* einsperren zu lassen, wo sie bei Diners und Banketten in korrekter Rangordnung ihren Platz einnehmen mußte, mit einem weißen Kärtchen neben ihrem Teller, das sie zu »The Hon. Mrs. Harold Nicolson« machte, wenn sie V. Sackville-West in Long Barn mit ihrem Schreiben, ihrem Garten und Virginia sein konnte. Das klingt selbstsüchtig, aber weder sie noch er fanden es egoistisch. Ihr lag so sehr an ihrer Unabhängigkeit, daß sie für beide größeres Gewicht hatte als irgend etwas sonst, sogar die Qualen monatelanger Trennung. In ihren Hunderten von Briefen findet sich nirgends auch nur eine Andeutung, daß ihr Jammer sich ja augenblicks dadurch beenden ließe, daß sie ständig zu ihm nach Teheran kam. Statt dessen tauschten sie mitleidsvolle Klagen über seinen »verdammten Beruf« aus, der sie gewaltsam voneinander trennte, und er begann ernstlich zu erwägen, ob er ihn nicht hinwerfen und gegen eine andere Tätigkeit eintauschen solle, die sie weniger trennen würde. Er ging sogar so weit, sich um eine Anstellung im Londoner Büro der Anglo-Persian Oil Company zu bewerben, aber es wurde nichts daraus.

Damit man nicht glaube, ich übertreibe ihr Unglück der Trennung, will ich eine Episode anführen – ihren Abschied in Resht – , in der sie später die Wasserscheide ihrer Ehe erblickten, denn sie überzeugte sie, daß sie sich nie wieder einem solchen Schmerz aussetzen durften. Vita reiste im März 1926 nach Persien (es war die Reise, die sie in ›Passenger to Teheran‹ geschildert hat) und fuhr von Bagdad im Auto quer durch die Wüste, um Harold in einem eingeschneiten Dorf an der persischen Grenze zu treffen; es war spätnachts, und im Licht der Scheinwerfer tauchte er plötzlich auf der Straße auf sie wartend auf. Sie genoß ihren Besuch sehr und nahm auch an der Krönung des Schahs teil (in ihrem Buch bezeichnete sie ihn als einen »Kosaken-Landsknecht«, was Harold schockte, denn der Schah war schließlich der Souverän, bei dem er akkreditiert war), aber im Mai kam der schreckliche Augenblick, da sie sich wieder trennen mußten. Sie hatten verabredet, daß sie über Rußland heimreisen und von einem nordpersischen Hafen in der Nähe von Resht zu Schiff übers Kaspische Meer nach Baku fahren sollte. Harold fuhr sie im Auto von Teheran nach Resht, und Raymond Mortimer begleitete sie. Sie übernachteten in Resht, und früh am nächsten Morgen verließen Harold und Raymond sie, um nach Teheran zurückzukehren. Hier ist Harolds Schilderung in seinem am nächsten Tag geschriebenen Brief:

»Als ich Deine Schlafzimmertür in Resht hinter mir geschlossen hatte, stand ich einen Augenblick lang auf dem Treppenabsatz ganz schwindlig vor Qual, und das ganze Haus schwankte und wackelte hin und her. Ich hielt mich mit größter Anstrengung davon zurück, wieder in Dein Zimmer zu stürzen – wo ich Deinen lieben Kopf in Tränen gebeugt gefunden hätte und Deinen grünen Pyjama noch naß von ihnen. Ich ging die Treppe hinab in den Garten und blickte zurück auf Dein Fenster. Ich verlangte danach zu rufen: ›Vita, Vita, ich kann es nicht aushalten!‹ Ich stieg mit Raymond ins Auto und fand allmählich meine Stimme wieder. Wir sprachen von gleichgültigen Dingen ... Wir hielten am Straßenrand, um zu Mittag zu essen, und stellten die Wasserflasche zum Kühlen unter eine Quelle. Ich ging, um eine Gabel zu waschen. Raymond sagte: ›Hier haben wir ja eine Büchse Ovaltine.‹ Ich sagte: ›Ja, es sind ein paar kleine Kuchen drin.‹ Ich hatte die Kuchen vor der Abfahrt hineingetan, und Du hattest einen von ihnen gegessen. Ich hockte da, hielt die Gabel in den Bach – und die Tränen strömten mir übers Gesicht. Ich ging hinauf hinter einen Felsen und lehnte mich gegen ihn und zitterte und bebte vor Schluchzen. Raymond war unendlich taktvoll ...«

Sie trafen spät an diesem Abend wieder in Teheran ein:

»Ich fand Deine Pelzmütze in meinem Schrank. Ich warf mich aufs Bett in einer solchen Schmerzensqual, wie ich sie noch nie erlebt habe. Ich ging im Dunkeln auf und ab und sagte immer nur ›Vita, Vita, Vita, Vita!‹, und die Tränen tropften auf den dunklen Fußboden. Ich meinte, das sei einfach nicht auszuhalten. So unglücklich kann man doch einfach nicht sein. Heute morgen brach ich völlig zusammen. Ich stand am Fenster mit dem Rücken zu Raymond. Er sagte: ›Ich würde meinen Kopf dafür geben, in meinem Leben eine solche Liebe zu besitzen, wie du und Vita sie habt.‹ Das tröstete mich. Ach, meine Liebste, wir können das nicht noch einmal durchmachen. Es ist verrückt, einander solches Leid zuzufügen.« (7. Mai 1926)

Vita schrieb ihm aus Resht vor der Abfahrt des Schiffes:

»Ich hörte, wie der Wagen nach einer anscheinend endlosen Pause startete, und dann hörte ich ihn lange Zeit durch die Straßen heulen. Ach, mein Liebster, möge Gott Dich davor bewahren, daß Dir etwas zustößt. Das Leben ist leer und lautlos. Mir ist vor Schmerz ganz betrunken zumute. Nie, nie, nie wieder. Ich kann es nicht ertragen, und wenn die Vorsehung mir verzeiht, daß ich sie in Versuchung geführt habe, und mir erlaubt, wieder mit Dir zusammenzusein, so werden wir einander nicht wieder verlassen. Es gibt in der ganzen Welt niemand, der für mich überhaupt zählt, außer Dir, und es wird nie jemand geben. Ich kann einfach nicht ohne Dich leben.« (6. Mai 1926)

Das Seltsame daran ist, daß nichts sie mit unabweislicher Dringlichkeit nach Hause rief. Wir, ihre Kinder, waren gut aufgehoben; Lady Sackville bestand zwar selbstsüchtig darauf, daß Vita in ihrer Nähe bleibe, aber darauf brauchte man nicht einzugehen; Vita hatte die zwanglose, intelligente Gesellschaft Raymonds und Gladwyn Jebbs genossen, der Dritter Sekretär an der Botschaft war; sie hatte in Persien sogar die abschließenden Verse von ›The Land‹ schreiben können, in denen sie ihre kentische Landschaft und den Geist Vergils beschwört. Ich kann es mir nicht recht erklären. Es war nicht Virginia, die sie zurückzog; Virginia konnte auch in Briefen lebendig werden. Aber Abwesenheit ist etwas Erträglicheres als Trennung. Als Vita nach England zurückkam, nahm sie ihre alten Beschäftigungen wieder auf, und die Wunde heilte. Das Bewußtsein ungebrochener Gemeinschaft mit Harold wurde durch ihren Briefwechsel erneuert. Ihre Briefe nach Persien waren die besten, die sie ihm je schrieb, vielleicht weil die lange Zeitspanne zwischen Absendung und Ankunft (wenigstens zwei Wochen, zuweilen vier) ihnen Perspektive und Rhythmus verlieh. Sie konnte freimütiger sein – ein Erröten kann nicht drei Wochen anhalten –, und sie wurde besinnlicher:

> »Ich bekam einen Brief von Virginia, der einen ihrer teuflischen, scharfsichtigen psychologischen Sturzflüge enthält. Sie fragt, ob da nicht etwas in mir sei, was nicht mitschwingt, ein ›zurückhaltendes gedämpftes Etwas ... Das, was ich zentrale Durchsichtigkeit nenne, läßt dich beim Schreiben zuweilen im Stich.‹ Verdammtes Weib, sie hat den Finger genau auf den wunden Punkt gelegt. Es ist da etwas Gedämpftes. Was ist es, Hadschi? Etwas, das nicht lebendig wird. Ich brüte und brüte darüber nach und habe das Gefühl, als taste ich in einem dunklen Tunnel umher. Es macht alles, was ich schreibe, ein wenig unwirklich; wirkt, als sei es von außerhalb gemacht.
> Es gibt keinen Zweifel, indes man älter wird, denkt man mehr nach. Virginia macht sich Gedanken, du machst dir Gedanken, ich mache mir Gedanken. Und doch tue ich das lieber und werde introspektiv, als in London herumzurasseln, wo die Stimmen der Menschen mehr und mehr sinnentleert werden.« (20. November 1926)

Harold zog aus Persien beträchtlichen Gewinn. Er liebte das Land, lernte seine Sprache und erwarb auf beruflicher Ebene einen schärferen Zugriff – sogar ein wenig zu viel für den

Geschmack einiger seiner Vorgesetzten im Außenministerium, denn er brachte es nie über sich, seine Depeschen und Berichte auf die anerkannte und bewährte vorsichtige Art abzufassen. Er schrieb außerdem ›Some People‹, sein originellstes Buch, während derselben Monate, in denen Vita die letzte Hand an ›The Land‹ legte, ihre hervorragendste Arbeit. ›Some People‹ war insofern autobiographisch, als er darin seine intellektuelle Entwicklung nachzeichnet, indem er sich in einer Folge von Gegenüberstellungen, einigen wirklichen und einigen erfundenen, zeigt, so mit seiner Kinderfrau, einem Schuljungen-Helden, einem französischen Intellektuellen, einem diplomatischen Fachmann, Lord Curzon und so fort – und aus allen diesen Begegnungen geht er stets ein klein wenig überlegen hervor. Der Stil des Buches verdankte einiges Lytton Strachey, anderes Max Beerbohm, aber seine belustigte, distanzierte Analyse der sich stupsenden und schubsenden und mit den Ellbogen aus dem Weg drängenden Menschen in ihren Beziehungen zueinander war ganz und gar persönlich. Er betrachtete ›Some People‹ stets als ein leichtgewichtiges Buch und stöhnte innerlich, wenn irgendein Bekannter sagte: »Also, jetzt lassen Sie mich mal nachdenken, ich habe da neulich etwas von Ihnen gelesen – irgendwas über Lord Curzons Kammerdiener und ein Paar Hosen, war es das nicht?«, aber am Tag, an dem er in Teheran seine Niederschrift beendete, meinte er offensichtlich, daß es doch ein wenig mehr enthalte als nur Unterhaltung:

> »Heute abend habe ich die letzten Worte von ›Some People‹ geschrieben. Dann ging ich hinüber zu Gladwyn, um wieder einen klaren Kopf zu bekommen. Er war den Tag über auf der Jagd gewesen, war müde und hatte eine Erkältung und wollte ganz und gar nicht über die Seele reden. Aber ich zwang ihn dazu. Ich sagte, der Intellekt sei das einzige, was den Menschen zu einem Tier höherer Ordnung mache, und folglich solle man unter Tugend ganz einfach die Entwicklung des Intellekts verstehen. Er

sagte, ich hätte die Gefühle weggelassen. ›Weißt du, Harold, ohne deine Gefühle wärst du ein scheußliches Charakterschwein.‹ Ich sagte: ›Nein, da hast du vollständig unrecht.‹ Dann ging ich wieder nach Hause und saß in meinem Bad, und es wurde mir klar, daß er vollständig recht hatte. Ich meine damit: Ich mag Gladwyn, weil er intelligent ist; aber ich habe Gladwyn auch gern, weil er sensibel und schüchtern und reserviert und vornehm ist. Und damit ist meine Theorie zusammengebrochen.« (20. Dezember 1926)

Im Februar 1927 kehrte Vita auf dem Weg über Rußland nach Persien zurück, und ihr Wiedersehen in Resht löschte in der Familienlegende fast (aber nicht ganz) ihren Abschied am selben Ort neun Monate zuvor wieder aus. Diesmal arrangierten sie die Sache besser. Nach einem Monat in Teheran fuhren sie südwärts nach Isfahan und überquerten von dort zusammen mit Gladwyn zu Fuß in Hagel und Regen das Bachtiari-Gebirge hinunter zu den Ölfeldern, wobei ihnen Scharen von Schafen und Stammesleuten entgegenkamen, denn sie hatten sich die Jahreszeit der alljährlichen Wanderung ausgesucht. Als sie schließlich die Ebene von Abadan erreichten, waren die Bungalows, Fords und Telefone der Erdölgesellschaft für Harold »die Freuden der Zivilisation«, während sie für Vita »die schauerlichen Hilfsmittel der modernen Erfindungsgabe« waren. In ihrem zweiten persischen Reisebuch ›Twelve Days‹ (Zwölf Tage) schrieb sie: »Eine Welle des Bedauerns schlug über mir zusammen. Ich vergaß die Erschöpfung unserer mühseligen Plackerei. Ich wäre am liebsten auf der Stelle umgekehrt und in die Berge zurückgegangen und für immer verschwunden.« Statt dessen führte Harold sie heim nach Long Barn. In seinem Tagebuch schrieb er am Tag ihrer Ankunft:

»4. Mai 1927. Es ist ganz anders geworden: breite Rasenflächen und saubere Ränder; Tulpen und Blaukissen,

Phlox, Flieder, Iris – ein Meer von Farben. Es ist so aufregend, daß mir ganz übel wird und man mir einen Kognak geben muß. Nie in meinem Leben habe ich mich so glücklich gefühlt. All die aufreibenden Monate des Exils sind wie mit einem Schwamm weggewischt.«

Merkwürdige Dinge trafen während dieses Sommers und Herbstes zusammen. Maurice Couve de Murville, der künftige französische Ministerpräsident, kam auf sechs Wochen nach Long Barn, ein schüchterner junger Mann, brüchig wie ein Keks, in Hochsommer-Tweed gekleidet, um uns Französisch-Unterricht zu geben. Vita wurde für ›The Land‹ mit dem Hawthornden-Preis ausgezeichnet. Virginia begann ›Orlando‹ zu schreiben. Der Dichter Roy Campbell und seine Frau Mary bekamen leihweise das Gärtnerhäuschen, und Vita verliebte sich in Mary, zur großen Wut von Roy, der aus Rache ›The Georgiad‹ schrieb, ein höchst unschmeichelhaftes Porträt von Long Barn und den Nicolsons. Und Harold tat einen weiteren Schritt in Richtung auf seinen Entschluß, den diplomatischen Dienst zu verlassen:

»24. August 1927. Ich kann jetzt der Aussicht des Ausscheidens ohne Gewissensbisse entgegenblicken. Ich habe Vita und die Jungen. Ich habe mein Heim und meine Naturliebe. Ich habe meine Freunde. Ich habe meine Energie und mein Schriftsteller-Talent. Ich werde frei sein. Ich kann die Wahrheit sagen. Es gibt keine Wahrheit, die ich jetzt nicht aussprechen kann.«

Statt dessen wurde ihm im Oktober vorgeschlagen, als Erster Botschaftssekretär nach Berlin zu gehen, und »ich habe trübsinnig angenommen«.

Die Bedeutung von Berlin in ihrem persönlichen Leben lag in der Bekräftigung von Harolds wachsender Überzeugung, daß er Vitas wegen die diplomatische Laufbahn abbrechen und eine andere wählen müsse, die es ihm gestattete, in

England zu leben. Berlin war der Heimat näher als Teheran, immerhin so nahe, daß man aus Long Barn Tulpen schicken konnte, die Aussicht hatten, sich im Wasser wieder zu erholen, aber es war häßlicher und modischer. Vita fuhr mehrmals hin und verabscheute die Stadt. Harold verabscheute sie nicht ganz so sehr, denn er fand die Arbeit interessant (er wurde bald darauf zum Botschaftsrat befördert), und er gewann viele neue Freunde unter den Deutschen und den zu Besuch weilenden Engländern, aber »ich habe viel mehr Heimweh als in Persien, denn Persien sprach meine Liebe zur Natur an, während es hier überhaupt keine Werke Gottes gibt.« Wieder galt es zwischen ihnen als selbstverständlich, daß sie, während er in Berlin war, die meiste Zeit in Long Barn zubringen werde, von wo sie ihm Briefe voll wachsenden Unmuts gegen jene schrieb, die ihn dort festhielten:

»O Gott, wie ich dieses Außenministerium hasse! Wie ich es hasse, mit einem ganz persönlichen Haß wegen allem, was es mich leiden macht! Verdammt, verdammt, verdammt, der Teufel soll ihn holen – diesen widerlichen unpersönlichen Moloch, der Dich von mir wegzerrt.« (15. November 1928)

Und dann, um einiges tiefer blickend:

»Ich bin kein guter Ehepartner für Dich. Männer und Frauen, die einander heiraten, sollten jeweils positiv und negativ sein – sich ergänzende Elemente. Aber wenn zwei positive Menschen wie wir heiraten, wird daraus ein Kompromiß, der für keinen von beiden wirklich befriedigend ist. Du liebst die Außenpolitik, und ich liebe die Literatur und den Frieden und ein stilles, zurückgezogenes Leben. Ach, mein lieber, mein unendlich lieber Hadschi, Du hättest mich nie heiraten sollen. Ich empfinde meine Unzulänglichkeit aufs bitterste. Wozu tauge ich für Dich?« (13. Dezember 1928)

Und er fragte zurück, wozu er für sie tauge? Sie hätte Lord Lascelles heiraten sollen.

Er hörte, daß er nach zwei Jahren in Berlin wahrscheinlich als Gesandter nach Washington versetzt werden würde. Diese Aussicht reizte Vita weit weniger als ihre Mutter fünfzig Jahre zuvor. Sie konnte, und wollte es nicht. Harold hatte, als er noch untergeordnetere Posten bekleidete, ihre langen Abwesenheiten immer irgendwie erklären können (»Es belustigt mich, daß die Leute glauben, wir vertragen uns nicht«), aber jetzt, da er weiter aufstieg und ihm bald Gesandtschaften und danach Botschaften unterstellt werden sollten, konnte ihre Weigerung, ihm als ›Dame des Hauses‹ zur Seite zu stehen (das Wort allein schon ließ sie schaudern), ihm Ungelegenheiten bereiten. Es wäre übertrieben zu sagen, daß Vita Harolds Karriere ruinierte, denn er selbst dachte schon, aus noch anderen Gründen, seit einigen Jahren daran, sie hinzuwerfen. Sein Buch ›Some People‹ hatte Mißtrauen in seine »Zuverlässigkeit« gesät, und seine »zu geistreichen« Depeschen aus Teheran waren einigen Leuten in Downing Street gegen den Strich gegangen. Er hatte das Gefühl, daß er ein wenig in Ungnade sei. Er mochte das Exil ebensowenig wie sie und fühlte sich bei förmlichen diplomatischen Anlässen nicht behaglich; gerade sie aber würden immer förmlicher werden, je wichtiger seine Stellung wurde. Er liebte seine Arbeit und war auf eine unaufdringliche Weise durchaus ehrgeizig. Dies war eine von Vitas Klagen: »Wie ich mir wünsche, du wärest nicht ehrgeizig; wie ich doch wünsche, du gäbest Büchern vor der Politik, mir vor Hindenburg den Vorzug!« Die Literatur war sein zweites Eisen im Feuer (während seiner Berliner Zeit schrieb er die Biographie seines Vaters, Lord Carnock, der 1928 starb), aber er fand, es sei etwas Schwächliches an der Vorstellung, »im Alter von dreiundvierzig Jahren als tatenloser Lotosesser in Long Barn zu sitzen und Bücher zu schreiben«, und sogar Vita würde ihn vielleicht mit der Zeit deswegen verachten. Ganz und gar nicht, antwortete Vita: »Ich bin sehr dafür, daß einige Leute im Dienst der Öffentlichkeit stehen, aber ich finde, das sollte jenen vorbehalten bleiben, die nichts anderes tun können, und Leute wie du, die wunderbar schreiben können, sollten sich nicht auf einen Haufen Humbug und »fubsiness« verschwenden« – das Wort »fubsiness« bedeutet eigentlich soviel wie Plumpheit, Dicklichkeit; sie meinte damit die allerersten Präliminarien des Zweiten Weltkrieges. Die Bedeutung seiner Arbeit machte auch dann keinen größeren Eindruck auf sie, als er zwischen einem abgehenden und einem neu ernannten Botschafter für die ganze Botschaft in Berlin verantwortlich war.

Sie kehrten wieder und wieder zum zentralen Problem ihrer Trennung zurück, obwohl sie einander jetzt viel häufiger sahen als in den persischen Jahren. Harold kam häufig auf Urlaub nach Hause, und wir verbrachten mehrere unserer Schulferien in Deutschland; wir liefen Schlittschuh im Tiergarten, segelten auf dem Heiligensee und spielten Federball im Ballsaal der Botschaft, während Vita es zuwege brachte, die meisten diplomatischen Gesellschaften zu meiden und an ihren Büchern zu arbeiten: Sie begann das erste Kapitel von ›The Edwardians‹ (Schloß Chevron) im Bahnhofsrestaurant in Köln. Aber mehr Wiedersehen bedeuteten auch mehr Trennungen:

> »Ich verbrachte den größten Teil des Abends in Tränen. Diese ewigen Abreisen sind das reine Elend für mich ... Ich habe ganz einfach das Gefühl, daß Du ich bist und ich Du – genau das, was Du meintest, als Du sagtest, Du wärest ›das einsame Ich‹, wann immer wir uns getrennt haben.«

Das hätten beide geschrieben haben können. Die Briefzeilen stammen jedoch von Vita aus dem Frühling 1929.

Als im Juni jenes Jahres Robert Bruce Lockhart aus heiterem Himmel bei Harold anfragte, ob er Lust habe, in den Redaktionsstab der großen Londoner Abendzeitung ›Evening Standard‹ einzutreten, nahm er den Vorschlag an, nicht gerade überschwenglich, auch nicht sonderlich glücklich (denn er hielt Journalismus für eine schmuddlige Sache), aber doch dankbar. Das Jahresgehalt von 3000 Pfund (etwa 36000 Mark nach damaligem Wert), das ihm der Pressemagnat Lord Beaverbrook bot, würde sie von Lady Sackville unabhängig machen, die inzwischen wegen des Jahresgeldes, das sie ihnen nach Recht und Gesetz schuldete, recht gemein und niederträchtig wurde. Er konnte für immer nach Hause kommen. Er konnte neben seinen Beiträgen zum ›Londoner's Diary‹ in der Zeitung seine Bücher schreiben. Er fragte Leonard Woolf um seinen Rat, und Leonard war derselben Meinung. Als Vita, die sich mit Hilda Matheson (der Leiterin der Vortragsabteilung der BBC) auf einer Fußtour im Val d'Isère befand, die Nachricht hörte, war sie hocherfreut, denn sie hatte irgendwie das Gefühl, daß sein Ausscheiden aus dem diplomatischen Dienst ein Nasenstüber für das Außenministerium sei. Als der Zeitpunkt seiner Abreise herannahte, verspürte er kein Bedauern. Er nannte es ›die große Befreiung‹, und die letzten Worte seines letzten Briefes an Vita aus Berlin lauteten: »Wie froh werde ich sein, wenn der Zug den Bahnhof Friedrichstraße verläßt!« Als der Tag (der 20. Dezember 1929) kam, notierte er in seinem Tagebuch: »Man hat mir einen Kaktus geschenkt. Er symbolisiert das Ende meiner diplomatischen Laufbahn.«

Ihre Ehe hatte nun siebzehn Jahre gedauert. Vita hatte noch zweiunddreißig, Harold noch achtunddreißig Jahre vor sich. So wird man sich vielleicht wundern, daß ich in einem Buch, das den Titel ›Portrait einer Ehe‹ trägt, zwei Dritteln dieser Ehe nur den dreißigsten Teil meines Berichtes widme. Dafür gibt es zwei Gründe: Erstens ist der Rest der Geschichte bereits in den drei veröffentlichten Bänden von Harolds Tagebuch geschildert, das er vom Jahr 1930 an regelmäßig führte; und zweitens veränderte sich von dieser Zeit an in ihrer Beziehung nichts mehr; ihr Eheglück war nicht mehr bedroht.

Es vertiefte sich nur. Ich kann folglich die Ereignisse dieser Jahre ganz kurz zusammenfassen.

Harold redigierte achtzehn Monate lang das ›Londoner's Diary‹ im ›Evening Standard‹ und haßte diese Arbeit. Nach dem Außenministerium mit seinem Stolz, seinen erhabenen intellektuellen Bestrebungen und seiner Diskretion kam ihm der Tagesjournalismus trivial und schmutzig vor. 1931 beteiligte er sich sehr intensiv an Sir Oswald Mosleys neu gegründeter ›New Party‹, gab ihre Parteizeitung ›Action‹ heraus und kandidierte ohne Erfolg in ihrem Namen für das Unterhaus. Dies war die niederdrückendste Zeit seines Lebens. Er hatte sich ›auf den Marktplatz hinabbegeben‹, wie er es ausdrückte, und dabei zwei Fehlstarts begangen. Er sah sich genötigt, sich rasch hintereinander von Beaverbrook und dann von Mosley zu trennen, und saß da, ohne Stellung, ohne Geld und (wie er glaubte) mit einem ruinierten Ruf. Es war für ihn kein Trost, daß er während derselben Jahre durch seine wöchentlichen Rundfunkplaudereien unter dem Titel ›People and Things‹ (Leute und Dinge) plötzlich sehr bekannt wurde; auch nicht, daß Vita es fertigbrachte, Heim und Herd zusammen- und uns in Eton zu halten, indem sie drei Romane schrieb, die alle Bestseller wurden: ›The Edwardians‹ (Schloß Chevron), ›All Passion Spent‹ (Erloschenes Feuer) und ›Family History‹ (Eine Frau von vierzig Jahren). Harold leistete seinen Beitrag mit dem Buch ›Public Faces‹ (Die Herren der Welt privat), einem glänzenden, amüsanten Roman über das Außenministerium, und 1933 unternahmen sie zusammen eine Vortragsreise durch die Vereinigten Staaten. Nach ihrer Rückkehr nahm Harold ernsthaftere Bücher in Angriff, ›Peacemaking‹ (Die Friedensmacher) und ›Curzon, the Last Phase‹ (Nachkriegsdiplomatie) und eine Biographie des amerikanischen Finanziers und Staatsmannes Dwight Morrow, aber er hielt sich noch immer für einen Versager. Insgeheim und ohne es Vita zu sagen, bereute er sein Ausscheiden aus dem Außenministerium bitterlich. Seine ärgsten Befürchtungen hatten sich bestätigt: Er war ein

»Lotosesser« geworden. Dann, im Jahr 1935, änderte sich alles. Er wurde als Abgeordneter der National Labour Party für den Wahlkreis West Leicester ins Parlament gewählt und blieb dort während der nächsten zehn Jahre. Die gängigen, kurzgefaßten Schilderungen von Harolds Laufbahn haben seine Jahre im Unterhaus nicht ausreichend gewürdigt. Es war verführerisch, ihn als politisches Leichtgewicht abzutun, weil der höchste Regierungsposten, den er erreichte, der des parlamentarischen Sekretärs des Informationsministeriums in den Jahren 1940–1941 war und weil er sich nie dazu überwinden konnte, sich an den internen Parteikämpfen zu beteiligen. Man sagt, er hätte von Rechts wegen ein Liberaler sein oder einen der (inzwischen abgeschafften) Universitätssitze innehaben sollen. Er besaß jedoch zwei große Vorteile im Unterhaus. Er war beinahe der einzige Abgeordnete auf den rückwärtigen Bänken, der unmittelbare Erfahrung in den höheren Rängen der Außenpolitik besaß; und er war ungewöhnlich scharfsinnig und persönlich sehr beliebt. Seine Schüchternheit und geringes Selbstvertrauen, sein scheinbarer Mangel an Ehrgeiz, seine Umgänglichkeit und sein Witz machten seine Klugheit annehmbar an einem Ort, an dem für gewöhnlich Geschick und Gewandtheit höher bewertet werden als Intelligenz. Er machte nie in der Fragestunde für sich selbst Reklame, war nie kurz angebunden und hochfahrend zu den weniger gebildeten Abgeordneten und sprach nur kurz und selten über die Dinge, von denen er am meisten verstand. Er besaß den Mut, gegen die Konservativen aufzutreten, mit denen seine kleine Splitterpartei nominell verbündet war, und protestierte in beredten Worten gegen ihre Weigerung, die Nazi-Gefahr zu erkennen. Er fand sich in den Vorkriegsjahren in der gleichen Linie mit Churchill und Eden gegen Chamberlain und erreichte den Gipfelpunkt seiner parlamentarischen Laufbahn mit seiner Rede gegen den Münchner Vertrag von 1938. Als der Krieg ausbrach und seine Freunde an der Macht waren, hätte er von Rechts wegen für die hartnäckige Richtigkeit seines Urteils belohnt werden sollen, aber sein Jahr auf einem untergeordneten Regierungsposten wurde abrupt von Churchill abgebrochen, nicht weil man Harold für unzulänglich befunden hätte, sondern weil bei der Verteilung von Regierungsposten sein parlamentarischer Sekretärsposten für jemand anderen gebraucht wurde und man Harold, der sich nicht gewichtig in den Vordergrund drängte, für entbehrlich hielt. Bis zum Kriegsende war er einer der Aufsichtsräte des britischen Rundfunks (BBC) und widmete seine parlamentarischen Gaben vor allem der Aufgabe, die britische Regierung mit den Freien Franzosen General de Gaulles in Einklang zu bringen. Er hätte bei Kriegsende einen hervorragenden britischen Botschafter in Paris abgegeben. Aber er besaß die dazu nötigen Ellbogen nicht. Bei den Parlamentswahlen von 1945 verlor er seinen Sitz, und danach kehrte er nicht mehr ins öffentliche Leben zurück. Während all dieser Zeit bestellte Vita ihren Garten und schrieb Bücher. Wenn in den Anfangsjahren ihrer Ehe Vitas Leben ereignisreicher war als das Harolds, so war es in den späteren Jahren gerade umgekehrt. Sie lebte mehr und mehr allein und für sich – Einsiedlerin wäre ein zu starkes Wort – und fand ihr Glück im ländlichen Leben, in der Gesellschaft ihrer regelmäßig auftauchenden Familie und einiger naher Freunde. Sie spielte in Harolds politischem Leben keine wie immer geartete Rolle, suchte während seiner zehnjährigen Abgeordnetenzeit nur bei einer Gelegenheit seinen Wahlkreis Leicester auf und setzte, soviel ich weiß, nie einen Fuß ins Unterhaus. Sie fuhr so selten wie möglich nach London, aber dafür häufig in die Ferien ins Ausland, nach Italien und später in die Dordogne in Frankreich. Nach der amerikanischen Vortragsreise im Jahr 1933 erschien sie nur selten in der Öffentlichkeit, denn als Vortragsrednerin war sie nervös, obwohl das Sprechen am Rundfunk ihr Spaß machte, und gesellschaftliche Veranstaltungen wurden ihr immer widerwärtiger. Sie nahm einige halböffentliche Stellungen an, wie die Mitgliedschaft des Garten-Komitees des National Trust (Denkmalschutzamtes), und sie wurde Friedensrichterin, aber mehr, weil ihr der mittelalterliche Klang des Titels gefiel, als daß sie sich für die tatsächliche Arbeit interessierte, die dieser Posten im zwanzigsten Jahrhundert mit sich brachte. Während der Kriegsjahre lebte sie in Sissinghurst unter dem Schutzschirm der R.A.F. (britischen Luftwaffe) und half bei der Organisation der Women's Land Army (weibliche Landarbeitskräfte), deren Geschichte sie schrieb.

Harold teilte nach dem Krieg seine Zeit ein zwischen Wochenenden, an denen er in Sissinghurst schrieb, und Wochentagen in London, wo er zahlreichen Ausschüssen angehörte und als begehrter alleinstehender Mann ein glänzendes gesellschaftliches Leben führte, denn seine Gastgeberinnen hatten schon längst die Hoffnung aufgegeben, daß man Vita dazu verführen könne, mitzukommen. Er versuchte es noch einmal mit der Politik, trat in die Labour-Partei ein und kandidierte für sie in der Nachwahl in Croydon im Jahr 1948, wurde aber nicht gewählt, und die Demütigung und der Verdruß dieses Erlebnisses (»Mich haben gewiß weder Natur noch Ausbildung zur Hauptfigur in einem Possenspiel bestimmt«) veranlaßten ihn, die Politik aufzugeben und sich ganz der Literatur zu widmen. Bald nach der Niederlage in Croydon wurde er aufgefordert, die offizielle Biographie König Georgs V. zu schreiben, und dies war das gewichtigste literarische Unternehmen seiner Laufbahn; er wurde dafür in den Ritterstand erhoben, eine Ehrung, die er anstandshalber nicht ablehnen mochte. Vita verabscheute es noch mehr, Lady Nicolson zu sein, als sie es haßte, Mrs. Nicolson genannt zu werden, und wer sie so anredete, konnte sich auf einen eisigen Blick gefaßt machen.

Zum Abschluß des faktischen Teils dieses Berichts ein Wort über meinen Bruder und mich selbst. Wir besuchten beide die Internatsschule in Eton und gingen von dort ans Balliol College in Oxford; wir dienten beide während des Zweiten Weltkrieges im Heer in Nordafrika und Italien, ohne daß der Feind uns eine Schramme zufügte. Ben widmete sich anschließend der Kunstgeschichte, wurde 1947 Chefredakteur des ›Burlington Magazine‹, der führenden britischen Kunstzeitschrift, eine Stellung, die er noch heute (1973) innehat, und schrieb bedeutende Bücher über die Maler Terbrugghen, Wright of Derby und Georges de la Tour. Ich trat 1947 als Teilhaber von George Weidenfels ins Verlagswesen ein und 1952 in das politische Leben, als Abgeordneter für Bournemouth-East, verlor aber meinen Unterhaussitz sieben Jahre später, hauptsächlich, weil ich über die Suez-Krise mit den meisten meiner Wähler nicht einer Meinung war. Ben und ich heirateten beide und haben Kinder, aber unseren Ehen war (trotz des Beispiels, das in diesem Buch geschildert ist) kein Erfolg beschieden, denn die Natur hat uns mit einer größeren Begabung für Freundschaft denn fürs Zusammenleben, für Vaterschaft denn für den Ehestand bedacht.

Der Mittelpunkt unseres Lebens während unserer späteren Knabenzeit und unserer Jünglingsjahre war Sissinghurst Castle, nahe Cranbrook in Kent, wo unsere Eltern mehr als dreißig Jahre lang wohnten und wo beide starben. Ich erinnere mich gut (aber meine Erinnerung ist vielleicht durch allzu häufige Erzählung der Begebenheit vergoldet), wie ich es im April 1930 zum ersten Mal sah. Ich fuhr mit meiner Mutter und der Dichterin Dorothy Wellesley hin, um einen ›Besitz‹ zu besichtigen, den ein dortiger Grundstücksmakler empfohlen hatte. Vita und Harold waren in großer Sorge durch ein Gerücht, wonach die Wiesen rings um Long Barn an eine Hühnerfarm verkauft werden sollten, die im Blickfeld ihrer Terrasse eine ganze Siedlung von Bruthütten und Hühnerställen zu errichten gedachte; sie suchten folglich nach einem neuen Haus, in dem sie in Frieden wohnen und einen neuen Garten anlegen konnten. Sissinghurst kam mir Dreizehnjährigem völlig unmöglich vor. Es war der arg verfallene Überrest eines einstmals großen elisabethanischen Herrenhauses, in dem nicht ein einziges Zimmer bewohnbar war. Der künftige Garten war ein Schuttabladeplatz. Es war ein regennasser Tag, und ich stapfte hinter meiner Mutter her, zwischen Bergen von alten Konservendosen und anderen undefinierbaren Anhäufungen, von einem bruchstückhaften Backsteinbau zum anderen, von denen jeder verfallener war als der vorangegangene. Sie wandte sich plötzlich zu mir um, und ich sah, daß sie sich entschlossen hatte: »Ich glaube, wir werden hier sehr glücklich sein.« – »Aber wir müssen doch nicht *hier* wohnen?« sagte ich entgeistert. »Doch, ich glaube, wir können etwas sehr Schönes daraus machen.«

Mein Vater fuhr am nächsten Tag mit Ben hin und notierte in seinem Tagebuch: »Mir ist kalt, ich bin ganz ruhig, aber es gefällt mir.« Aber es war Vita, die das kühne Vorhaben vorwärts trieb; sie war es, die das Geld hatte, um Sissinghurst zu kaufen, die die Wiederherstellung des einstmals schönsten baukünstlerischen Schmuckstücks des mittleren kentischen Hügellandes organisierte. Sie setzte die noch erhaltenen Gebäude wieder instand, richtete zwei Schlafzimmer für sich und Harold in einem der Cottages ein und eines für Ben und mich in einem anderen (das wir gemeinsam bewohnten, bis wir beide nach Oxford gingen) und, als wichtigstes, getrennte Wohnzimmer für jeden von uns. Es gab mit Absicht keine Gästezimmer und nur ein gemeinsames Wohnzimmer, einen Raum, der wie in Long Barn siebzehn Meter lang war und den wir nur gelegentlich benutzten. Der äußere Zufall, daß die einzelnen Gebäude getrennt voneinander standen, hatte es ihnen ermöglicht, die perfekte Lösung für unser gemeinschaftliches Leben zu finden. Jeder von uns konnte die meiste Zeit des Tages allein sein, und wir konnten uns zu den Mahlzeiten zusammenfinden.

Vitas eigenes Wohnzimmer befand sich im ersten Stock des elisabethanischen Turms, der sich schlank und feierlich aus diesem zusammenhanglosen Gewirr erhob. Dies war der Raum, in dem wir alle vier, bis die Cottages hergerichtet waren, an den Wochenenden auf Feldbetten schliefen und von einer Kiste als Tisch Sardinen und Honig zum Frühstück aßen. Eines Morgens nahm mein Vater das Buttermesser und lockerte einen Backstein in der Mauer, die das anstoßende Turmzimmer verschloß, und Vita, die durch das Loch guckte, rief sofort: »Das wird mein Bibliothekszimmer, und dies« – indem sie mit einem Teelöffel über die Wand fuhr – »wird mein Wohnzimmer.« Binnen eines oder zweier Monate war es in der Tat das geworden und blieb es während der nächsten zweiunddreißig Jahre. Wenigen Menschen wurde der Zutritt gestattet. Wir pflegten zum Fuß der Treppe im gegenüberliegenden Turm zu gehen und hinüberzurufen, das Mittagessen sei bereit, oder sie werde am Telefon verlangt, aber aufgrund eines ungeschriebenen und ungesprochenen Gesetzes stiegen wir nie zu ihr hinauf. Sie füllte den Raum mit ihren Büchern und persönlichen Erinnerungsstücken – einem Stein aus Persepolis, einer Photographie Virginias, einem von Pepitas Tanzschuhen – und als die Tapete verblich und abblätterte und die Samttroddeln zerschlissen, erlaubte sie nicht, daß man sie erneuerte. Ihre Besitztümer sollten zusammen mit ihr alt werden. Sie wollte vom Augenschein der Zeit umgeben sein. Als ich nach einer kurzen Abwesenheit mit ihr zurückkehrte, um die Instandsetzungsarbeiten an ihrem Schlafzimmer im Süd-Cottage zu begutachten, fanden wir die Arbeiter dabei, eine Schicht von weißem Putz auf die elisabethanischen Backsteine aufzulegen. Sie gebot ihnen sofort Einhalt (sie konnte gebieterisch sein wie Bess von Hardwick) und befahl, alles, was sie bisher gemacht hatten, wieder zu entfernen. »Aber Madam, Sie werden doch gewiß im Schlafzimmer der Schloßherrin keine nackten Ziegel wollen?« – »Doch, genau das will ich.« Der Raum ist bis heute so geblieben, wie sie es mit Recht anordnete; die roten bis purpurfarbenen Backsteine bilden einen Wandteppich, von dem sich die Spiegel eines späteren Zeitalters abheben. Auch ihr Wohnzimmer ist ganz unverändert. Nach ihrem Tod versuchte ich eine oder zwei Wochen lang, es zu meinem eigenen zu machen. Ich konnte es nicht ertragen. Ich hörte auf, ich selbst zu sein, und wurde zu ihrem Gespenst.

Vielleicht wird eines Tages ein Buch über die Anlage des Gartens von Sissinghurst geschrieben werden, und es könnte durchaus denselben Titel tragen wie das vorliegende, denn dieser Garten ist das Porträt einer Ehe. Harold machte den Entwurf, Vita pflanzte ihn an. In den ruhigen und sicheren Perspektiven der Durchblicke, in der sorgfältig überlegten Plazierung einer Urne oder einer Statue, in der Aufteilung des Gartens durch Hecken und Mauern und Gebäude in eine Folge getrennter Gärten, in der wohlberechneten Abwechslung von geraden und geschwungenen Linien läßt sich seine klassische Hand entdecken. In der überquellenden Waldrebe, den Feigenbäumen und Rebenranken und Glyzinien, in der Ablehnung heftiger Farben oder alldessen, was zu zahm oder ordentlich war, entdeckt man ihre Romantik. Den wilden Blumen mußte erlaubt sein, in den Garten einzudringen; wenn Pflanzen über einen Weg hinwegwuchsen, durften sie nicht zurückgeschnitten werden, und der Besucher mußte sich ducken; Rhododendron blieb verbannt zugunsten seiner zarteren Kusine, der Azalee; Rosen durften nicht aufdringlich hinreißen, sondern mußten verführen; und wenn die Jahreszeit ihr Bestes hervorgebracht hatte, mußte dieser Teil des Gartens ein weiteres Jahr lang brachliegen, denn die Natur gehorcht einem Kreislauf, den man nicht verkleiden darf. Sie läßt sich ewig erneuern, wie ein Theaterstück mit Akten und Szenen; die Besetzung kann sich ändern, aber der Text bleibt derselbe. Beständigkeit und Wandlung sind die Geheimnisse dieses Gartens.

Der Verfasser dieses künftigen Buches muß jedoch wissen, daß dieser Garten ein Produkt ihrer Mußestunden war. Sie schufen ihn in den Pausen, während sie genug Geld verdienten, um ihn zu schaffen. Der Garten war eine Extravaganz. Er war für sie beide eine Begleitung ihrer Bücher, wie die linke Hand auf dem Klavier es für die rechte ist. Wenn Harold jeden Freitagabend nach Sissinghurst zurückkehrte, sah er sich als erstes, noch in seinem Londoner Stadtanzug und die Aktenmappe schwingend, im Garten um, er war sein erstes Anliegen, eine Senkgrube, um alle Verzweiflung der Woche abzuleiten, ein Weinglas, das die Köstlichkeit des Wochenendes enthielt. Sie allein pflanzte und plagte sich die ganze Woche lang, schrieb in einem riesigen Notizbuch (denn Tinte und Feder waren ihre Adjutanten) ihre Pläne, ihre Selbstbefragung auf, und wenn er zurückkam, legte sie ihm ihre Ideen, ihre Sorgen, ihre Triumphe und ihre Enttäuschungen vor. »Komm, komm, sieh es dir an! Was machen wir da am besten?« Vita zog sich, wie ich gesagt habe, in ihre bevorzugte Einsamkeit zurück. Während des Krieges, wegen des Krieges und nach dem Krieg lebte sie in Sissinghurst. Als junge Frau war sie energisch, tatkräftig und offenen Sinnes für neue Erregung gewesen. Sie schloß unablässig neue Freundschaften und drängte nach immer mehr neuen Freunden. Sie suchte nach Erlebnis und Erfahrung und machte das Leben zum Glücksspiel. Jetzt war sie zufrieden mit dem Vertrauten, Menschen und Orten, und ihre neuen Abenteuer waren auf eine sanftere Tonart gestimmt, folgten einem langsameren Takt. Ihre Lieben währten jetzt fünf oder sieben Jahre, nicht eines oder zwei; sie waren keine Raketen mehr, sondern langsam brennende Zündschnüre, an deren Ende sich kein Sprengstoff befand. Sie wurde besinnlicher und liebte tiefer, weniger leidenschaftlich. Die Religion, die ihr bisher wenig bedeutet hatte, begann sie zu bekümmern und ihr Rätsel aufzugeben. Warum hatte sie nicht mehr nachgedacht? In ›Saint Joan of Arc‹ und ›The Eagle and the Dove‹ erforschte sie die Geheimnisse, an die sie nicht glauben konnte, und stieß am Ende ihrer langen Untersuchungen nur auf ein noch größeres Fragezeichen. Für sie war die Natur der sprachlose Ausdruck dessen, was sie niemals auf befriedigende Weise erklären konnte – Blumen und Vieh, Ernte und Vögel –, und ihr Gedicht ›The Garden‹, ein profunderer Kommentar als ›The Land‹, war ihr Versuch, das Bekannte mit dem Unerkennbaren in Einklang zu bringen, sich immer tiefer vorzutasten und doch niemals den Grund des Brunnens zu erreichen.

Dies war ihr geheimes Leben, das Leben des Turms, in das wir nie einzudringen versuchten. Häufig wußten wir nicht einmal den Titel oder das Thema ihres neuen Buches, bis wir es angekündigt sahen, während Harold sein jeweils in Arbeit befindliches Buch beim Mittagstisch zu erörtern pflegte. Oberflächlicher gesehen, war sie sehr gesellig. Gelegentlich überdeckten sich Vitas beide Welten, und es wurde uns bewußt, wie leicht und wie tief wir sie durch eine unüberlegte Bemerkung verletzen konnten. Das geschah einmal, zu Weihnachten 1933. Ich war sechzehn Jahre alt. Ich kam vorzeitig ins Eßzimmer, schaltete das Radio ein und hörte den Glocken von Bethlehem zu, die zum ersten Mal direkt vom britischen Rundfunk übertragen wurden. Ich lehnte dabei nachlässig gegen das Kaminsims und aß eine Banane. Meine Mutter kam herein. »Was ist das?« fragte sie. »Ach, nur die Glocken von Bethlehem«, antwortete ich. Das Wort »nur«, meine nachlässige Haltung, die Banane, das alles zusammen empörte sie. Wie konnte ihr Sohn so gleichgültig sein? Sie verließ überstürzt und in Tränen das Zimmer, und mein Vater brauchte eine Stunde, um sie zu bewegen zurückzukommen.

Das war die Kluft zwischen ihr und uns. Sie hatte bestanden, seit wir kleine Kinder waren. Als wir in den Internatsschulen waren, zuerst in Summer Fields und dann in Eton, riß sie sich pflichtschuldig von ihrer Arbeit los, um uns an dem freien Tag in der Trimestermitte zu besuchen, und war stets sehr lieb zu uns, aber sie konnte doch nicht verbergen, daß es ihr Mühe machte, neuen Stoff zu finden, über den wir mit ihr reden konnten, wenn wir das Thema Garten und Hunde erschöpft hatten, und sie unterschied sich auf rührende Art von anderen Müttern: Sie trug (wie mein Vater einmal sagte) die Art Kleider, die Beatrice getragen hätte, wenn sie Dante geheiratet hätte, und war vollkommen verloren, wenn es darum ging, sich an dem modischen Gesellschaftsklatsch der anderen Mütter zu beteiligen. Späterhin war sie stets interessiert daran, wie es uns erging, und schrieb uns während des Krieges sehr regelmäßig, aber ihre Briefe waren gezwungener als jene, die sie Harold schrieb. Wir hatten das Gefühl, daß diese ihrer Feder einen Schubs geben mußte, anstatt daß sie mit ihren Gedanken Schritt zu halten hatte. Sie war sich mit einem geheimen Schuldgefühl bewußt, daß es ihr nie gelang, ein vertrautes Verhältnis zu ihren Söhnen herzustellen, und hielt sich als Mutter für einen Versager, aber es war ebensosehr unsere Schuld wie die ihre. Wir gaben uns nie die nötige Mühe, sie wirklich gut kennenzulernen.

Mit unserem Vater war es ganz anders. Ich kann unser Verhältnis nicht besser ausdrücken als mit den Worten, die ich in der Einleitung zum ersten Band seiner Tagebücher wählte:

»Seinen Söhnen gegenüber zeigte er offene Begeisterung für alles, was sie taten. So las er Äschylos' ›Sieben gegen Theben‹ von Anfang bis Ende, weil es meine Schullektüre war. Er mietete ein Schiff und besuchte die Inseln, die ich in den Äußeren Hebriden gekauft hatte (die Shiant-Inseln). Er ermutigte uns dazu, alles mit ihm zu besprechen, was uns belustigte, interessierte oder bedrückte. Von Eton aus schrieb ich ihm einmal über die Schwierigkeit, meine guten Freunde mit dem Vornamen anstatt mit dem Nachnamen anzureden. Als Antwort schrieb er mir aus den Vereinigten Staaten einen sechs Seiten langen Brief, dessen Kern in dem Rat bestand, das gefährliche Wort zu verbrämen. Fang nicht damit an, daß Du sagst: ›James, hast du mein lateinisches Wörterbuch entliehen?‹ Sag lieber: ›Übrigens, James, hast du mein lateinisches Wörterbuch entliehen?‹ Gerade solche Probleme waren sein Entzücken. Er behauptete immer, es sei einem Vater nicht möglich, Erfahrungen weiterzugeben. In Wirklichkeit tat er das jedoch, denn seine Ratschläge waren immer sehr praktisch, und indem er unsere Verlegenheit in ihren Nuancen erfaßte, zerstreute er sie.«

Ich glaube nicht, daß es das Gleichgewicht dieser Schlußseiten stören wird, wenn ich hier einen vollständigen Brief wiedergebe, den er meinem Bruder im Jahr 1931, als Ben siebzehn war, nach Eton schrieb, denn Harold wird in diesem Buch von Vita in den Schatten gestellt, so wie er sie in seinen Tagebüchern in den Schatten drängte, und seine ganze Wesensart ist in diesem Brief enthalten:

»Mein liebster Benzie,
ich fand Dein Sonett ganz ausgezeichnet – wirklich gut. Und das Komische daran ist, daß die Stelle mit den Schwalben, die Du Dir selbst ausgedacht hast, bei weitem das Beste in dem Ganzen ist. Das übrige war geschickte Nachahmung und Anpassung. Aber diese Schwalben waren beobachtet.

Ich glaube, Deine Schwäche beim Schreiben ist nicht Technik, sondern Originalität. Du brauchst Dich nicht eigens zu bemühen, gut zu schreiben. Das fließt Dir ganz natürlich zu. Aber Du mußt Dich bemühen, gut zu denken. Das hat sich bei Dir noch nicht entwickelt. Zuweilen wünschte ich, Du wärest nicht so sehr eines Sinnes mit Mummy und mir. Natürlich, natürlich haben wir immer recht. Aber ein Junge Deines Alters sollte zuweilen finden, daß wir unrecht haben.

Es hat keinen Zweck zu versuchen, originell zu sein. Das führt dazu, daß man nur allem widerspricht und rechthaberisch wird – und Leute, die lediglich widersprechen, sind die ärgsten von allen Langweilern. Aber Du solltest die Dinge für Dich selbst durchdenken. Fang nicht einfach damit an, daß Du grundsätzlich nicht übereinstimmst mit dem, was andere Menschen denken. Sie haben wahrscheinlich recht. Sondern leg Dir langsam, sorgfältig und in der Stille Deine eigenen Gedanken über alles zurecht.

Ich glaube, Du hast in gewisser Hinsicht einen originellen und mutigen Verstand. Was Du über die Konfirmation und das Abendmahl sagtest, war wirklich sehr gut. Das war der wirkliche, echte Ben. Dabei hast Du nicht einfach nur versucht, originell zu sein: Es war eine wohldurchdachte und durchaus vernünftige Einstellung oder gedankliche Geste. Und jetzt, wo Du Dich weniger darum kümmerst, was Hanbury denkt oder was Sevelode denkt oder was Tiddliumpty denkt, könntest Du anfangen, Dich darum zu kümmern, was Ben denkt.

Mein lieber Junge, ich bin so froh, daß Du in Eton weniger gelangweilt und weniger unglücklich bist. Gehe den Dingen nach, die Dir Freude machen, und vergiß die Dinge, die Du scheußlich findest. Es beginnt Dir jetzt klarzuwerden, daß Du unabhängig und selbständig bist, nicht etwa, weil Du ein ausgefallener und grilliger Sonderling wärest, sondern weil Du eine Persönlichkeit bist. Deine Altersgenossen kommen auf denselben Gedanken. Sei weiter genau der gleiche, nur mit einem Lächeln auf den Lippen. Sie werden Dich vielleicht deshalb necken, aber im Grund ihres Herzens achten sie Dich. Daß man ›sonderbar‹, ›anders‹ ist, ist ein Zeichen von Individualität. Als Junge unter anderen Jungen setzt es Dich dem Spott der Herde aus. Aber während Du selbst älter wirst, wird auch die Herde älter. Sie werden Dich schließlich mit einem ›vagen Argwohn‹ (oder heißt es ›wilder Argwohn‹?) betrachten. Sie werden sich zu fragen beginnen, ob nicht schließlich Nicolson I vielleicht Benedict Nicolson ist – eine Person, ein unverwechselbarer Mensch, der trotz vielen Leidens aus der groben Maschinerie, der zermürbenden Einförmigkeit der Ideale der kleineren Buben als er selbst hervorgegangen ist. Du wirst vermutlich entdecken, daß die Stellung, die Du bezogen hast und die ihnen anfänglich so ausgefallen vorkam, ihnen jetzt als eher mutig erscheint – als etwas viel Edleres als ihre eigene Unterwürfigkeit unter den Lauf des Stroms.

Ich wiederhole, sei nett zu den Jungen in den Klassen unter Dir. Ich weiß, daß Dich dies vielleicht allerlei Mißverständnissen aussetzen wird, und ich möchte auch nicht, daß Du intime Vertraulichkeit mit den hübscheren Vierzehnjährigen offen zur Schau trägst. Aber ich bitte Dich, wenn Du jemand siehst, der so schüchtern und unglücklich ist, wie Du selbst es warst, sag ein gütiges Wort zu ihm, schenk ihm einen verständnisvollen Blick. Du wirst antworten: ›Papa kennt die Verhältnisse in Eton nicht.‹ Ich erwidere: ›Doch, ich kenne sie.‹ Sie waren ganz genauso zu meiner Zeit in Wellington. Die menschliche Natur ändert sich nicht. Und ich weiß, daß ich in meinem Fall, als ich in meinem Schulhaus zu deiner Stellung gelangte, entdeckte, daß die Gelegenheit, mich gegenüber kleinem Unglück gütig zu verhalten, alle die Lieblosigkeit und Grausamkeit wettmachte, die ich selbst erfahren hatte.

Jungens sind im allgemeinen unempfindlich. Du bist viel zu empfindlich. Eine Geste oder ein Wort der Güte und Freundlichkeit Deinerseits wird Dich für das ganze Hohngelächter der wertlosen Leute entschädigen, die in der Vergangenheit Dich ausgelacht haben. Versuch es und sieh, was dabei herauskommt. Es wird Dir ein warmes Gefühl im Innern geben anstelle des kalten, wunden Gefühls, das Du kennst.

Gott segne Dich, mein liebster Junge. Dein Dich liebender

H. G. N.

Dies war der Mensch, der Harold in seinen reifen Jahren geworden war. Seine Tugenden gehen aus dem, was bereits gesagt und zitiert wurde, von selbst hervor. Seine Fehler bestanden in einer gewissen Fühllosigkeit (trotz seines Ratschlags bezüglich der jüngeren Schulkameraden) gegenüber Menschen, die nicht mit seinen Vorteilen geboren wurden. Seine Abneigung gegen Juden und Farbige, das hartnäckige »bedints«-Vorurteil waren charakteristische Eigenschaften, die er mit Vita gemeinsam hatte und gegen die Ben und ich später heftig reagierten. Man konnte auch sagen, daß ihm

Feuer, Enthusiasmus, ›Schrot und Korn‹ mangelten, die Winston Churchill einmal als die schätzenswerteste Eigenschaft des Mannes bezeichnete, und daß er sich seinen Weg durch Zugeständnisse an einen stärkeren Willen ebnete, es wäre denn, daß durch ein politisches Ereignis wie München oder Suez oder durch ein persönliches, wie einen Akt der Grausamkeit, seine tiefsten Überzeugungen oder Gefühle aufgerührt wurden. Ich habe bereits die Strähne Sentimentalität in ihm erwähnt, die gelegentlich sein Urteil über Menschen verzerrte, und ihren Gegensatz, eine gewisse Säure und Schärfe, die sich in seine Beurteilungen einschlich. Es scheint seltsam, daß ein Mensch mit einer so liebevollen Veranlagung Schmerz verursachen konnte, aber es gibt Menschen, die ihn nur oberflächlich kannten und denen er noch immer als recht furchtgebietend vorkommt, ein Urteil, das ihn in Erstaunen versetzt hätte. Er hatte stets das Bedürfnis, die Freude, die ihm Arbeit und Freundschaft verschafft hatten, gleich einer Schuld zurückzuzahlen. Als er fünfzig Jahre alt wurde, schrieb er in sein Tagebuch:

> »Ich habe meine Kräfte im Leben zersplittert, habe zu viele verschiedene Dinge getan und habe gar nicht das Gefühl, einmal irgendeinen Hafen anzulaufen. Ich gelte immer noch als vielversprechend, und so wird das bis zu meinem letzten Stündchen sein. Aber wieviel Freude und wieviel Interessantes verdanke ich meiner Erfahrung! Ich bin vermutlich zu flüchtig und unstet. Aber wenigen Menschen kann Unstetigkeit soviel Glück beschert haben. Blicke ich auf mein Leben zurück, so ist es fröhlich wie eine Alpenwiese, übersät von den Sternen vielfältiger Blumen. Wäre ich glücklicher, wenn ich mich an eine einzige Sorte wie Luzerne oder Klee gehalten hätte? Nein!«

Vita und er hatten seit langem ihre verschiedenen Temperamente miteinander in Einklang gebracht, und sie schufen sich ein Leben, das es beiden recht machte – Trennung während der Woche, Zusammensein an den Wochenenden. Wenn sie allein war, arbeitete sie den ganzen Tag lang im Garten und schrieb die halbe Nacht hindurch; er wohnte in London anfänglich im King's Bench Walk im Temple und später im Albany, einem exklusiven, eigentlich nur für Junggesellen bestimmten altmodischen Appartement-Haus in einer Gasse bei Piccadilly, und führte ein geschäftiges, geselliges, fleißiges Leben. Er nahm am Montag Körbe voll Blumen aus Sissinghurst nach London mit und brachte am Freitag die Londoner Neuigkeiten mit, die sie unterhielten, solange sie nichts mit ihr selbst zu tun hatten, und dazwischen schrieben sie einander täglich und bewahrten alle ihre Briefe auf. Wenige Ehen dürften besser durch Dokumente belegt sein. Was sich jedoch nur in der Erinnerung aufbewahren läßt, das ist die Sanftheit und Milde ihres Wiedersehens. Sie sprangen nicht aufeinander zu wie zwei Flammen, so wie damals, als Violet aus Holland zurückkehrte, sondern gingen wie Schwesterschiffe nebeneinander vor Anker. Es gab immer einen gewissen geschäftigen Betrieb, das Auspacken und die Teestunde, den Rundgang durch den Garten und das Umkleiden, aber dann richteten sie sich sogleich in ihrer lockeren, ungezwungenen Gemeinschaft ein, ließen Worte in die Ritzen im Geist des anderen eintröpfeln, fütterten einander mit Eindrücken dessen, was sie gelesen oder gehört hatten, beruhigten, neckten sich und regten einander abwechselnd an – ein Vorgang, der halb eifrig umsorgend, halb anreizend und stets zartfühlend war. Es war diese Abwechslung von Erregung und Ruhe in ihrem Leben, diese ›Folgen von Privatleben‹, wie Harold den Charme von Sissinghurst nannte, das Bewußtsein, daß ein jeder dem anderen stets zur Verfügung stand, obwohl keiner von beiden unaufgefordert sich aufdrängte, was ihre späteren Ehejahre so gesegnet und heiter machte. Als Virginia sich 1941 ertränkte, fuhr Harold unverzüglich nach Sissinghurst, um bei Vita zu sein, aber während des ganzen langen Abends wurde Virginias Name von keinem von beiden auch nur einmal erwähnt. Im Jahr 1960 schrieb Vita ihm:

»Ich war immer gut darauf geschult, Dich nicht zu lenken und zu beaufsichtigen. Ich wage kaum, Dir den Kragen deines Mantels glattzustreichen, außer Du bittest mich darum. Ich glaube, das ist wirklich, abgesehen von unserer tiefen Liebe füreinander, die Grundlage unserer Ehe, denn wir haben uns nie gegenseitig eingemischt und waren seltsamerweise nie eifersüchtig aufeinander. Und jetzt, in unserem fortgeschrittenen Alter, lieben wir einander tiefer denn je und auch schmerzlicher, denn wir sehen das unausweichliche Ende vor uns. Es ist kein schöner Gedanke, daß einer von uns vor dem anderen sterben muß.«

Es war sie, die zuerst starb. Im Januar 1962, zu Beginn der letzten der Winter-Kreuzfahrten, die sie zusammen unternahmen, erlitt sie eine innere Blutung, brachte es aber fertig, sie während der ganzen Reise vor ihm zu verbergen. Bei ihrer Rückkehr war dies nicht mehr möglich, und sie unterzog sich einer Operation, bei der sich ein fortgeschrittenes Krebsleiden herausstellte. Sie überlebte die Operation mit knapper Not, erholte sich aber ausreichend, um Ende Mai nach Sissinghurst zurückkehren zu können. Dort starb sie am 2. Juni 1962. Ich beschloß den letzten Band der Tagebücher meines Vaters mit der Beschreibung von Vitas Begräbnis. Solange er lebte, wollte ich auf seine Schmerzensqualen nicht näher eingehen. »Ach Vita, ich habe Eimer voll um dich geweint«, schrieb er drei Wochen später. Und das tat er auch, still vor sich hin, abends bei Tisch, laut aufheulend, wenn er sich im Garten außer Hörweite glaubte. Ich war eingeschüchtert von seiner Verzweiflung, tröstete ihn durch meine vertraute Anwesenheit, fürchtete aber, seine Tränenflut nur zu vergrößern, wenn ich versuchte, sie mit Worten des Trostes oder der Erinnerung zu stillen. Er erholte sich von Vitas Tod nicht wieder. Sein Frohsinn sank allmählich in eine sanfte Gutgelauntheit ab, seine intellektuelle Vitalität in eine undeutliche Besinnlichkeit. Er erlitt hintereinander zwei Schlaganfälle, die seinen Geist noch weiter trübten. Er hörte auf zu schreiben, dann auch zu lesen und wurde in seinen letzten zwei Lebensjahren sehr schweigsam. Sein Verfall war für uns schmerzlicher als für ihn, denn ich glaube nicht, daß er sich seiner bewußt war. Als die ersten Bände seines Tagesbuchs unerwartet zu Bestsellern wurden, meinte er mit einem Aufblitzen seines alten Humors: »Traurig zu denken, daß von allen meinen vierzig Büchern die einzigen, an die man sich erinnern wird, gerade die drei sind, bei denen mir gar nicht bewußt war, daß ich sie geschrieben hatte.« Aber als ich ihm die Maschinenschrift des dritten Bandes gab, brachte er nicht das Interesse oder die Energie auf, mehr als ein halbes Dutzend Seiten flüchtig anzusehen. Zuweilen stellte ich ihm Fragen über die Vergangenheit, aber er ging immer seltener auf sie ein. Er sagte mir, er wünsche nicht, noch länger zu leben, und ich glaubte ihm.

Sein Ende kam plötzlich und war gnädig. Er starb in Sissinghurst am 1. Mai 1968 an einem Herzschlag, als er sich auskleidete, um zu Bett zu gehen.

Nachwort

»Vor mir lag ein Dokument, das die Hand eines Verstorbenen geschrieben hatte, ein intimes Dokument, privates Eigentum, kein von fremder Hand wieder und wieder edierter Text. Bescheidene, aber würdige Nachfahren hüteten es in ihrem Besitz und würden es nie entwerten und entweihen, indem sie die geheimen Gedanken dieses Toten der Welt preisgaben. Es war sehr wahrscheinlich, daß meine Augen die einzigen eines interessierten Außenseiters waren, die es je lesen würden. Ich zögerte eine lange Weile, bevor ich das Tagebuch aufschlug.« Manchmal stößt man bei der Lektüre im Umkreis eines Autors oder einer Autorin auf Zusammenhänge, die verblüffen, weil sie unbewußten Vorausdeutungen gleichen: Dieser Text wurde nicht etwa von Nigel Nicolson geschrieben, sondern von seiner Mutter Vita Sackville-West, und er steht in ihrem Erstlingsroman ›Frühe Leidenschaft‹. Wie gut paßt er aber auf die Situation Nicolsons, als er, wie er im Vorwort erzählt, mehr als vierzig Jahre später in einer alten, verschlossenen Reisetasche im Arbeitszimmer seiner Mutter deren kurze autobiographische Aufzeichnungen fand, die den Kern seines Buches ausmachen! Nun, Nicolson hat – im Gegensatz zum Romanhelden seiner Mutter – das Sakrileg begangen und das »intime Dokument« nicht nur gelesen, sondern ediert und damit »der Welt preisgegeben«. Und damit hat er eine Sensation ausgelöst. Als ›Portrait einer Ehe‹ 1973 in England und den Vereinigten

Staaten im Original herauskam, tauchte es sehr schnell auf den Bestsellerlisten auf. Das geschah gewiß nicht nur wegen der darin geschilderten Ehe, mag sie noch so bemerkenswert gewesen sein; es war vielmehr die Aufdeckung des großen Störfalls dieser Ehe, die für soviel Aufmerksamkeit sorgte. Vita Sackville-West hatte sich selbst-therapierend ihre Leidenschaft für eine Frau von der Seele geschrieben. Selbst 1973 gab es noch nicht viele offene Darstellungen lesbischer oder homosexueller Beziehungen, wenn es auch zu keinen Sensationsprozessen mehr kam wie um Oscar Wilde oder den Roman ›The Well of Loneliness‹ von Radclyffe Hall. Es fehlte auch nicht an Stimmen, die derartige Enthüllungen über eine angesehene Autorin, noch dazu durch deren eigenen Sohn, undelikat fanden. Inzwischen ist im Zuge der Schwulen- sowie der neuen Frauenbewegung homoerotische Literatur zu einer Selbstverständlichkeit geworden, die ganze Regale in den Buchläden füllt. Das macht es möglich, die Geschichte von Vita Sackville-Wests großer Leidenschaft heute gelassener zu betrachten, als eine höchst komplexe Verflechtung der Gefühle, deren Auflösung der Leserin und dem Leser von 1990 vielleicht nicht unbedingt als ein so beispielhaftes Happy-End erscheint wie dem Herausgeber.

Eine aufregende Lektüre ist das Buch allemal geblieben. Auf knappen 240 Seiten bietet es viel mehr als eine dramatische Dreiecksgeschichte mit ungewöhnlicher Besetzung, nämlich einen kenntnisreichen, intimen Einblick in das Leben einer kleinen, exklusiven, kulturell und politisch einflußreichen Schicht. 70 Seiten davon umfaßt Vita Sackvilles eigener Rückblick, der längere erste Teil davon ihre ungewöhnliche Familiengeschichte und Kindheit, der zweite ihre Liebesgeschichte. In den übrigen drei Teilen ergänzt Nigel Nicolson, zum Teil ausführlich aus Briefen und Tagebüchern aller Betroffenen zitierend, die Fakten in scheinbar objektivem Bericht und zeichnet schließlich auf den restlichen vierzig Seiten den weiteren Verlauf der Ehe seiner Eltern nach, das Versprechen des Titels zumindest annäherungsweise einlösend.

Alle Protagonisten stammen aus den höchsten Kreisen der englischen, man könnte auch sagen europäischen Gesellschaft, waren hochbegabt und setzten ihre Talente wie selbstverständlich auf den Gebieten Literatur, Diplomatie und Politik ein. Sie standen mit den Großen ihrer Zeit in engsten Beziehungen: Vita Sackville-West war über Jahrzehnte die vertrauteste Freundin Virginia Woolfs; Harold Nicolson machte Politik mit Churchill und Eden; Violet Trefusis zählte Proust, Cocteau, Colette und Mitterrand zu ihren Freunden. Sie selbst waren freilich nicht von ganz so großem, originellen Zuschnitt, wenn auch unermüdlich fleißig. Vita Sackville-West schrieb zwölf Romane, darunter die drei Publikumserfolge ›Schloß Chevron‹ (1930), ›Erloschenes Feuer‹ (1931) und ›Eine Frau von vierzig Jahren‹ (1932), fünf Biographien über interessante Frauengestalten der Geschichte, Bände mit Erzählungen, Reisebeschreibungen und Anweisungen zur Gartengestaltung und nicht zuletzt Gedichte, darunter die beiden langen preisgekrönten Poeme ›The Land‹ (1926) und ›The Garden‹ (1946), in denen sie das Landleben verklärend feierte. Harold Nicolson seinerseits schaffte es, neben seiner Tätigkeit als Diplomat und später als Journalist und Unterhausabgeordneter, fast vierzig Bücher zu schreiben, die die Breite seiner Interessen und Bildung unter Beweis stellen. Da gibt es solche, die seine Berufserfahrungen verarbeiten, wie ›Diplomatie‹ (1939) und ›Die Entwicklung diplomatischer Methoden‹ (1954), historisch-politische Werke über den Wiener Kongreß, die Monarchie oder die Zeit der Aufklärung und Biographien von politischen Gestalten wie König George V. und Lord Curzon. Daneben aber stehen auch Biographien von Dichtern wie Tennyson, Lord Byron und Swinburne sowie zwei Romane (›Sweet Waters‹, 1921, ›Public Faces‹, 1932) und etliche Bände mit literarischen Portraits und Essays, beginnend mit dem erfolgreichen ›Some People‹ (1927) – und alle mit elegant-leichter Hand in einer charakteristischen Mischung aus gelassenem Humor und Nachdenklichkeit geschrieben. Den größten öffentlichen Erfolg erzielten freilich seine Tagebücher aus den Jahren 1930–1962, vom Sohn Nigel Nicolson herausgegeben, die Harold, wie er mit charakteristischer Selbstironie feststellte, schrieb, ohne es zu merken. Auch Violet Trefusis, die dritte Hauptfigur im Drama der im ›Portrait‹ geschilderten Ehekrise, war nicht irgendeine schöne, reiche, verwöhnte junge Frau, sondern, was das literarische Talent angeht, vielleicht sogar die Begabteste. Freilich ließ sie sich am meisten durch gesellschaftlichen Trubel von der Arbeit ablenken. Ihr Werk ist deshalb schmaler, »nur« zehn Bücher, aber alle stilistisch exzellent, vier davon wie selbstverständlich in Französisch geschrieben, und einige von hintergründiger psychologischer Raffinesse bei aller scheinbaren Leichtigkeit des Sujets. Das beste Beispiel ist hier ›Ringlein, Ringlein, du mußt wandern‹, 1937 auf englisch erschienen und kürzlich als Taschenbuch auch auf deutsch herausgekommen. Vor allem aber Violet Trefusis' Briefe, sorgsam aufbewahrt von ihrer Freundin Vita, weisen sie als eine Frau aus, die ihre Gefühle und Leidenschaften in sehr eigenwilligen, phantasievollen und zu Herzen gehenden Worten auszudrücken vermochte.

Über die Biographien von Vita Sackville-West und Harold Nicolson gibt ›Portrait einer Ehe‹ reichlich Auskunft; wer neugierig auf weitere Details ist, sei auf die erwähnten Tagebücher von Harold Nicolson verwiesen sowie auf die ausgezeichnete Biographie über Vita Sackville-West von Victoria Glendinning von 1983, die allerdings leider nur in englischer Sprache vorliegt. Zu Violet Trefusis, die verständlicherweise vom Sohn der Nicolsons etwas nebensächlicher behandelt wird, sei hier einiges nachgetragen.

Violet stammte aus einem ebenso hocharistokratischen Elternhaus wie Vita Sackville: Ihr Vater war der dritte Sohn des Earl of Albemarle in Norfolk. Ihre Mutter, eine der berühmtesten Schönheiten der Belle Epoche, lernte 1898 König Edward VII. kennen, wurde und blieb bis zu seinem Tode 1910 seine offizielle Geliebte. Die Familie lebte fortan in den glänzendsten Kreisen in London, Paris, Biarritz und auf den verschiedensten Schlössern in England, und was für die kleine Vita »Seery« war, war für Violet »Kingy«, mit dem sie auf vertraulich respektlosem Fuße umging.

Nach dem Ende ihrer Beziehung zu Vita zog Violet auf Befehl ihrer Mutter mit Denys Trefusis nach Paris. Es stimmt nicht, was Nigel Nicolson schreibt: »Denys und sie fanden zueinander zurück.« Ihre Ehe zerbrach vielmehr, nachdem Denys begann, sich durch eine Kette von Affären mit jungen Balletteusen zu rächen. Violet ihrerseits lernte Winiretta Fürstin de Polignac kennen, eine reiche Amerikanerin, fast dreißig Jahre älter als sie und Mäzenin bedeutender Komponisten und Freundin vieler anderer Künstler und Literaten. Die beiden Frauen hatten aller Wahrscheinlichkeit nach eine erotische Beziehung miteinander, zumindest aber lernte Violet durch Winiretta einen großen Kreis interessanter Menschen kennen, darunter Proust, Colette, Cocteau, Valéry, Claudel. Violet entwickelte sich im Laufe der Jahre zu einer Grande Dame der französischen Gesellschaft. Hof hielt sie entweder in ihrem Schloßturm aus dem 15. Jahrhundert, St. Loup de Naud, achtzig Kilometer von Paris entfernt, oder in der Villa Ombrellino bei Florenz, die sie von ihren Eltern erbte. Schön, verführerisch, geistreich, wie sie war, hatte sie eine Reihe von Geliebten, Männer wie Frauen. Aber im Gegensatz zu Vita gelang es ihr nie, einen Menschen zu finden, bei dem sie sich auf Dauer verstanden und geborgen fühlen konnte; trotz aller Geselligkeit des Lebens fühlte sie sich oft einsam, besonders in ihren späteren Lebensjahren. Wie aus ›Portrait‹ hervorgeht, hatte sie heftiger gegen die Konventionen rebelliert als Vita, war unbedingter gewesen in ihrem Wunsch nach Ausbruch aus den Zwängen ihrer Schicht, und nach dem Zusammenbruch aller Hoffnungen war sie offenbar tiefer verletzt als Vita. Aus den verschiedenen Biographien gewinnt man den Eindruck, daß etwas in ihr zerbrochen war. Es entbehrt nicht einer gewissen bitteren Ironie, daß Violet sich zur Betäubung ihres Schmerzes gerade in die Art von Leben hineinstürzte, das sie einmal verachtet hatte und dessen Fesseln sie sprengen wollte. Da ihre Rebellion kein anderes Fundament besaß als ein sehr personenbezogenes Gefühl – Violet war weder eine feministische noch politisch motivierte Kämpferin –, stand und fiel ihr Aufbegehren mit Vitas Solidarität.

Violet ist die Figur, über die das ›Portrait‹ nicht nur am wenigsten Auskunft gibt, sie ist auch diejenige, die in der scheinbar sachlichen Darstellung am schlechtesten wegkommt: »Versuchung« und »Verführung« sind die Worte, die am häufigsten mit ihr assoziiert werden. »Ihr Charakter«, schreibt Nicolson zum Beispiel, »war der stärkere, und sie verwendete diese Stärke nicht, um zu beherrschen, sondern um zu verführen.« Nicolson kann zwar nicht umhin, Violet auch positive Eigenschaften zuzugestehen, denn wie ließe sich sonst die Begeisterung seiner Mutter erklären? Aber dem Lob läßt er gern einen Hieb folgen: »Sie war glänzend begabt und über die Maßen gerissen und raffiniert«; »Violet war von beiden die Verwegenere und Rücksichtslosere.« Man muß Nicolson eine gewisse Ungerechtigkeit gegenüber Violet Trefusis wohl nachsehen, ist er doch der Sohn des Ehepaares Nicolson, und bei allem Streben nach Objektivität mag ihm das als Kind vielleicht erlittene Gefühl der Bedrohung durch Violet einen Streich gespielt haben. Aber die Aufzeichnungen seiner Mutter leisten seinem Vorurteil auch Vorschub.

Vita Sackvilles Beurteilung der eher heißbegehrten als heißgeliebten Violet schwankt, und ihre kritischen Bemerkungen sind oft scharf, lassen Mißtrauen durchblicken und weisen Schuld zu. Das fängt auf der ersten Seite ihrer Erinnerungen mit einer Andeutung an. Dort sagt sie, sie würde ihre Aufzeichnungen Harold wohl zeigen – was sie jedoch tunlichst unterließ –, aber Violet nicht: »Ich würde es *ihr* nicht geben – gefährlicher Prüfstein.« Und während sie dann die

Geschichte ihrer Beziehung nachzeichnet, laufen stets zwei Sichtweisen nebeneinander her. Da sind kurze Bekenntnisse, die das eigene Glückserlebnis beschreiben: »Was mich persönlich betrifft«, schreibt sie zum Beispiel über den gemeinsamen Parisaufenthalt, »so hatte ich mich nie in meinem Leben so frei gefühlt. Vielleicht sind wir seither nie wieder so glücklich gewesen. Wenn wir in unsere Wohnung zurückkamen, standen für gewöhnlich alle Fenster nach dem Hof des Palais Royal offen, und unten sprühten die Springbrunnen. Das Ganze war völlig unglaubhaft – wie ein Märchen.« Eine andere Stelle: »Es war herrlich, nach Monte Carlo zurückzukehren, wo wir so glücklich gewesen waren; wir standen an den offenen Fenstern unserer alten Zimmer und blickten hinaus auf die Lichter und die Nacht und das Meer, und es war wirklich einer jener Augenblicke, in denen man vor lauter Glückseligkeit kaum glauben kann, daß man am Leben ist.« Und am bewegendsten ist vielleicht die Szene, als sie mit Harold nach der vermeintlich endgültigen Trennung von Violet in Paris im Restaurant sitzt: »Wir hatten noch nicht lange im Restaurant gesessen, als ich Violet hereinkommen sah. Ich ließ Messer und Gabel fallen und ging zu ihr; es war, als ströme die Wärme in einen zurück, wenn einem eiskalt gewesen ist.« Parallel läuft immer auch ein Nebenstrom moralischer Beurteilung, die sich im gleichen Maß gegen Violet richtet, wie Vita sich selbst entschuldigen zu müssen glaubt. »Sie war viel geschickter als ich. Ich hätte ein achtzehnjähriger Junge sein können und sie eine Frau von fünfunddreißig. Sie ging unendlich klug vor ... auf ihrer Seite war alles ganz bewußt, aber auf meiner war es ganz einfach die Trunkenheit der Befreiung – der Befreiung einer Hälfte meiner Persönlichkeit ... Diese Dinge waren für mich stets sehr direkt gewesen; ich hatte keine Liebe von dieser lateinischen Kunstfertigkeit gekannt.« Am Ende von Vitas Text ist dann das Bild der hexenhaften, verführenden und zerstörerischen Violet perfekt: »Mein Haus, mein Garten, die Wiesen und Harold [man beachte die Reihenfolge], das waren die

Schweigenden, die nur durch ihre Eigenschaften der Reinheit, der Einfachheit und des Vertrauens für sich sprachen; und auf der anderen Seite Violet, die wild und zügellos um mich kämpfte, sich zuweilen hart und verachtungsvoll gab und rücksichtslos über diese sanften, wehrlosen Dinge hinwegstürmte.« Lahm und ein wenig unaufrichtig klingen da die folgenden Worte des scheinbaren Mitgefühls: »... [Violet, die] dann aber auch wieder bemitleidenswert und tragisch war, völlig von mir abhängig und im Handumdrehen durch irgendein grobes Wort von mir völlig niedergeschlagen und besiegt, bis ich wirklich nicht mehr wußte, wo die Wahrheit lag.« Einige von Vitas Bemerkungen über Violet sind geradezu erstaunlich und entlarvend herzlos wie etwa die folgende über die kranke Violet: »Sie war krank, hatte einen Anflug von Gelbsucht, eine höchst unromantische Beschwerde, und ich konnte nichts mit ihr anfangen.« Da drängt sich einem schon der Verdacht auf, daß Vita tatsächlich weniger die Person Violet liebte als den Rausch der erotischen Gefühle, den diese in ihr auslöste.

Wegen dieses Rausches aber hatte Vita ein schlechtes Gewissen. Trotz der eigenen drängenden Veranlagung konnte Vita Sackville-West sich zeit ihres Lebens nicht von den moralischen Vorurteilen der Gesellschaft freimachen. Zwar lebte sie ihre Neigungen aus, aber stets unter den äußersten und nicht nur äußeren Vorsichtsmaßnahmen: Die Sorgfalt, mit der sie alle weiteren lesbischen Beziehungen vor der Öffentlichkeit tarnte, ging Hand in Hand mit dem Bemühen, diese Gefühle klein zu halten, daß sie nur ja nicht ihr Lebensarrangement gefährdeten. Und deshalb mußte sie auch die bedrohlich gewachsenen Gefühle für Violet, die drauf und dran waren, aus dem Ruder zu laufen, durch Diskreditierung ersticken, indem sie sie zu einem Verführungsdrama uminterpretierte, mit Violet in der Rolle der skrupellosen Verführerin und sich selbst als der verführten Unschuld. Den Vorwand zum endgültigen Rückzug bot ihr die vermeintliche »Untreue« Violets, die einmal etwas zärtlich zu ihrem bedauernswerten Ehemann gewesen war. Denn war dieser Vorfall wirklich so unverzeihlich und notwendig zerstörerisch für ihre idealistische Beziehung, da Vita doch selbst weiter mit Harold zusammenlebte, von dem sie ja immerhin auch zwei Kinder hatte? Oder war es eben nur ein verzweifelt und möglicherweise unbewußt ergriffener Anlaß, den Rückzug anzutreten?

Daß Vita Sackville sich selbst so stark unter moralische Zensur stellte, mag auf den ersten Blick ein wenig befremden. Angesichts ihrer hocharistokratischen Herkunft erwartet man die Desavouierung von Liebesleidenschaft und sexuellen Normabweichungen doch eher aus der Ecke puritanisch-bürgerlicher Tradition. Bei näherem Hinsehen aber erweist Vita sich als echte Erbin ihrer Klassentraditionen, ging doch ihre restriktive Moral eben nur den halben Weg – schließlich war sie, wie ihr Sohn schreibt, »stets verliebt« –, und benutzte sie doch in guter alter aristokratischer Tradition ihre Ehe als Schutzschild, hinter dem sie ihre Bedürfnisse ausleben konnte, ohne gesellschaftlich geächtet zu werden.

War also ihre Ehe gar nicht so beispielhaft positiv, wie der Sohn sie sich darzustellen bemüht? Ich meine doch. Denn sie war – dafür sprechen die unglaublich vielen Zeugnisse des Briefwechsels zwischen den Ehepartnern – tatsächlich sehr viel mehr als eine nur aus Ängstlichkeit und um der Konventionen wegen aufrechterhaltene Fassade. Vita und Harold schätzten und liebten einander, wenn auch auf eine unkörperliche Weise. Sie besaßen die gleiche Kultur, hatten gemeinsame Kinder, Freunde und Interessen. Da, wo es Differenzen gab, erscheint Harold sympathischer als Vita, nahm er doch stets lebhaft Anteil, identifizierte sich mit ihren Erfolgen und Sorgen. Sie dagegen gab sich gar keine Mühe, sich auf seinen Gebieten der Politik und Diplomatie auch nur sachkundig zu machen. Offenbar war er es auch, der eine engere Beziehung zu den Söhnen hatte, während sie, nach allen Zeugnissen zu urteilen, ihnen etwas hilflos und distanziert gegenüberstand: Das erklärt vielleicht, weshalb später der

Sohn in der Lage war, so distanziert über das intime Leben seiner Mutter zu berichten. Trotz allem ist nicht zu übersehen, daß Harold und Vita einander sehr viel bedeuteten, und zwar ein ganzes Leben lang. Man kann nicht anders, als mit Bewegung und Achtung den Brief zu lesen, den Vita ihrem Mann nach vierundvierzig Ehejahren schrieb, und seine Antwort darauf. Beide Briefe finden sich im 3. Band von Harolds Tagebüchern. Sie schrieb: »Neulich nacht mußte ich denken, daß Du der einzige Mensch bist, den ich je wirklich geliebt habe. Ich habe recht intensiv darüber nachgedacht und meine Gefühle analysiert und kam dann zu diesem Schluß. Ich will nicht behaupten, daß ich nicht in andere verliebt gewesen wäre, aber Du bist der einzige Mensch, den ich je tief und schmerzlich geliebt habe. Das ist die Wahrheit.« Und er antwortete: »So ein süßer Brief gestern von Dir ... Wäre ich gestern beim Mittagessen bei Ava Waverley gestorben, würdest Du jetzt denken, ich hätte nie erfahren, wie sehr Du mich geliebt hast. Aber das wäre ein Irrtum gewesen. Ich weiß es, und es macht mir immer wieder das Herz leicht.«

Also doch eine ideale Ehe, ein Modellfall zum Nachahmen? Eine schwierige Frage. Die Liebesheirat, in der sich die Lebensgemeinschaft auf die völlige Harmonie von Gefühl und Körper gründet, hat, zumindest als Idee, die Heirat aus sachlichen Erwägungen, wie Versorgung oder Sicherung von Familieninteressen, seit dem sechzehnten Jahrhundert immer mehr verdrängt. In den letzten Jahrzehnten ist sie freilich mehr und mehr in die Krise geraten. Die Scheidungsraten der Überforderten und Enttäuschten steigen. Sie haben erkannt, daß Leidenschaft in sich flüchtig ist und nur dann zur Basis von Dauerhaftem taugt, wenn sie gestützt wird von vielen anderen Gemeinsamkeiten. Ist die Vita-Harold-Lösung möglicherweise doch ein besserer Weg? Vita allerdings, das ist nicht zu übersehen, hat die strikte Trennung von sexuellen und emotionalen Bedürfnissen mit einem hohen Preis bezahlt. Ihre große Freundin Virginia Woolf war es, die das, was Vita selbst undeutlich spürte und was ihr oft

Unbehagen verursachte, auf den Begriff brachte: »Sie fragt, ob da nicht etwas in mir sei, was nicht mitschwingt, ein ›zurückhaltendes, gedämpftes Etwas ... das, was ich zentrale Durchsichtigkeit nenne, läßt Dich beim Schreiben zuweilen im Stich.‹ Verdammtes Weib, sie hat den Finger genau auf den wunden Punkt gelegt. Es ist da etwas Gedämpftes ... Etwas, das nicht lebendig wird ... Es macht alles, was ich schreibe, ein wenig unwirklich; es wirkt, als sei es von außen gemacht.« Eine Patentlösung ist also auch diese Ehe nicht gewesen, trotz der freudigen Bereitschaft, mit der beide Partner ihre Einsichten als Rezepte über den Rundfunk verbreiteten, und leicht nachzuahmen war sie schon gar nicht. Nicht einmal ihre Söhne entgingen dem Schicksal der Scheidung.

Vita Sackville-Wests kurze Autobiographie ist gewiß das »wirklichste« Stück Literatur oder, mit den Worten ihres Sohnes, »eine der herzbewegendsten Sachen«, die sie geschrieben hat. Und dennoch, obwohl sie die Fakten ehrlich mitteilte, kam sie auch hier nicht ohne dämpfende Schleier aus. Die zeitliche Distanz und der Wunsch, das Erlebte zu einer Geschichte überwundener Versuchung zu stilisieren, wirkten zusammen wie Spießgesellen, um den spontanen Ausdruck von Gefühl zu knebeln. Nur selten in der gezügelten Form der zusammenfassenden, berichtenden Erinnerung blitzt durch, welchem inneren Tumult Vita ausgesetzt war. Es ist von Glück und Schmerz und Leidenschaft die Rede, und doch klingen die Worte meist seltsam kühl und nüchtern.

Bleibt zum Schluß ein Wort zur Person des Herausgebers zu sagen. Sollte ein Sohn das – dazu so pikante – intime Leben seiner Eltern der Öffentlichkeit zugänglich machen, und sei's auch noch so sehr von allgemeingültigem Interesse? Hätte er es nicht besser Kollegen überlassen, die nur ein rein berufliches Interesse an der Sache hätten? Ein »Vielleicht« liegt nahe; nicht wegen der sogenannten Indiskretion, wohl aber wegen der unvermeidlichen Parteilichkeit des Chronisten. Denn übernimmt und verstärkt Nicolson einerseits Vitas negative Beurteilung von Violet unkritisch, die seine Mutter aus Gründen der Selbstrechtfertigung vornahm, so neigt er andererseits dazu, nicht nur die Ehe, sondern auch die Personen seiner Eltern zu idealisieren, besonders den Vater, den er einmal sogar »engelsgleich« nennt. Dessen wohltemperiertes, allzeit ausgeglichenes und allem Heftigen abholde Temperament empfand nicht nur Vita manchmal als Mangel; im Bereich seines politischen Handelns stieß Harold durchaus auch auf Kritik bei anderen Chronisten wegen seines schwankenden Standpunkts, der zu häufigen Parteiwechseln führte, von Mosleys faschistischer New Party bis zur Labour Party, und seiner Unfähigkeit, für seine Einsichten energisch einzutreten, auch da, wo er wie in seiner Opposition zur Appeasement-Politik recht hatte. Es empfiehlt sich also, will man ein wirklich rundes Bild von den Geschehnissen und den beteiligten Personen gewinnen, sich nicht mit der Lektüre vom ›Portrait‹ zu begnügen, sondern sich in der weiterführenden Literatur umzuschauen. Spannender Lesestoff ist es allemal.

Ingrid von Rosenberg

Zeittafel

Erster und Zweiter Teil

1827 Lionel Sackville-West »der Alte« geboren
1830 Pepita in Málaga geboren
1852 Lionel lernt Pepita in Paris kennen
1862 September: Ihre uneheliche Tochter Victoria in Paris geboren
1871 Pepita stirbt in Arcachon
1873–80 Victoria im Kloster in Paris
1881–88 Victoria in der britischen Gesandtschaft in Washington
1886 21. November: Harold Nicolson in der britischen Gesandtschaft in Teheran geboren
1888 September: Der Murchison-Brief beendet die Laufbahn des »alten« Lionel
Oktober: Mortimer stirbt, und der »alte« Lionel wird Lord Sackville
1890 Juni: Victoria und der »junge« Lionel heiraten in Knole
1892 9. März: Vita in Knole geboren
1894 Juni: Violet Keppel geboren
1897 Victoria lernt »Seery«, Sir John Murray Scott, kennen
1904 Vita lernt Violet Keppel kennen
1905–08 Vita in Miss Wolffs Schule in London
1906–10 Ihre frühen Romane und Theaterstücke

1908 Mai: Vitas erste Reise nach Florenz mit Rosamund und Violet
3. September: Lionel Sackville »der Alte« stirbt
1909 April: Vita lernt Pucci in Florenz kennen
Herbst: Vita reist mit ihrer Mutter und Seery nach Rußland
1910 Februar: Legitimitäts-Prozeß zugunsten der Sackvilles entschieden
April–Mai: Vita mit Pucci wieder in Italien
Juni: Vita wird in die Gesellschaft eingeführt; lernt Harold Nicolson kennen
November: Vita mit Lady Sackville und Rosamund in Monte Carlo, bis April 1911
1911 Januar: Harold und Pucci besuchen sie in Monte Carlo
Harold an die Botschaft in Madrid versetzt
Weihnachten: Harold in Knole
1912 17. Januar: Seery stirbt
18. Januar: Harold macht Vita auf dem Ball in Hatfield einen Heiratsantrag
24. Januar: Harold geht nach Konstantinopel
April–Mai: Vita mit Rosamund in Florenz
August: Harold auf Heimaturlaub
Oktober–November: Vita kehrt mit Rosamund nach Italien zurück
1913 April–Mai: Vita reist nach Spanien und Italien
18. Mai: »Krisen«-Telegramme zwischen Vita und Harold
24. Juni: Beginn des Scott-Prozesses
3. Juli: Harold kehrt nach England zurück
7. Juli: Scott-Prozeß zugunsten der Sackvilles entschieden
5. August: Vitas Verlobung mit Harold bekanntgegeben
Mitte August: Interlaken
1. Oktober: Vita und Harold heiraten in Knole; Hochzeitsreise nach Italien und Ägypten

Herbst: Vita und Harold in Konstantinopel bis Frühjahr 1914

1914 21. Juni: Vita und Harold kommen aus Konstantinopel nach England zurück
4. August: Kriegsausbruch
6. August: Benedict (Ben) in Knole geboren
28. Dezember: Rosamunds Unfall in Knole

1915 März: Vita und Harold kaufen Long Barn
3. November: Vitas zweiter Sohn tot geboren

1916 Januar: Vita und Harold kaufen das Haus Ebury Street Nr. 182 in London

1917 19. Januar: Nigel in der Ebury Street geboren

1919 19. Mai: Lady Sackville verläßt ihren Mann und Knole für immer.

Zeittafel

Dritter und Vierter Teil

1918 18. April: Vita und Violet in Long Barn; Beginn ihres Liebesverhältnisses
28. April: Vita und Violet in Polperro in Cornwall, bis 10. Mai
14. Mai: Vita beginnt mit der Niederschrift von ›Challenge‹
4.–23. Juli: Zweiter Aufenthalt Vitas und Violets in Polperro
Oktober: »Julian« in London
11. November: Waffenstillstand
26. November: Vita und Violet fahren nach Paris
6. Dezember: Vita und Violet fahren nach Monte Carlo und bleiben dort bis Mitte März
Weihnachten: Harold ohne Vita in Knole

1919 Harold bei der britischen Delegation der Pariser Friedenskonferenz, bis Juni
15. März: Vita verläßt Monte Carlo und fährt zu Harold nach Paris
19. März: Vita kehrt nach England zurück
26. März: Violets Verlobung mit Denys Trefusis wird bekanntgegeben
19. Mai: Lady Sackville verläßt ihren Gatten und Knole für immer

16. Juni: Violet heiratet Denys. Vita mit Harold in Versailles.
19. Oktober: Vita und Violet kehren nach Monte Carlo zurück
18. Dezember: Vita fährt zu Harold nach Paris; seine Knieoperation
1920 2. Januar: Vita kehrt nach Knole zurück
17. Januar: Harold kommt auf Urlaub nach England; Vita sagt ihm, daß sie beabsichtigt, mit Violet durchzubrennen
18.–31. Januar: Vita und Harold in Knole
1. Februar: Harold kehrt nach Paris zurück; er gehört jetzt der britischen Völkerbunddelegation an
3.–8. Februar: Vita und Violet in Lincoln
9. Februar: Violet fährt nach Frankreich, läßt Vita in Dover zurück
10. Februar: Vita und Denys treffen sich mit Violet in Calais
11.–13. Februar: Vita und Violet in Amiens
14. Februar: Tag der Krise. Harold und Denys fliegen nach Amiens und fahren getrennt mit ihren Gattinnen nach Paris
16.–20. Februar: Violet und Denys fahren im Auto nach Toulon
28. Februar: Vita kehrt nach London zurück
20. März: Vita trifft sich mit Violet in Avignon; sie reisen zusammen nach San Remo und Venedig
10. April: Vita und Violet kehren nach England zurück
23. Juli: Vita beginnt die Niederschrift ihrer Autobiographie
1921 Januar–März: Vita und Violet in Hyères
Sommer: Allmähliches Ende ihrer Liebesbeziehung
Herbst: Violet kehrt zu Denys zurück.

Namenregister